AF464591

RECUEIL DE RAPPORTS

SUR

LES PROGRÈS DES SCIENCES ET DES LETTRES

EN FRANCE.

PARIS.

LIBRAIRIE DE L. HACHETTE ET CIE,

BOULEVARD SAINT-GERMAIN, N° 77.

RECUEIL DE RAPPORTS

SUR

LES PROGRÈS DES SCIENCES ET DES LETTRES

EN FRANCE.

RAPPORT SUR L'ORGANISATION

ET LES PROGRÈS

DE L'INSTRUCTION PUBLIQUE,

PAR

M. CHARLES JOURDAIN,

MEMBRE DE L'INSTITUT,

CHEF DE DIVISION AU MINISTÈRE DE L'INSTRUCTION PUBLIQUE.

PUBLICATION FAITE SOUS LES AUSPICES

DU MINISTÈRE DE L'INSTRUCTION PUBLIQUE.

PARIS.

IMPRIMÉ PAR AUTORISATION DE SON EXC. LE GARDE DES SCEAUX

A L'IMPRIMERIE IMPÉRIALE.

M DCCC LXVII.

AVANT-PROPOS.

Retracer les vicissitudes administratives de l'instruction publique en France depuis un demi-siècle, et principalement depuis la chute de la monarchie de Juillet : tel est l'objet que nous nous sommes proposé dans les pages qui suivent.

L'histoire de l'administration de l'instruction publique n'est pas celle des méthodes d'enseignement qui ont tour à tour prévalu dans les écoles, et encore moins celle des opinions qui se sont partagé les esprits, non-seulement en philosophie, mais en littérature, en histoire et dans les sciences naturelles.

Qu'on ne s'attende donc pas à trouver ici le tableau du mouvement des idées, même dans les matières qui touchent à l'éducation. Le sujet que nous avons à traiter n'offre pas cette étendue, et nous aurions la conscience de l'avoir épuisé, si nous étions parvenu à résumer complétement les mesures diverses par lesquelles, de nos jours, les pouvoirs publics ont fait sentir leur influence aux écoles où s'élève la jeunesse française. Néanmoins, en déroulant la longue série de ces mesures, en général salutaires et quelquefois funestes, nous avons dû toucher aux questions de pédagogie qu'elles impliquaient. Aussi souvent que l'occasion s'est présentée à nous de faire une excursion sur ce terrain que nous n'avions pas à parcourir, mais qui ne nous était nullement interdit, nous ne cacherons pas que nous l'avons saisie avec empressement comme une bonne fortune.

Ajouterons-nous que, sans prétendre nous ériger en juge du présent ni du passé, nous avons considéré comme un devoir de caractériser les actes que nous exposions, et d'en apprécier, à notre point de vue personnel, les motifs et les résultats?

Dans un exposé qui devait comprendre une succession de faits nombreux, nés en général les uns des autres, il était nécessaire d'adopter l'ordre chronologique. Mais pour éviter la confusion, nous avons groupé ensemble les faits du même ordre, en nous rapprochant le plus possible des divisions que présentent les documents administratifs.

Nous avons été conduit de cette sorte à partager ce travail en six chapitres.

Dans un premier chapitre nous parlerons des autorités qui président à la direction et à la surveillance des écoles.

Dans le deuxième chapitre nous traiterons de l'instruction primaire; dans le troisième, de l'École normale supérieure; dans le quatrième, des examens de l'agrégation des lycées; dans le cinquième, de l'enseignement secondaire; dans le sixième, de l'enseignement supérieur.

Un septième et dernier chapitre sera consacré aux établissements libres.

RAPPORT SUR L'ORGANISATION

ET LES PROGRÈS

DE L'INSTRUCTION PUBLIQUE

EN FRANCE.

CHAPITRE PREMIER.

DES AUTORITÉS PRÉPOSÉES À L'ENSEIGNEMENT.

I. Ancienne organisation de l'Université de France. — II. Loi du 15 mars 1850. — III. Décret du 9 mars 1852 et loi du 14 juin 1854. — IV. Décret du 11 juillet 1863.

I

Lorsque l'empereur Napoléon Ier fonda l'Université impériale, il la mit sous l'autorité d'un grand maître, chargé de la régir et de la gouverner. Le grand maître était assisté par un conseil composé de dix conseillers titulaires ou à vie, et de vingt conseillers ordinaires, institués chaque année, qui se divisaient en sections pour y expédier les petites affaires, et y préparer les grandes, sur lesquelles il était statué en assemblée générale.

Des inspecteurs généraux, partagés en cinq ordres correspondant aux facultés de théologie, de droit, de médecine, des lettres et des sciences, étaient chargés de visiter annuellement les académies, «pour reconnaître, dit le décret du 17 mars 1808, l'état des études et de la discipline dans les facultés, les lycées et les colléges; pour s'assurer de l'exactitude et des talents des professeurs, des régents et des maîtres d'études; pour examiner les élèves; enfin pour surveiller l'administration et la comptabilité.»

Il existait alors autant d'académies que de cours d'appel. Chacune était dirigée par un recteur, assisté d'inspecteurs et d'un conseil de dix membres, que le grand maître choisissait parmi les officiers et les fonctionnaires de l'académie. Ce conseil avait sous sa juridiction tout le personnel des écoles du ressort, maîtres et étudiants; il instruisait les affaires disciplinaires, et le jugement était réservé au Conseil de l'Université. Par là, sans pouvoir se dire inamovibles, les membres du corps enseignant se voyaient entourés de garanties qui les protégeaient contre la menace d'une destitution arbitraire [1].

L'ordonnance du 17 février 1815 bouleversa la constitution primitive de l'Université. Les considérants sur lesquels elle s'appuie sont remarquables; il semble qu'elle soit dirigée tout entière contre l'autorité du grand maître.

«Il nous a paru, dit le roi dans le préambule, que le régime d'une autorité unique et absolue était incompatible avec nos intentions paternelles et avec l'esprit libéral de notre gouvernement;

«Que cette autorité, essentiellement occupée de la direction de l'ensemble, était en quelque sorte condamnée à ignorer ou à négliger ces détails et cette surveillance journalière qui ne peuvent être

[1] Décret du 17 mars 1808. (*Recueil des lois et règlements sur l'instruction publique*, Paris, 1814-1828, 8 vol. in-8°, t. IV, p. 1 et suiv.) Dans ce chapitre et dans les suivants, nous avons cru pouvoir faire quelques emprunts, au reste peu étendus, à l'ouvrage que nous avons publié, il y a dix ans, sur *Le budget de l'instruction depuis la fondation de l'Université impériale*, Paris, 1857, in-8°.

confiés qu'à des autorités locales, mieux informées des besoins et plus directement intéressées à la prospérité des établissements placés sous leurs yeux;

« Que le droit de nommer à toutes les places, concentré dans les mains d'un seul homme, en laissant trop de chances à l'erreur et trop d'influence à la faveur, affaiblissait le ressort de l'émulation et réduisait aussi les maîtres à une dépendance mal assortie à l'honneur de l'État et à l'importance de leurs fonctions;

« Que cette dépendance et les déplacements trop fréquents qui en sont la suite inévitable rendaient l'état des maîtres incertain et précaire, nuisaient à la considération dont ils ont besoin de jouir pour se livrer avec zèle à leurs pénibles travaux, ne permettaient pas qu'il s'établît entre eux et les parents de leurs élèves cette confiance qui est le fruit des longs services et des anciennes habitudes, et les privaient ainsi de la plus douce récompense qu'ils puissent obtenir, le respect et l'affection des contrées auxquelles ils ont consacré leurs talents et leur vie [1]. »

En conséquence, la charge de grand maître était supprimée. L'administration de l'instruction publique était confiée à un conseil composé de onze conseillers et d'un président. Le nombre des inspecteurs généraux était réduit à douze, deux pour le droit, deux pour la médecine, huit pour les sciences et les lettres. Les vingt-sept académies qui correspondaient aux cours royales comprises dans le territoire laissé à la France étaient remplacées par dix-sept universités, composées chacune : 1° d'un conseil présidé par le recteur; 2° de facultés; 3° de colléges royaux; 4° de colléges communaux.

A peine décrétée, cette organisation fut renversée par le retour de l'Empereur. Mais, aussitôt après les Cent-Jours, l'ordonnance du 15 août 1815 en établit une nouvelle, qui, tout en respectant les anciennes circonscriptions académiques, modifiait profondément,

[1] *Recueil des lois et règlements*, etc. t. VI. p. 1 et suiv

sur d'autres points, la constitution de 1808. En effet, tous les pouvoirs attribués au grand maître et au Conseil de l'Université, nomination aux emplois, juridiction disciplinaire, administration, étaient provisoirement dévolus à une commission qui devait gouverner l'instruction publique sous l'autorité du ministre de l'intérieur[1].

La Commission de l'instruction publique, composée d'abord de cinq membres, plus tard de sept, a vu se succéder dans ses rangs quelques-uns des hommes de notre siècle qui ont le plus honoré la France : M. Royer-Collard, M. Silvestre de Sacy, M. de Frayssinous, M. Georges Cuvier, M. Poisson. Ces généreux et grands esprits eurent à déployer autant de prudence que d'énergie pour préserver d'une ruine totale l'établissement universitaire, qui comptait alors, jusque dans le sein du gouvernement, des adversaires nombreux et passionnés. Leurs habiles efforts, malgré la difficulté des temps, furent couronnés de succès. En 1820, Louis XVIII « voulant établir sur des bases plus fixes la direction et l'administration du corps enseignant, et préparer ainsi son organisation définitive; voulant, en même temps, marquer aux membres de la Commission de l'instruction publique la satisfaction qu'il éprouvait de leurs services[2], » ordonna que la Commission serait constituée en Conseil royal de l'instruction publique, et qu'elle reprendrait le costume à l'usage de l'ancien Conseil de l'Université. Les conseillers se partageaient les fonctions de chancelier et de trésorier, et l'examen de toutes les affaires concernant les colléges royaux et communaux, les facultés, l'académie de Paris, la comptabilité des établissements, etc. Dans les délibérations, la voix du président était prépondérante; il correspondait seul avec le gouvernement, distribuait les affaires entre les conseillers, signait toutes les dépêches, tous les arrêtés de nomination, toutes les ordonnances de payement.

[1] Ordonnances des 15 août 1815 et 22 juillet 1820. (*Recueil,* etc. t. VI, p. 27 et 371.)

[2] Ordonnance du 1er novembre 1820, sur le rapport de M. Siméon, ministre de l'intérieur. (*Recueil,* etc. t. VII, p. 1.)

Au mois de février 1821, le président acquit une prérogative considérable, celle de nommer lui-même aux emplois, sous la seule condition de prendre l'avis préalable du Conseil [1].

En 1822, il reçut le titre de grand maître de l'Université, avec toutes les attributions prévues par le décret de 1808 [2].

En 1824, fut créé le ministère des affaires ecclésiatiques et de l'instruction publique [3].

En 1828, l'instruction publique fut séparée des affaires ecclésiastiques, et érigée en un ministère spécial sous l'intelligente et libérale direction de M. de Vatimesnil [4].

Dans la situation des esprits et des choses, quand le pays s'applaudissait de l'essor de l'enseignement public, et qu'un vœu unanime ne tendait qu'à rendre cet essor plus rapide et plus général, il n'eût pas été d'une sage politique de rabaisser le grand service de l'éducation nationale au rang d'une simple direction confondue avec les autres services du ministère de l'intérieur. Le titre même de grand maître, conservé au chef de l'Université, n'aurait pas suffi pour lui donner l'indépendance, l'ascendant et le prestige que sa mission agrandie devait désormais comporter. Soit qu'elle fût séparée des affaires ecclésiastiques, soit qu'elle y fût réunie, l'instruction publique réclamait dans les conseils du gouvernement une représentation propre, qu'elle possède encore et qu'elle ne perdra pas.

La chute de la branche aînée des Bourbons apporta peu de changements à l'organisation administrative de l'instruction publique. Le personnel du Conseil de l'Université et celui de l'Inspection générale furent renouvelés et accrus; l'institution elle-même ne

[1] Ordonnance du 27 février 1821. (*Recueil,* etc. t. VII, p. 54.)

[2] Ordonnance du 1er juin 1822. (*Ibid.* p. 195.)

[3] Ordonnance du 26 août 1824. (*Ibid.* p. 343.) Le nouveau ministère fut confié à l'évêque d'Hermopolis, M. de Frayssinous, déjà grand maître de l'Université.

[4] Ordonnances des 4 janvier et 1er février 1828. (*Bulletin universitaire, contenant les ordonnances,* etc. Paris, 1830-1849, in-8°, t. I, p. 1.)

fut pas touchée. La monarchie de Juillet respecta l'ordre de choses établi par le gouvernement de la Restauration; elle réussit même à le faire accepter par l'opinion publique comme le point de départ nécessaire, comme la base essentielle et inattaquable des nouvelles institutions que les partisans de la liberté de l'enseignement réclamaient.

Le premier ministre qui jugea une réforme nécessaire, ou du moins qui eut le courage de l'entreprendre, au risque d'exciter autour de lui des orages, ce fut M. de Salvandy. En 1845, il soumit à la sanction royale une ordonnance qui modifiait la composition du Conseil de l'Université en adjoignant aux conseillers titulaires, nommés à vie, vingt conseillers ordinaires, nommés pour une année seulement[1]. Cette adjonction était conforme à la lettre comme à l'esprit du décret de 1808. Elle avait l'avantage de faire pénétrer annuellement dans le Conseil de l'instruction publique, suivant la pensée de l'empereur Napoléon Ier, des éléments nouveaux, les plus propres à vivifier les délibérations. Enfin (pourquoi ne le dirions-nous pas?), sans nuire à la liberté des votes, ni à l'autorité des jugements, elle offrait une garantie à la prérogative ministérielle contre les empiétements d'une juridiction inamovible et irresponsable, exposée, par l'éminente situation des juges, par leur mérite personnel et leur expérience, à sortir involontairement des limites que la loi lui avait tracées. Mais, ainsi qu'on pouvait le prévoir, ce motif même souleva contre l'entreprise de M. de Salvandy une vive opposition. Le débat fut porté devant les Chambres et parut assez grave pour ne pouvoir être réglé que législativement.

II

Le projet de loi qui fixait la composition du Conseil de l'instruction publique, ainsi que ses attributions[2], venait d'être présenté quand la révolution de février éclata. Cette révolution, qui remua

[1] Ordonnance du 7 décembre 1845. (*Bulletin universitaire*, t. XIV, p. 257.)

[2] Projet de loi relatif au Conseil royal de l'Université, avec l'exposé des motifs

si profondément le pays, parut tout d'abord devoir épargner et respecter l'Université. Cependant elle lui ménageait des réformes inattendues, bien autrement radicales que les changements effectués par M. de Salvandy.

Au mois d'août 1848, sous l'administration de M. de Vaulabelle, les circonscriptions académiques subirent, par mesure d'économie, un premier remaniement, qui les ramena de vingt-sept à vingt. Les nouvelles circonscriptions eurent pour chefs-lieux les villes d'Aix, Angers, Besançon, Bordeaux, Bourges, Caen, Cahors, Dijon, Douai, Grenoble, Lyon, Montpellier, Nancy, Paris, Poitiers, Rennes, Reims, Strasbourg, Toulouse et Alger. Les anciennes académies d'Amiens, de Clermont, de Limoges, de Metz, de Nîmes, d'Orléans, de Pau, de Rouen et de la Corse furent supprimées[1].

Quelques mois après, dès le début de l'administration de M. de Falloux, deux commissions[2], dont les membres avaient été longtemps séparés par les plus sérieuses dissidences, se mettaient à l'œuvre avec ardeur, et élaboraient la célèbre loi sur l'enseignement, qui fut votée en 1850 par l'Assemblée législative, sous le ministère de M. de Parieu.

Cette loi, dans sa conception première, était surtout destinée à étendre à l'instruction secondaire le principe de liberté appliqué depuis longtemps à l'instruction primaire. Mais ses auteurs furent conduits peu à peu, par la force de la logique autant que par les circonstances, à renouveler de fond en comble la constitution de l'Université. A la place de l'ancien conseil, on en établit un nouveau, dans lequel siégeaient, en grande partie, des archevêques et des évêques, des ministres des cultes non catholiques, des ma-

par le ministre de l'instruction publique. (Séance de la Chambre des pairs du 25 janvier 1848.)

[1] Arrêté du 7 septembre 1848. (*Bulletin universitaire*, t. XVII, p. 275 et suiv.)

[2] On trouvera au *Bulletin universitaire*, t. XVIII, p. 5 et suiv., sous la date du 3 janvier 1849, la composition de ces deux commissions, dans lesquelles se rencontrèrent M. Cousin et M. Dupanloup, M. Thiers et M. de Montalembert, M. Dubois et M. Laurentie.

gistrats, des conseillers d'État, enfin des membres de l'Institut, tous désignés par le libre suffrage de leurs pairs. Les adversaires de l'Université lui avaient souvent reproché d'être une corporation animée d'un esprit étroit et exclusif. Bien qu'un pareil grief fût très-contestable, le législateur jugea opportun de l'écarter, en faisant intervenir toutes les forces vives de la société dans la surveillance et même dans la haute direction de l'enseignement. Il était d'ailleurs nécessaire que les écoles privées eussent elles-mêmes leur part de représentation, comme garantie de la liberté qui leur était accordée. Les représentants officiels des écoles publiques appelés à faire partie du nouveau conseil se trouvèrent au nombre de huit seulement. Ils étaient, comme les conseillers d'autrefois, nommés à vie par le chef de l'État, et formaient une section dite *permanente*, parce qu'elle était toujours en fonctions. C'est à eux qu'était confié l'examen préparatoire des questions relatives à la police, à la comptabilité et à l'administration des écoles publiques. Le Conseil, dans son ensemble, avait des attributions multiples. Sur certaines affaires, comme la création des facultés et des lycées, les programmes d'études et le choix des livres classiques, il était nécessairement consulté. Sur d'autres affaires, il n'était appelé à délibérer que sous le bon plaisir du gouvernement. En matière disciplinaire ou contentieuse, ses décisions avaient toute la force d'un jugement, soit que le Conseil eût à statuer sur les oppositions formées à l'ouverture des écoles libres, soit qu'il eût à juger les pourvois des maîtres frappés de révocation ou d'interdiction[1].

L'administration académique, déjà si fortement ébranlée, eut sa part, et une part très-large, dans la réforme du régime universitaire. Le nombre des académies fut élevé à quatre-vingt-six, de sorte que leur circonscription offrit désormais l'étendue d'un département, de même qu'elle répondait dans l'origine au ressort des cours d'appel. La division de la France en départements est la

[1] Loi du 15 mars 1850, art. 1 à 6. *Bulletin administratif de l'instruction publique*, Paris, 1850-1863, t. I, p. 57 et suiv.)

base de son organisation administrative. Au département se rattachent des intérêts nombreux, et déjà même des souvenirs, qui sont autant de liens entre les populations. L'autorité s'y trouve assez proche des faits pour les bien voir, et assez élevée pour se faire obéir. Ce milieu vivace et puissant n'était-il pas le centre le moins factice et le plus solide d'où la surveillance pût rayonner sur les écoles privées, et l'impulsion se communiquer aux écoles publiques? Ainsi l'avait espéré le législateur, lorsqu'il décida la création des académies départementales. En plaçant à la tête de chacune d'elles un recteur et un conseil académique, la loi avait composé ce conseil local à l'image du Conseil supérieur de l'instruction publique. Elle avait appelé à y siéger des ecclésiastiques, des magistrats, des conseillers généraux[1]. Au sommet de l'échelle, comme à ses degrés inférieurs, c'est donc à la société même, dans son expression la plus sévère et la plus pure, qu'étaient dévolus, en dernière analyse, le gouvernement des écoles, la répression des abus et des fautes qui s'y commettaient, la garde vigilante de leurs libertés. L'autorité universitaire, si longtemps maîtresse de l'éducation, s'effaçait devant ce concours nombreux d'auxiliaires aussi utiles qu'imprévus, qui venaient partager sa mission, sa responsabilité et son influence.

Telle est dans son esprit et dans ses traits les plus généraux l'organisation qui fut donnée à l'instruction publique par la loi du 15 mars 1850. Mais le nouvel ordre de choses ne subsista, dans son intégrité, que dix-huit mois environ, après lesquels il subit, sous la pression des événements extérieurs, plusieurs modifications successives qui l'altérèrent profondément.

III

Un des caractères de la loi du 15 mars 1850, caractère qu'elle devait surtout aux circonstances, c'est que la plupart des autorités

[1] Loi du 15 mars 1850, art. 7 à 16.

qu'elle constituait étaient électives. C'est l'élection qui désignait les prélats, les conseillers d'État, les conseillers à la cour de cassation, les membres des consistoires et ceux de l'Institut, appelés à faire partie du Conseil supérieur. Dans chaque département, le conseil général procédait de même, par un vote, au choix de ceux de ses membres qui devaient siéger au conseil académique. Sous le nouveau régime politique, inauguré le 2 décembre 1851 au nom de l'ordre et de l'autorité, ces formes de nomination ne pouvaient pas être maintenues. Par le décret du 9 mars 1852, elles furent abolies, et le gouvernement ressaisit le droit de désigner lui-même directement les membres des différents conseils de l'instruction publique dont les fonctions étaient électives en vertu de la législation antérieure[1].

Le même décret contient une autre innovation capitale : il supprime la section permanente, cette image affaiblie de l'ancien Conseil de l'Université; et, pour combler le vide qu'elle allait laisser après elle, soit dans les délibérations du nouveau conseil, soit dans le service quotidien de l'administration, il crée huit inspecteurs généraux, spécialement chargés de la surveillance des hautes études. Le personnel de l'inspection générale se trouva désormais partagé en trois ordres, qui répondaient aux trois degrés de l'enseignement, primaire, secondaire et supérieur.

Enfin, par le décret du 9 mars 1852, le gouvernement était investi des pouvoirs les plus étendus à l'égard des fonctionnaires de l'instruction publique. Il s'attribuait le droit redoutable, qu'il n'avait jamais eu jusque-là, de prononcer contre eux, directement et sans recours, non-seulement la réprimande devant le conseil académique et la censure devant le Conseil supérieur, non-seulement la mutation d'emploi, la suspension avec ou sans privation partielle ou totale de traitement, mais la révocation, peine d'autant plus grande qu'elle enlève au fonctionnaire, outre sa fonction même,

[1] Art. 1 et 2. (*Bulletin administratif*, t. III, p. 34 et suiv.)

le droit qu'il avait pu acquérir à une pension de retraite. La situation du pays avait rendu nécessaire cette sorte de dictature, que l'Université ne connaissait pas, et qu'elle subit avec tristesse, tout en continuant de mériter l'estime publique par le dévouement, la prudence et la loyauté de ses maîtres.

Au milieu de ces changements, les académies départementales étaient restées debout; mais elles ne cessaient pas de donner lieu de la part des uns à l'inutile regret du passé, et de la part des autres à des objections sérieuses, que l'épreuve de la pratique n'apaisa point. Beaucoup d'esprits judicieux estimaient qu'une organisation pareille était mieux adaptée à un service tout local, comme l'instruction primaire, qu'à l'enseignement secondaire et à l'enseignement supérieur, dont la sphère n'est pas bornée à une seule commune, ni même à un seul département. On faisait observer que les circonscriptions académiques, trop multipliées par le législateur, n'étaient plus assez larges pour que chaque recteur pût opérer entre les établissements du même ordre ces comparaisons utiles qui entretiennent l'émulation des élèves et des maîtres, et qui sont favorables à la diffusion des bonnes méthodes. On signalait, d'autre part, comme un grave inconvénient pour le service, l'amoindrissement de la dignité rectorale, conséquence presque inévitable du contraste qui existait entre la nature élevée de la fonction et la modeste influence, le minime traitement qui s'y trouvaient attachés. Ces plaintes, très-fréquentes dans les rangs universitaires, étaient fortifiées par les réclamations des préfets, qui revendiquaient, comme une garantie d'ordre public, sinon la direction de l'enseignement secondaire et supérieur, du moins celle des écoles primaires dans le département. La question était grave et méritait l'examen le plus attentif. Après de sérieuses réflexions, le gouvernement arrêta les bases d'une organisation nouvelle. Les académies départementales furent supprimées. On les remplaça par seize académies, d'une étendue très-inégale, auxquelles furent assignées pour chefs-lieux d'anciennes villes, où les études avaient déjà fleuri et pouvaient briller d'un nouvel éclat : Aix, Besançon, Bordeaux, Caen, Clermont, Dijon, Douai, Grenoble, Lyon, Montpellier, Nancy, Paris, Poitiers, Rennes, Strasbourg et Toulouse. Les nouvelles académies avaient pour caractère commun de renfermer des établissements de tout ordre : facultés, lycées, colléges, écoles primaires. Elles étaient destinées, dans la pensée du gouvernement, à devenir autant de foyers scientifiques et littéraires, d'où l'instruction se répandrait au loin, sous la surveillance et par l'impulsion du recteur. Le nouveau conseil académique qui devait assister le recteur était composé des inspecteurs de la circonscription, des doyens des facultés, et de sept membres choisis par le ministre dans les rangs de l'épiscopat, du clergé, de la magistrature et des notables. Sa mission propre consistait à veiller au maintien des méthodes d'enseignement prescrites par l'autorité centrale, et à émettre des avis sur les questions administratives, économiques ou disciplinaires qui intéressaient les facultés, lycées et colléges. Dans chaque département, le service de l'instruction primaire passait aux mains des préfets. A côté du préfet devait siéger un conseil ayant juridiction sur les écoles primaires et sur les établissements publics d'instruction secondaire. Ce conseil, qui prit le nom de *conseil départemental,* n'était que l'ancien conseil académique de la loi de 1850 sous un autre nom.

Ces dispositions, soumises d'abord au Conseil d'État, puis au Corps législatif, furent définitivement consacrées par la loi du 14 juin 1854. Elles n'ont été modifiées depuis qu'en un point d'une importance très-secondaire par la création tout exceptionnelle de l'académie de Chambéry [1], création qui a porté de seize à dix-sept le nombre des académies, non compris celle d'Alger.

En vertu de la loi du 14 juin 1854, un partage s'opéra dans la direction de l'instruction publique entre les recteurs et les préfets,

[1] Décret du 28 août 1862. (*Bulletin administratif,* t. XIII, p. 189.)

entre les conseils académiques et les conseils départementaux. Les recteurs ne conservèrent de leurs anciennes attributions que la partie pédagogique, celle qui touche à la bonne tenue des classes, aux progrès des connaissances, aux devoirs professionnels et aux droits corrélatifs des membres du corps enseignant, les instituteurs seuls exceptés. Les préfets, selon le vœu qu'ils avaient exprimé, reprirent le gouvernement de l'instruction primaire que leur avait donné le décret de 1808 et qu'ils avaient perdu en 1833. Ils reprirent ce gouvernement avec la mission et l'espérance hautement avouées de le faire tourner au profit du bon ordre, se préoccupant moins des méthodes suivies dans l'école que des résultats moraux de l'enseignement, moins du savoir et de l'habileté de l'instituteur que de sa conduite publique et privée, que de son obéissance aux lois, que de son dévouement à l'Empereur. Tandis que le recteur, gardien officiel des études, met tous ses soins à les faire fleurir, et à élever ainsi le niveau intellectuel du pays, le préfet veille sur l'éducation populaire, afin que, préservée des influences pernicieuses qui pourraient la corrompre, elle devienne, partout où elle s'est développée, une garantie de sécurité sociale. Les deux autorités, investies d'attributions différentes mais non pas rivales, contribuent ainsi, chacune dans sa sphère, à la direction de l'enseignement national, sous les auspices du ministre auquel cet important service a été confié par le chef de l'État.

IV

La loi du 14 juin 1854 porte encore, dans quelques-uns de ses motifs, sinon dans son texte même, l'empreinte des alarmes que la situation du pays, durant les années qui ont suivi la révolution de 1848, avait fait naître chez tous les bons citoyens. Cependant la tourmente s'était apaisée; les passions anarchiques avaient cessé de gronder; la nation se sentait calme et prospère sous la main prudente et forte qu'elle avait appelée à la gouverner. N'était-il pas opportun de restituer au corps enseignant quelques-unes des garanties qu'il avait perdues dans des jours moins heureux? Telle fut la proposition que, dès son avénement au ministère, Son Exc. M. Duruy soumit à l'Empereur. En conséquence, un décret du 11 juillet 1863 ordonna qu'un comité composé de cinq membres, désignés par le Conseil impérial de l'instruction publique, et choisis dans le sein du Conseil, serait appelé à donner son avis motivé, toutes les fois qu'il pourrait y avoir lieu à la révocation d'un professeur de l'enseignement supérieur ou de l'enseignement secondaire, titulaire de son emploi. L'inculpé devait être admis à présenter ses moyens de défense, selon qu'il le jugerait préférable, ou de vive voix, ou par écrit. Autant l'Université avait vu avec douleur s'appesantir sur elle le joug, plus menaçant au reste que rigoureux, d'une autorité arbitraire, autant elle accueillit avec reconnaissance le décret tutélaire qui reconnaissait à ses membres le droit d'être entendus avant d'être frappés.

L'acte le plus récent qui concerne l'organisation générale de l'instruction publique, c'est l'établissement d'un Conseil supérieur de perfectionnement pour l'enseignement spécial. La création de ce conseil était l'appendice presque nécessaire de la loi qui a donné au gouvernement le moyen d'organiser dans les colléges un système d'études approprié aux besoins de l'agriculture, de l'industrie et du commerce. Ses attributions essentielles consistent à prendre communication des documents relatifs au nouvel enseignement, et à donner son avis sur les programmes d'études et les règlements. Il a déjà tenu deux sessions depuis qu'il est établi, et le dévouement de ses membres, leur expérience, leur sagesse, ont prêté au ministre de l'instruction publique un concours aussi utile qu'apprécié.

En résumé, voici quelle est, au point de vue administratif, l'organisation actuelle de l'instruction publique dans notre pays, et à quelles autorités la direction et la surveillance des écoles s'y trouvent confiées :

Au sommet de la hiérarchie est placé le Ministre.

A côté du Ministre siégent deux conseils, le Conseil impérial de l'instruction publique, et le Conseil supérieur de perfectionnement pour l'enseignement secondaire spécial.

Le Conseil impérial peut être appelé à donner son avis sur toute espèce de questions. Il est nécessairement consulté sur les règlements d'études et sur la création des facultés, lycées et colléges. Il prononce en dernier ressort, comme tribunal, dans les affaires qui touchent à l'exercice du droit d'enseigner.

Vingt inspecteurs généraux, huit pour l'enseignement supérieur, huit pour l'enseignement secondaire, quatre pour l'enseignement primaire, ont la mission de visiter les écoles de l'Empire.

Les dix-sept académies entre lesquelles se partage le territoire actuel de la France sont administrées par autant de recteurs, assistés d'inspecteurs d'académie et d'inspecteurs des écoles primaires.

Près de chaque recteur siége un conseil académique, dont l'attribution spéciale est de veiller au maintien des bonnes méthodes et de la discipline dans les colléges communaux, dans les lycées et dans les établissements d'instruction supérieure du ressort.

L'enseignement primaire, en ce qui concerne sa partie administrative, est sous l'autorité des préfets.

Dans chaque département un conseil, que le préfet préside, donne son avis sur les questions relatives aux écoles primaires, et prononce en premier ressort sur les affaires disciplinaires ou contentieuses qui concernent les établissements libres et l'exercice du droit d'enseigner.

Après avoir indiqué les principaux rouages du mécanisme administratif de l'instruction publique, nous allons maintenant examiner successivement chaque partie du service, en commençant par l'instruction primaire.

CHAPITRE II.

ENSEIGNEMENT PRIMAIRE.

I. L'instruction primaire sous la Restauration et sous la monarchie de Juillet. — II. L'instruction primaire de 1848 à 1863. — III. Population des écoles primaires et degré d'instruction des adultes. — IV. Cours d'adultes. — V. Écoles normales primaires. — VI. Programmes et méthodes d'enseignement. — VII. Bibliothèques scolaires. — VIII. Salles d'asile. — IX. Dépenses de l'instruction primaire. — X. Nouvelle loi sur l'instruction primaire.

I

Au retour de l'île d'Elbe, l'empereur Napoléon Ier promulgua un décret, aussi remarquable dans ses motifs que dans son texte, pour le développement de l'instruction primaire.

« Considérant, disait l'Empereur, l'importance de l'instruction primaire pour l'amélioration du sort de la société; considérant que les méthodes jusqu'aujourd'hui usitées en France n'ont pas rempli le but qu'il est possible d'atteindre; désirant porter cette partie de nos institutions à la hauteur des lumières du siècle, nous avons décrété qu'il serait établi une école modèle, destinée à être une pépinière d'instituteurs façonnés à la pratique des meilleures méthodes[1]. »

Ainsi la nécessité politique et sociale d'un bon système d'éducation populaire n'avait pas échappé au génie de l'Empereur. Et cependant, il faut le dire, durant les années brillantes et heureuses du premier Empire, aucun effort sérieux ne fut tenté pour assurer au pays le bienfait d'un tel système et pour ajouter cette conquête pacifique aux victoires qui étaient l'honneur de nos armes.

[1] *Moniteur universel*, 30 avril 1815, p. 630.

L'instruction primaire était alors classée au nombre des services locaux qui sont à la charge exclusive des familles et des communes, et qui peuvent tout au plus, dans un cas extrême, réclamer le secours du département. Bien que le décret de 1808 eût rattaché les instituteurs à l'Université, la haute surveillance et la direction effective des écoles appartenaient aux préfets, aux sous-préfets et aux maires.

Cet état de choses continua sous la Restauration, nonobstant quelques essais de réforme sagement conçus, et malgré l'élan généreux qui poussait les particuliers à se réunir en associations, et qui forçait le gouvernement lui-même à élaborer des projets et à créer des ressources en faveur de l'éducation populaire.

La plus ancienne statistique que nous possédions de l'enseignement primaire[1] nous apprend qu'il existait en 1829, 30,796 écoles, tant privées que publiques, fréquentées par 1,372,206 élèves des deux sexes durant les mois d'hiver, et par 681,005 pendant la belle saison.

Sur 38,135 communes, on en comptait 13,984, c'est-à-dire plus du tiers, où les familles manquaient de tout moyen d'instruction pour leurs enfants. Sur 282,985 jeunes gens de vingt à vingt et un ans inscrits au tableau de recensement, 149,824, c'est-à-dire plus de la moitié, ne savaient ni lire ni écrire. Dans beaucoup de localités pourvues d'un instituteur, aucune salle n'était affectée à la tenue des classes. L'instituteur réunissait ses élèves où il pouvait, dans une grange, dans une écurie, dans une cave, au fond d'un corps de garde, dans une salle de danse, souvent dans la pièce qui contenait son ménage et qui servait à sa famille de cuisine et de chambre à coucher[2].

Comment une pareille situation aurait-elle pu se prolonger?

[1] Cette statistique fut dressée en 1831 par les soins de M. de Montalivet, alors ministre de l'instruction publique. Elle forme une brochure in-4° de 17 pages.

[2] Voyez le curieux et triste résumé des documents officiels dans le *Tableau de l'instruction primaire en France*, par M. Lorain, Paris, 1837, in-8°.

Sans doute elle n'était pas moins funeste aux intérêts matériels du pays qu'à ses intérêts moraux et à sa bonne renommée dans l'opinion des peuples voisins. Les sages ordonnances du 21 avril 1828 et du 14 février 1830[1] eurent pour effet d'accroître sensiblement le nombre des écoles et celui des élèves. En 1832, on comptait 31,420 écoles de garçons, publiques ou privées, qui recevaient 1,200,715 enfants, et 10,672 écoles de filles, qui en recevaient 734,909[2]. Mais la réforme radicale que demandait la gravité de la situation ne s'opéra qu'après l'avénement de la monarchie de Juillet.

Sous l'administration de M. Guizot fut promulguée la célèbre loi du 28 juin 1833. Cette loi, l'éternel honneur de l'homme d'État éminent qui la proposa et qui fut chargé de l'exécuter, a vraiment constitué en France l'instruction primaire. Elle en a défini l'objet, fixé le caractère, garanti les conditions essentielles, et elle en a préparé par là même le développement à venir.

Aux termes de la loi de 1833, le premier objet de l'instruction primaire, c'est l'instruction morale et religieuse. En vertu de cette disposition, reproduite dans toutes les lois subséquentes[3], et fidèlement observée sous tous les régimes, la religion, en France, a toujours fait partie de l'enseignement des écoles primaires. Un christ est placé dans les classes en vue des élèves. L'instituteur est tenu de faire réciter le catéchisme aux enfants et de leur apprendre l'histoire sainte. L'école est ouverte au curé, et, s'il s'agit d'une école protestante, au pasteur. C'est là un des caractères qui, très-heureusement, selon nous, distinguent la loi française des règlements de quelques pays voisins, dans lesquels tout enseignement dogma-

[1] *Bulletin universitaire*, t. I, p. 22 et suiv.; t. II, p. 51 et suiv.

[2] *Rapport au roi sur l'état de l'instruction primaire et sur l'emploi des fonds votés au budget de 1832 en faveur de cette instruction*, Paris, in-4°.

[3] Le projet de loi soumis en 1848 à l'Assemblée constituante par M. Carnot est, à notre connaissance, le seul dans lequel l'instruction religieuse ne soit pas rangée parmi les matières obligatoires de l'enseignement primaire, bien que l'exposé des motifs reconnaisse combien elle a d'importance. Mais cette innovation funeste ne fut pas approuvée par la commission chargée de l'examen du projet.

tique, à quelque communion qu'il appartienne, est écarté de l'école.

Les autres objets nécessaires de l'instruction primaire, suivant le législateur de 1833, sont : la lecture, l'écriture, les éléments de la langue française et du calcul, le système légal des poids et mesures. L'instruction primaire, à un degré supérieur, comprend en outre les éléments de la géométrie et ses applications usuelles, des notions de physique et d'histoire naturelle, le chant, les éléments de l'histoire et de la géographie.

Après avoir ainsi défini les objets de l'enseignement, la loi fixe les conditions de capacité et de moralité sous lesquelles tout individu âgé de dix-huit ans a le droit d'exercer la profession d'instituteur; puis elle pourvoit à l'organisation des écoles par une série de dispositions qui peuvent se ramener aux points suivants :

1° L'obligation est imposée à toute commune d'entretenir au moins une école, soit à l'aide de ses revenus ordinaires, soit au moyen d'une imposition spéciale, complétée par les subsides du département et de l'État.

2° Une habitation décente, un traitement fixe de 200 francs, une rétribution que doivent acquitter tous les élèves non reconnus pour indigents par le conseil municipal, sont assurés à l'instituteur, qui n'avait eu jusque-là que des émoluments précaires.

3° Afin d'avoir des maîtres capables et instruits, chaque département est tenu d'entretenir une école normale, soit par lui-même, soit en se réunissant à d'autres départements.

4° Enfin la surveillance de l'instruction primaire, condition essentielle de ses progrès, est confiée à deux comités. L'un, établi près de chaque école communale, est composé du maire de la commune, du curé ou pasteur, et de trois notables habitants; l'autre siége au chef-lieu de l'arrondissement, sous la présidence du sous-préfet. Le comité d'arrondissement nommait les instituteurs, sur la présentation du conseil municipal, présidait à leur installation, et recevait leur serment. Toutefois, ils devaient être institués par le ministre de l'instruction publique.

L'ensemble des dispositions qui précèdent fut complété en 1835 par la création d'un corps d'inspecteurs chargés de visiter les écoles[1]. Il y eut, dans l'origine, un seul inspecteur par département; mais l'utilité sociale de la fonction engagea bientôt le gouvernement à en accroître autant que possible l'influence en nommant des sous-inspecteurs. Par l'ordonnance du 30 décembre 1842, le nombre de ceux-ci fut porté à 111, répartis en deux classes[2].

Il existait une lacune très-grave dans la loi de 1833 : elle ne renfermait aucune clause relative à l'éducation des filles. Les seules écoles qui allaient leur être ouvertes, c'étaient, comme par le passé, les écoles de garçons, que les jeunes filles ne peuvent suivre, sans danger pour leurs mœurs, au delà de l'âge le plus tendre, et quelques écoles dirigées par des religieuses ou par des institutrices laïques. Mais comme ces dernières n'avaient obtenu dans la loi aucune garantie qui leur assurât un logement et un traitement, elles se trouvaient réduites à la condition la plus triste, sinon à la plus affreuse misère. Ainsi l'éducation des femmes restait négligée à l'heure même où l'instruction primaire recevait l'impulsion la plus utile. Qui pouvait méconnaître cependant combien cette éducation a d'importance chez une nation civilisée? Les mères de famille sont les premières institutrices de leurs enfants. Elles se dévouent à leur apprendre ce qu'elles savent elles-mêmes; elles répandent autour d'elles, par toutes les voies, les connaissances qu'elles ont acquises; et, comme un orateur en faisait la remarque tout dernièrement, à la tribune du Corps législatif[3], si dès l'origine le législateur avait pris soin de pourvoir à leur instruction, peut-être aurait-il réussi plus efficacement que par tout autre moyen à combattre l'ignorance qui règne encore dans nos contrées.

Sauf l'omission que nous venons de signaler, et qui s'explique par l'état de l'enseignement primaire pour lequel tout alors était pour

[1] Ordonnance du 26 février 1835. (*Bulletin universitaire*, t. IV, p. 188.)

[2] *Bulletin univers.* t. XI, p. 104-105.

[3] M. Paulmier, dans la discussion de la loi sur l'instruction primaire. (Séance du Corps législatif du 8 mars 1867.)

ainsi dire à créer, la loi de 1833 fut, au temps où elle parut, un immense bienfait pour le pays. On peut juger de la sagesse et de l'opportunité de ses dispositions par les résultats qu'elle a produits.

Il n'existait plus, en 1837, que 5,667 communes qui fussent dépourvues d'écoles; en 1840, que 4,196; en 1843, que 2,460. Le nombre des écoles de garçons et des écoles communes aux deux sexes, entretenues, soit par une seule commune avec ses ressources propres, soit par plusieurs communes réunies, s'était successivement élevé : en 1837, à 29,303 ; en 1840, à 30,785; en 1843, à 34,890; en 1847, à 35,953[1]. Au 1er janvier 1848, la population des écoles de garçons, tant privées que publiques, atteignait le chiffre de 2,176,000 enfants, et l'on en comptait 1,354,056 dans les écoles spéciales de filles : de sorte que 1,600,000 élèves de plus qu'en 1832, et 2,000,000 de plus que dans la dernière année du gouvernement de la Restauration, participaient au bienfait de l'enseignement. Sur 100 conscrits[2], il y en avait pour le moins 62 sachant lire, au lieu de 48 comme en 1829. A la place des bouges hideux et infects, naguère affectés à la tenue des classes, on voyait s'élever, dans 23,000 communes, des constructions modestes sans doute, mais appropriées aux besoins de l'enseignement.

Un progrès considérable s'était donc accompli de 1830 à 1848, et ce progrès était dû à l'action salutaire de la loi du 28 juin 1833. Cependant, bien que très-améliorée par dix-huit années d'efforts opiniâtres et intelligents, la situation de l'instruction primaire, sans parler même de l'instruction des femmes, laissait encore à désirer sous beaucoup de rapports. S'il était démontré, par des documents irrécusables, que le nombre des jeunes gens de vingt ans

[1] Voyez les Rapports sur la situation de l'instruction primaire en 1837, en 1840, en 1843, et au 1er janvier 1848.

[2] Sur 100 conscrits, on en a compté 61 de 1842 à 1846, et 64,3 de 1847 à 1851, qui savaient lire. (*Statistique de l'instruction primaire pour l'année 1863*, p. 331.) Nous sommes resté dans notre évaluation au-dessous de la moyenne de ces deux chiffres.

sachant au moins lire et écrire s'était élevé dans la proportion de 48 à 62 pour 100, les mêmes documents établissaient que 38 conscrits sur 100 restaient dépourvus de toute instruction. On comptait 1,400 communes qui n'entretenaient pas d'école. Parmi celles qui avaient ménagé à leurs habitants quelques moyens d'éducation, un grand nombre ne possédaient que des bâtiments scolaires insuffisants, mal aérés, mal distribués, qui demandaient à être agrandis ou même reconstruits. Ce qui était plus grave assurément que ces imperfections matérielles, c'était la condition malheureuse des instituteurs. La loi de 1833 leur accordait un traitement fixe de 200 francs, auquel devaient s'ajouter les rétributions acquittées par les familles des élèves. Or en 1847, de l'aveu même de l'administration, il se trouvait que 18,155 instituteurs n'arrivaient pas à 500 francs de traitement; 11,155 à 400 francs, et, le croira-t-on? 3,654 à 300 francs, « c'est-à-dire, s'écriait avec douleur le ministre de l'instruction publique[1], à un taux auquel ne descend pas la journée de l'ouvrier, ni dans les contrées les plus misérables, ni pour les travaux les plus grossiers. »

Afin d'apporter quelque remède à une situation aussi pénible, le gouvernement soumit, en 1847, à la Chambre des députés, un projet de loi très-libéral, qui élevait le traitement des instituteurs, et qui créait pour eux une caisse de retraites. La révolution de Février ne permit pas que ce projet, admis par la commission qui l'avait examiné, fût discuté en séance publique.

II

Le gouvernement républicain ne cachait pas ses sympathies pour les instituteurs, ni les espérances qu'il fondait sur leur concours. Il fit adopter par l'Assemblée constituante quelques mesures provisoires pour améliorer leur sort, et bientôt après il présenta un nouveau projet de loi qui déclarait l'instruction primaire entière-

[1] *Exposé des motifs du projet de loi sur l'instruction primaire.* (Séance de la Chambre des députés du 12 avril 1847.)

ment gratuite et obligatoire. Mais ce projet eut le même sort que celui de M. de Salvandy. En janvier 1849, il fut retiré par l'ordre du prince que six millions de suffrages venaient d'appeler à la présidence de la République. Le seul fruit qui en soit resté, c'est un rapport remarquable de M. Barthélemy Saint-Hilaire, au nom d'une commission de l'Assemblée constituante.

Sous le ministère de M. de Falloux, une somme de 3 millions fut inscrite au budget en faveur des instituteurs dont les traitements étaient inférieurs à 600 francs[1].

Mais déjà la situation morale de l'instruction primaire excitait de sérieuses préoccupations chez un grand nombre d'esprits. Sous la monarchie de Juillet, les instituteurs primaires étaient pour la plupart, nous aimons à le reconnaître, des gens modestes, tranquilles, dévoués à leurs fonctions, accoutumés à vivre de peu, et, soit humilité chrétienne, soit effet du caractère et de l'habitude, ne cherchant pas à s'élever. Mais tous n'avaient pas la même résignation ni les mêmes vertus. Chez quelques-uns, on observait, avec un certain relâchement dans les mœurs, un mécontentement profond de leur sort, une secrète irritation que l'absence de tout sentiment religieux rendait plus amère, et qui les exposait à devenir un jour l'aveugle instrument de coupables desseins contre la société. Ces funestes germes, longtemps cachés au fond des cœurs, se développèrent après la commotion de février. En quelques mois, tous les gens de bien furent à même de mesurer l'étendue et la gravité du mal. En admettant que la peur se soit exagéré le péril, on ne saurait méconnaître, en présence de faits aussi affligeants qu'irrécusables, que, sur beaucoup de points du territoire, l'esprit de vertige et de désordre, alors si répandu dans toutes les classes de la nation, avait aussi porté ses ravages au sein des écoles.

Il importait d'arracher l'instruction primaire aux influences corruptrices qui commençaient à la rendre suspecte au pays, et qui

[1] Séance de l'Assemblée nationale des 5 et 9 avril 1849.

menaçaient de la pervertir. Le gouvernement ne vit d'autre remède au mal que de placer provisoirement les instituteurs sous la surveillance, et en quelque sorte sous la main de l'autorité administrative. Le comité d'arrondissement qui les nommait, en vertu de la loi de 1833, avait eu seul jusqu'alors le pouvoir de les suspendre et celui de les révoquer. Par la loi du 11 janvier 1850, ce double pouvoir fut transporté dans toute sa plénitude aux préfets, comme une garantie d'ordre public et de conservation sociale.

Deux mois après fut promulguée la loi sur l'enseignement, l'œuvre capitale du ministère de M. de Falloux et de celui de M. de Parieu.

Cette loi ne ressemblait pas à la précédente; elle s'annonçait comme une loi de liberté, et non comme une loi de rigueur. Sans écarter l'action de la puissance publique, c'est par la liberté et la religion qu'elle se proposait de régénérer l'enseignement populaire. Elle a introduit des changements profonds dans le régime des écoles.

1° A dater de sa mise à exécution, fixée au 1er septembre 1850, elle a fait cesser les pouvoirs exceptionnels qui venaient d'être accordés aux préfets.

2° Dans chaque département, elle a dévolu au recteur qu'elle instituait le soin de surveiller l'instruction primaire, et le droit, suivant le cas, de réprimander, de suspendre, ou même de révoquer l'instituteur.

3° Afin de seconder les recteurs, elle a créé un inspecteur des écoles par arrondissement : ce qui, dès l'année 1851, fit élever de 220 à 300 le nombre de ces utiles agents.

4° Elle a supprimé les comités locaux et les comités d'arrondissement établis par la loi de 1833. Les attributions du comité local ont été dévolues au maire et au curé. La nomination des instituteurs, qui appartenait au comité d'arrondissement, a été remise au conseil municipal. Au centre du département, le conseil académique a été investi de pouvoirs efficaces pour prévenir le relâchement et pour réprimer les désordres. Enfin, dans chaque canton, des délégués de ce conseil ont reçu la mission de visiter, en son nom, les écoles, et de provoquer les mesures administratives ou autres qui paraîtraient opportunes.

Outre ces réformes, qui n'intéressaient que le service administratif, le législateur de 1850 s'était préoccupé des moyens d'améliorer la condition des maîtres, et de favoriser la diffusion de plus en plus grande de l'instruction primaire.

Un traitement, qui ne pouvait être inférieur à 600 francs, fut assuré à tous les instituteurs par l'article 38 de la loi. L'article 39 ordonna qu'une caisse de retraites fût substituée aux caisses d'épargne qui avaient été créées en leur faveur. La loi n'établit pas la gratuité de l'instruction primaire comme une règle absolue; mais, aux termes de l'article 24, l'enseignement doit être donné sans rétribution à tous les enfants dont les familles sont hors d'état de le payer; et l'article 36 autorise l'ouverture d'écoles gratuites pour tous les élèves indistinctement, dans les communes qui pourront subvenir à la dépense avec leurs propres ressources. Il fut arrêté que le budget annuel ouvrirait des crédits, soit pour encourager les auteurs de livres utiles à l'instruction primaire, soit pour fonder des institutions telles que les écoles du dimanche, les écoles dans les ateliers ou dans les manufactures, les classes dans les hôpitaux, les cours publics pour les adultes, les bibliothèques de livres utiles. Enfin, comblant en partie la lacune de la loi de 1833, le législateur voulut que toute commune de 800 âmes de population fût astreinte, si ses ressources le lui permettaient, à entretenir au moins une école de filles. Cette disposition était sans doute incomplète et insuffisante, puisque, d'une part, elle ne s'étendait pas aux communes ayant moins de 800 âmes de population, et que, d'autre part, elle ne réglait pas ni ne garantissait le traitement des institutrices. Elle était néanmoins un progrès, et même un progrès considérable, relativement à la situation antérieure.

Voulons-nous nous rendre compte des résultats qu'a produits, en ce qui concerne l'instruction primaire, la loi du 15 mars 1850, cette loi si diversement jugée? Il suffit de comparer l'état des écoles au moment où elle fut promulguée, et leur état trois ans plus tard.

Il résulte de documents officiels[1] qu'en 1850 la France ne possédait plus que 34,428 écoles communales de garçons, ou écoles mixtes, fréquentées par 1,923,359 élèves, dont 682,326 élèves gratuits. Ainsi, depuis le 1er janvier 1848, plus de 1,500 écoles avaient été fermées. C'est là l'effet trop fréquent des révolutions, même lorsqu'elles sont accomplies au nom des intérêts du peuple. Elles promettent, en termes fastueux, la diffusion des lumières, et, par le trouble qu'elles répandent dans la société, elles arrivent à ne favoriser que le progrès de l'ignorance.

Mais les mêmes documents témoignent qu'il existait, en 1852, 36,108 écoles, fréquentées par 2,258,552 élèves, dont 910,169 élèves gratuits. En deux années, sous la double influence de la nouvelle loi et du rétablissement de l'ordre public, on avait vu s'ouvrir 1,680 nouvelles écoles. La population scolaire s'était accrue de 335,193 élèves, sur lesquels 237,843 ne payaient aucune rétribution.

Ce rapide progrès avait eu pour conséquence l'épuisement des ressources propres de l'instruction primaire, et l'augmentation de la partie de ses dépenses qui tombait à la charge du département et de l'État. Il parut onéreux pour le trésor public, et, loin de l'encourager, le gouvernement essaya de le ralentir. Le décret du 31 décembre 1853 réduisit le traitement des instituteurs communaux. Il n'opéra pas cette réduction d'une manière directe, pour ne pas contredire le texte si précis de la loi de 1850; mais il or-

[1] Nous empruntons les chiffres suivants au rapport à l'Empereur, qui a motivé le décret du 31 décembre 1853 sur l'instruction primaire. (*Bulletin admin. de l'instruction publique*, t. IV, p. 719.) Il est à regretter que ce rapport ne fasse pas connaître et que le gouvernement n'ait publié nulle part le nombre des écoles spéciales de filles, ni celui des élèves qui les fréquentaient aux deux époques dont il s'agit.

donna que nul ne serait instituteur communal s'il n'avait exercé durant trois années comme instituteur suppléant, et il fixa les émoluments des instituteurs suppléants, non pas à 600 francs, mais à 500 francs et à 400 francs. Le même décret permit que les écoles qui ne renfermeraient pas plus de 40 élèves fussent dirigées par des institutrices, qui devaient être rétribuées de la même manière que les instituteurs suppléants. Enfin, pour modérer l'extension de la gratuité, un article du décret accorda aux préfets le droit de fixer annuellement, pour chaque commune, sur la proposition des délégués cantonaux, le nombre maximum des élèves qui seraient admis gratuitement dans les écoles publiques.

A peine ces dispositions commençaient-elles à être appliquées, que la loi du 21 juin 1854 fit passer des mains des recteurs à celles des préfets le gouvernement de l'instruction primaire.

Nous avons vu que le législateur de 1850, fidèle sur ce point à l'esprit de la loi de 1833, plaçait, ou plutôt laissait l'instruction primaire sous l'autorité des recteurs. A partir du décret du 9 mars 1852, le recteur acquit même le droit de pourvoir personnellement, les conseils municipaux consultés, aux emplois devenus vacants dans les écoles de son académie. Mais la surveillance de l'instruction primaire embrasse d'innombrables détails qui ne peuvent être contrôlés utilement que s'ils ont été observés de près. Quand le gouvernement se fut décidé à réduire de quatre-vingt-six à seize le nombre des académies, il devint manifeste que les nouveaux recteurs allaient résider fort loin du plus grand nombre des écoles de leur circonscription; que, par conséquent, ils les connaîtraient mal, et que, pour être soumises à une direction efficace, elles devaient être rattachées à l'administration départementale. L'instruction primaire, d'ailleurs, n'a-t-elle pas, au point de vue politique, la plus haute importance, principalement dans un pays qui a fait du suffrage universel la pierre angulaire de sa constitution? Dès lors comment ne pas la remettre aux mains des préfets, qui sont les gardiens officiels de l'ordre social, et qui mieux que personne peuvent en apprécier les conditions dans chaque localité? Ainsi en jugèrent les pouvoirs publics. Les attributions des anciens recteurs en matière d'instruction primaire furent en conséquence données aux préfets, comme nous l'avons indiqué au précédent chapitre. Ce furent les préfets désormais qui nommèrent les instituteurs et les révoquèrent. La présidence de l'ancien conseil académique, transformé en conseil départemental, leur fut dévolue. Ils se virent investis de tous les pouvoirs que, sur le rapport des inspecteurs d'académie, ils avaient déclaré leur être nécessaires pour diriger les écoles du peuple dans le sens le plus favorable à la paix publique, le plus conforme aux intentions de l'Empereur. Cette situation dure encore, et, bien qu'elle ne se soit pas établie sans exciter quelques regrets dans les rangs du corps enseignant, qui aime la magistrature paternelle des recteurs autant qu'il redoute les juridictions étrangères à ses usages et à son esprit, elle paraît acceptée aujourd'hui par les intéressés eux-mêmes; en tous cas, elle ne donne lieu à aucune objection qui soit assez justifiée par l'expérience pour motiver une nouvelle réforme de la législation. Ajoutons, sans craindre de nous répéter, que si la partie administrative du service de l'instruction primaire a été enlevée aux recteurs, la direction intellectuelle est restée entre leurs mains. La loi leur a confié le soin de veiller au progrès des études, c'est-à-dire à la propagation des bonnes méthodes et des bons livres. Ils doivent stimuler le zèle des maîtres et celui des élèves, combattre l'esprit de routine et faire reculer l'ignorance : noble mission, qui exige autant de lumières que de dévouement, et qui, pour s'accomplir jour à jour et en silence, n'en est que plus digne de la reconnaissance du pays.

Cependant la création des instituteurs suppléants, loin de répondre à l'attente du gouvernement, avait eu pour l'instruction primaire des suites funestes, qui n'étaient nullement prévues. Les maîtres qui débutaient, recevant 400 ou 500 francs sans qu'il leur fût permis de compléter ces modestes ressources par des avantages accessoires, se suffisaient à peine. Ils prenaient dès lors leur position en dégoût, et, parvenus au terme de leur engagement décennal, plusieurs abandonnaient l'instruction publique pour entrer dans l'industrie ou dans les chemins de fer. Il eût été imprudent de laisser une telle situation s'aggraver, et de ne pas en écarter à temps la cause principale. Après quelques années de douloureuse expérience, le gouvernement revint peu à peu à l'exécution fidèle de la loi de 1850; il y ajouta même de nouvelles clauses en faveur des instituteurs. Sur la proposition de Son Exc. M. Rouland, un décret du 20 juillet 1858 [1] accorda indistinctement à tous les instituteurs suppléants un traitement de 500 francs. Le décret du 29 décembre 1860 [2] les fit rentrer dans le droit commun, et supprima leur titre en même temps que l'exception qui avait réduit, à leur préjudice, le minimum fixé par la loi. Mais en 1853, pour compenser le dommage causé aux plus jeunes maîtres, on avait promis aux anciens des allocations supplémentaires, qui devaient élever leurs émoluments à 700 francs après cinq ans, et à 800 après dix ans d'exercice. Ces avantages étaient acquis désormais aux intéressés; ils leur furent maintenus, même après que les mesures moins libérales qui en étaient en quelque sorte la rançon eurent été rapportées. Non-seulement ils furent maintenus, mais augmentés. Un décret du 19 avril 1862 [3] ordonna que les instituteurs qui compteraient quinze ans de services, et qui se seraient distingués par leur zèle et par leur aptitude, recevraient une indemnité, calculée de manière à élever le revenu scolaire à 900 francs. Par là une sorte de gradation, suffisante pour ranimer le zèle qui se refroidit, fut introduite dans la carrière du plus humble maître de village. Quelque misérable que soit la localité où il exerce sa fonction, tout instituteur, après avoir débuté par un traitement de 600 francs, a aujourd'hui l'espoir presque certain de voir ce traitement croître périodiquement, et s'augmenter de moitié en quinze années.

Une autre amélioration, qui est due comme les précédentes à

[1] *Bulletin administratif de l'instruction publique*, t. IX, p. 177 et suiv.

[2] *Bulletin*, etc. t. XI, p. 381 et suiv.

[3] *Ibid.* t. XIII, p. 72 et suiv.

M. Rouland, mérite aussi d'être signalée; c'est la disposition du décret du 19 avril 1862, en vertu de laquelle les élèves entretenus aux frais de l'État ou des départements dans les écoles normales primaires reçoivent, au sortir de l'école, quand ils sont appelés pour la première fois aux fonctions d'instituteur public, une indemnité de 100 francs pour se rendre à leur poste. Son Exc. M. Duruy a complété cette mesure bienveillante en aidant les communes pauvres à se procurer le mobilier usuel nécessaire à l'instituteur, tant pour lui-même que pour sa famille[1]. Il arrivait souvent que ce mobilier manquait. Obligés de l'acquérir à leurs propres frais, les jeunes maîtres se trouvaient conduits, dès leur entrée en exercice, à contracter des emprunts onéreux. Il était d'une équité prévoyante de les affranchir de cette charge, qui les mettait dans la gêne et nuisait à leur considération.

Le sentiment de bienveillance pour les personnes et d'intelligente sollicitude pour les intérêts du service qui a inspiré les mesures que nous venons de rappeler s'est aussi étendu aux inspecteurs des écoles primaires. Plusieurs arrondissements ayant été réunis pour la surveillance, le nombre des inspecteurs, après s'être élevé, comme nous l'avons dit, à 300 en 1851, descendit au-dessous de 280. De nouvelles créations proposées au budget de 1868 le porteront, il faut l'espérer, à 370, nombre égal à celui des arrondissements. La fonction fut d'abord très-peu rétribuée. Les inspecteurs les mieux partagés ne recevaient que 2,000 francs; encore n'y en avait-il que vingt qui pussent arriver à ce taux, tandis que les autres touchaient 1,800 francs, 1,400 francs, 1,400 francs et même 1,200 francs. En 1857 on comptait 105 traitements qui ne dépassaient pas ce dernier chiffre. Il n'y avait qu'un cri contre l'insuffisance d'une pareille rémunération. Chacun reconnaissait qu'elle ne donnait pas à l'inspecteur dépourvu de patrimoine les moyens de vivre que comportait sa mission honorable. Deux dé-

[1] Décret du 4 septembre 1863. (*Bulletin administratif*, t. XIV, p. 224 et suiv.)

crets rendus sous l'administration de M. Rouland ont singulièrement amélioré cet état de choses. Le premier, du 21 juin 1858 [1], supprima par le fait les traitements de 1,200 francs et de 1,400 francs, et fixa à 1,600 francs, 2,000 francs et 2,400 francs le traitement des trois classes qui étaient conservées. Un second décret, du 10 juillet 1861 [2], ordonna que le personnel des inspecteurs fût réparti par nombre égal entre ces trois classes, de sorte qu'il y eût 95 inspecteurs dans la première classe, 95 dans la deuxième et 94 dans la troisième. On se rend facilement compte du double résultat de cette mesure. Le plus grand nombre des situations furent immédiatement relevées, et, pour l'avenir, les chances d'avancement se trouvèrent accrues dans une proportion très-notable.

Sous l'administration de Son Exc. M. Duruy, de nouveaux encouragements ont été donnés aux inspecteurs. Une décision du 8 juillet 1864 [3] accorde à ceux de troisième classe une indemnité annuelle de 400 francs, qui porte leurs émoluments à 2,000 francs. Il y a tout lieu d'espérer que ce progrès ne sera pas le dernier. En effet le projet de budget de l'exercice prochain comprend une augmentation de crédit qui permettrait de fixer à 2,000 francs les traitements de troisième classe, à 2,400 francs ceux de deuxième classe et à 2,600 francs ceux de première classe. Ces chiffres, loin d'être excessifs, répondent à peine à l'importance des obligations que les inspecteurs ont à remplir, et aux services qu'ils rendent à la société. Si depuis vingt-cinq ans l'enseignement populaire a fait parmi nous quelques progrès, si les écoles sont mieux tenues, si les communes consentent aux sacrifices nécessaires à leur entretien, nous le devons en grande partie aux efforts vigilants de l'inspection.

En même temps que le gouvernement s'attachait à relever les positions personnelles, il encourageait par des subsides la construction de nouvelles écoles, l'agrandissement et la réparation des

[1] *Bulletin administratif*, t. IX, p. 114 et suiv.

[2] *Bull. admin.* t. XII, p. 102 et suiv.

[3] *Ibid.* nouv. série, t. II, p. 9.

anciennes. Ces subsides sont calculés en moyenne au quart de la dépense totale. Ils se sont appliqués : en 1863, à 674 communes; en 1864, à 530; en 1865, à 864; en 1866, à 905. Le chiffre total de la dépense à la charge du trésor public a été, pour ces quatre années, de 6,827,887 francs.

Il résulte de la statistique publiée en 1865 par les ordres de Son Exc. M. Duruy, que 27,642 écoles sont installées dans des bâtiments appartenant aux communes, et 10,744 dans des bâtiments loués ou prêtés; que, parmi les premières, 19,398 seulement sont bien disposées; que les autres ou ne sont nullement convenables, ou ne conviennent qu'à certains égards, celles-ci pour la tenue de la classe, celles-là pour le logement de l'instituteur. Il resterait donc beaucoup à faire encore, d'importants travaux à entreprendre, des millions à dépenser[1], pour arriver à une situation vraiment satisfaisante. Mais le progrès est l'œuvre du temps, et ce qui suffit à l'honneur d'une société, c'est d'avancer de jour en jour vers le but qu'elle doit atteindre, sans se laisser arrêter par les difficultés, comme sans s'émouvoir des inévitables lenteurs de la marche.

Mais tant d'efforts consacrés au développement de l'instruction primaire manqueraient leur but s'ils n'avaient pas contribué à la répandre, et surtout à la rendre aisément accessible à la partie la plus pauvre de la population. Il y a des pays, comme la Suisse et les États-Unis, où cette instruction est gratuite en vertu de la loi, de sorte que la gratuité n'admet pas de réserve et profite à toutes les familles sans distinction de fortune. Telle n'est pas la situation en France. Mais du moins la loi de 1850 avait voulu que les enfants qui seraient hors d'état de payer la rétribution scolaire reçussent gratuitement l'instruction. Cette disposition impérative de la loi pouvait-elle se concilier avec l'article du décret de 1853 autorisant

[1] La dépense que les communes, les départements et l'État auraient encore à s'imposer pour la bonne installation des écoles publiques spécialement destinées aux garçons, et des écoles mixtes, est évaluée 137,741,396 francs, dans la *Statistique de l'instruction primaire pour l'année 1863*, p. IV et V.

les préfets à limiter le nombre des enfants de chaque commune qui pourraient être admis dans les écoles publiques à titre gratuit? M. Fortoul l'avait espéré, et après lui M. Rouland partagea la même confiance. Des circulaires ministérielles rappelèrent d'année en année aux autorités départementales que « l'instruction primaire est un assez grand bienfait pour qu'aucune famille ne doive se décharger sur l'État du soin de l'assurer elle-même à ses enfants, si ses propres ressources le lui permettent[1]. » Cependant l'expérience démontra bientôt que la limitation du nombre des élèves admis gratuitement dans les écoles avait eu pour résultat d'en fermer l'accès à plusieurs qui auraient difficilement acquitté la rétribution mensuelle. La loi était donc enfreinte dans son esprit et dans sa lettre. Son Exc. M. Duruy ne voulut pas que, sous son ministère, ces infractions regrettables pussent en aucun cas se renouveler. Une circulaire du 24 février 1864[2] invita les préfets à ne point user d'une rigueur intempestive, mais à étendre le bénéfice de la gratuité, sans limitation de nombre et sans réserve, à tous les élèves dont les familles ne peuvent payer les mois d'école. « L'Empereur, écrivait à cette occasion M. Duruy, l'Empereur ne veut pas qu'un seul enfant reste privé d'instruction pour cause d'indigence de sa famille. » Afin de faire cesser toute incertitude et tout malentendu, un décret du 28 mars 1866[3] a rapporté purement et simplement les dispositions du décret de 1853. Aujourd'hui la seule obligation imposée aux élèves qui se présentent pour être admis dans une école communale, c'est de justifier, par un billet

[1] Circulaire du 31 janvier 1854. (*Bulletin administratif,* t. V, p. 30.) Voyez, sur le même sujet, une circulaire de M. Rouland, du 27 mai 1861. (*Ibid.* t. XII, p. 83.) « On a vu trop souvent, disait M. Rouland, des écoles gratuites envahies par les enfants des familles aisées..... La gratuité absolue est souvent un obstacle aux progrès de l'enseignement populaire. Épuisées par les charges qu'entraîne nécessairement cette gratuité, beaucoup de communes sont dans l'impossibilité, soit d'améliorer matériellement leurs établissements scolaires, soit de créer de nouvelles écoles que réclameraient les besoins de la population..... »

[2] *Bulletin adm.* t. I, p. 173 et suiv.

[3] *Ibid.* t. V, p. 353 et suiv.

délivré par le maire, de l'inscription de leur nom sur la liste d'admissibilité.

III

Il reste à rechercher quelle influence ont exercée sur la marche de l'instruction primaire les efforts du gouvernement et ceux des particuliers, le concours des populations, le zèle charitable des communautés religieuses.

Au 1er janvier 1864, il y avait 818 communes qui se trouvaient dépourvues d'écoles. La France possédait 20,703 écoles spéciales de garçons, 17,683 écoles où les deux sexes étaient mélangés, 14,059 écoles spéciales de filles. Ces écoles étaient fréquentées par 3,413,830 élèves, savoir : 2,053,674 garçons, et 1,360,156 filles. On comptait, dans le nombre, 1,312,269 élèves gratuits.

Ces chiffres, qui s'appliquaient aux seules écoles publiques, égalaient cependant, à 200,000 enfants près, le chiffre de la population scolaire de toutes les écoles publiques et privées au 1er janvier 1848.

Ils témoignaient d'une manière éclatante que, depuis la loi du 15 mars 1850, malgré une mobilité à certains égards fâcheuse dans la législation et dans la jurisprudence, l'instruction primaire n'avait pas cessé d'être en progrès. Dans les deux années qui ont suivi, le progrès, loin de se ralentir, s'est plutôt accéléré, comme le prouve le rapport de M. Duruy sur l'état de l'enseignement au 1er janvier 1866.

A cette époque on ne trouvait plus que 694 communes, au lieu de 818, qui fussent dépourvues de tout moyen d'instruction. Il existait 38,629 écoles publiques de garçons ou écoles mixtes, et 14,721 écoles communales de filles, c'est-à-dire que, dans le cours de deux années, 905 nouvelles écoles ont été créées. La population s'était augmentée de 63,712 enfants des deux sexes, ce qui l'avait fait monter de 3,413,830 élèves à 3,477,542. Les encouragements donnés à l'extension de la gratuité avaient porté le nombre des élèves gratuits à 1,366,360, avec une augmentation de 54,091 comparativement à 1863.

Voici comment les écoles publiques se trouvent réparties entre les instituteurs ou institutrices laïques, et les membres des associations religieuses vouées à l'enseignement.

Il existe 41,959 écoles laïques, savoir : 19,044 écoles spéciales de garçons, 16,516 écoles mixtes, et 6,399 écoles spéciales de filles. Elles renferment 2,340,344 enfants des deux sexes, sur lesquels 704,028 ne payent pas la rétribution scolaire.

Il existe 11,391 écoles dirigées par des communautés religieuses, savoir : 1,970 écoles de garçons, 1,099 écoles mixtes, et 8,322 écoles spéciales de filles. Elles reçoivent 1,137,198 élèves, dont 662,332 gratuitement.

En 1863, les communautés religieuses ne dirigaient que 11,099 écoles publiques des deux sexes; en 1862, que 10,862; en 1850, que 6,464. Donc elles sont en progrès, et lorsqu'on se reporte à dix-sept ans en arrière, ce progrès paraît considérable. Toutefois, deux points sont à noter : le premier, c'est que l'accroissement porte principalement sur les écoles de filles, dont 5,237 seulement en 1850 étaient dirigées par des sœurs; le second, c'est qu'il résulte des rapports de l'inspection, résumés dans la *Statistique de l'instruction primaire en 1863*[1], que, sur 3,038 écoles communales de garçons ou écoles mixtes confiées à des communautés religieuses, 1,066 étaient bien tenues, 957 étaient assez bien tenues, 68 seulement avaient été jugées mauvaises; que, sur 8,061 écoles de filles, 2,893 étaient bien tenues, 2,630 étaient assez bien tenues, 155 seulement étaient mauvaises. Le bien l'emporte donc largement sur le mal. Dans la majorité des écoles qu'elles gouvernent, les associations religieuses ont justifié la confiance des conseils municipaux; et dès lors on ne saurait s'étonner du choix de ces conseils, ni surtout le regretter, même en exprimant le vœu que les associations

[1] Pages 12 et suiv., p. 96 et suiv.

mettent tous leurs soins à réformer les vices de direction qui ont été signalés çà et là dans quelques-uns de leurs établissements.

Envisageons maintenant l'ensemble des écoles primaires. Aux 3,477,542 enfants qui fréquentent les écoles publiques, ajoutons-en 958,928 qui sont reçus dans les écoles libres, nous arriverons à un total de 4,436,470 enfants des deux sexes qui participaient, en 1865, au bienfait de l'instruction primaire. Combien en reste-t-il qui sont dénués de toute culture? C'est ce qu'il est difficile d'établir d'une manière certaine. Les enquêtes ordonnées par l'administration semblent démontrer que, sur 4 millions environ d'enfants âgés de sept à treize ans qui existent en France, près de 700,000 ne paraissent pas dans les écoles. Mais il y aurait à déduire de ce nombre les enfants instruits dans la maison paternelle ou dans les établissements d'instruction secondaire. On les évalue à 260,000. Ce qu'il y a de positif, c'est que les documents officiels ne portent pas au delà de 440,000 le nombre des enfants des deux sexes qui passent leurs premières années dans l'abandon et l'ignorance.

Mais ces chiffres ont moins d'importance qu'on ne le suppose en général. Ce qu'il est surtout essentiel de constater, ce sont les fruits que porte l'enseignement, ce sont les traces qu'il laisse dans l'esprit de ceux qui l'ont reçu.

Pour éclaircir ce point, on ne peut mieux faire que de s'en référer aux tableaux annuels publiés par le ministre de la guerre, et qui font connaître le degré d'instruction des jeunes gens atteints par la loi du recrutement militaire. Nous avons vu qu'en 1829, sur 282,985 conscrits, 149,824, c'est-à-dire plus de 52 sur 100, ne savaient ni lire, ni écrire. En 1847, la proportion s'était abaissée à 38 sur 100. Or, en 1865, elle n'est plus que de 25 sur 100. Voilà la transformation qui s'est opérée dans l'espace de trente-sept ans.

Un pareil progrès a sans doute son importance; il prouve que le dévouement et l'expérience de tant de ministres éclairés, de tant d'associations charitables, de tant d'hommes de bien, qui ont travaillé à répandre l'instruction primaire dans les rangs les plus humbles, n'ont pas été prodigués en pure perte. Et toutefois n'est-il pas affligeant de penser, qu'après de tels efforts, un quart de la population demeure étrangère aux plus simples éléments des connaissances humaines?

La situation se présente sous le même aspect quand on recherche quel a été, dans ces dernières années, le nombre des conjoints qui n'ont pas signé l'acte de leur mariage. Le progrès, là encore, est à la fois sensible et lent. L'ignorance dispute en quelque sorte pied à pied le terrain à l'instruction et aux lumières. Ainsi, en 1866, sur 581,138 conjoints, il s'en est trouvé 194,407 qui ne savaient pas écrire, savoir : 75,208 époux et 119,199 épouses. C'est une moyenne de 25,88 pour 100, en ce qui touche les hommes, et de 41,02 pour 100, en ce qui touche les femmes, et une moyenne générale de 33,45 pour 100 du nombre total des conjoints [1].

Sous l'impression douloureuse qu'un tel résultat lui avait causée, Son Exc. M. Duruy proposait, il y a deux ans, à S. M. l'Empereur, d'édicter une loi qui obligerait tous les pères de famille à procurer au moins les connaissances primaires à leurs enfants. Ce n'était pas la première fois qu'une pareille proposition était mise en avant comme le remède le plus direct à l'ignorance du peuple. Mais sous aucun régime, depuis un demi-siècle, ses partisans n'avaient réussi à l'introduire dans la législation du pays. A peine débattue en 1833, à l'occasion du projet de loi sur l'instruction primaire, elle avait été repoussée en 1850 dans le cours de la discussion de la loi sur l'enseignement, par l'immense majorité de l'Assemblée législative [2]. Les adversaires de l'instruction obligatoire lui reprochaient de porter atteinte aux droits des pères de famille, et de cacher une menace contre la liberté de conscience. Vainement on leur opposait

[1] Rapport à l'Empereur sur l'état de l'instruction primaire au 1er janvier 1866. (*Bulletin admin. de l'instruction publique*, année 1867, n° 134, p. 203.)

[2] Séance de l'Assemblée législative du 19 février 1850. Dans cette séance, l'amendement que M. Fayolle avait présenté en faveur de l'enseignement obligatoire fut repoussé à la majorité de 485 voix contre 182.

l'exemple des peuples étrangers, qui n'ont pas cru sacrifier les droits des parents en faisant des lois pour obliger ceux-ci de s'occuper de l'éducation de leurs fils; ils répondaient que les mœurs de la France ne sont pas celles de l'Allemagne ni de la Suisse, et qu'en France le système de l'obligation n'a que deux antécédents historiques, l'un et l'autre odieux au pays : le premier, l'édit de 1724 contre les protestants, que l'intolérance religieuse voulait forcer de conduire leurs enfants aux écoles catholiques; le second, un décret révolutionnaire daté des jours les plus néfastes de la Convention. Nous indiquons rapidement les principaux points du débat, sans prétendre insister de nouveau sur des questions qui paraissent, quant à présent, épuisées. Personne n'ignore que la proposition de Son Exc. M. Duruy n'a pas été traduite par le gouvernement en un article de loi, et qu'elle n'a eu d'autre effet que de donner l'éveil et d'imprimer une vive secousse à l'opinion publique. Mais cet effet seul fut considérable, et il a tourné à l'avantage de l'éducation populaire. Ceux qui avaient le plus énergiquement combattu le dessein de rendre obligatoire la fréquentation de l'école pour tous les enfants qui ne recevaient pas d'enseignement dans la maison paternelle ont senti la nécessité d'enlever tout prétexte à ce projet, soit en multipliant autour d'eux les moyens d'instruction, soit en usant de leur influence pour décider les familles à ne pas laisser leurs enfants croupir dans l'ignorance.

Telle est la voie dans laquelle le pays se trouve aujourd'hui engagé. Nous avons la confiance que, s'il la poursuit avec fermeté, il atteindra, par la seule force de l'exemple et de la persuasion plus sûrement que par la contrainte, au but de ses efforts et de ses vœux.

IV

C'est un fait reconnu qu'en France la plupart des enfants quittent l'école dès qu'ils ont fait leur première communion, c'est-à-dire à treize ans, à l'époque de la vie peut-être où leur intelligence réclamerait le plus de soins et serait le plus utilement cultivée. Durant les années qui suivent, que deviennent-ils? Ils cessent d'acquérir de nouvelles connaissances, et beaucoup ne tardent pas à oublier les faibles notions qu'ils avaient acquises.

C'est pourquoi, dès que l'enseignement primaire eut fait en France quelque progrès, on sentit la nécessité d'ouvrir des cours en faveur des adultes, afin de compléter l'instruction des uns, et de commencer même, s'il le fallait, celle des autres. Les cours d'adultes figurent pour la première fois dans la statistique dressée en 1837 par M. de Salvandy. On en comptait alors 1,856, fréquentés par 36,966 personnes. En 1840, il y en avait 3,403; en 1843, 6,434; au 1er janvier 1848, 6,877[1]. En 1848 et dans les années suivantes leur nombre diminua sensiblement. Le club faisait alors concurrence à l'école, et l'agitation révolutionnaire ne laissait aux ouvriers ni le loisir, ni la volonté de venir paisiblement, la journée finie, s'asseoir devant un maître pour entendre ses leçons.

Quand le calme fut rétabli, les cours d'adultes ne reprirent que lentement faveur. En 1863, il n'en existait que 4,294, recevant 120,647 élèves; mais à dater de ce moment l'institution se releva sous l'impulsion vigoureuse de Son Exc. M. Duruy. Elle prit même, dans l'espace de quelques mois, un développement tout à fait inespéré. Durant l'hiver 1864-1865, on comptait 7,855 cours d'adultes, suivis par 187,615 élèves. Durant l'hiver 1865-1866, on en a compté 24,686, ouverts dans 22,947 communes par le dévouement des instituteurs.

L'auditoire de ces cours s'est composé de 42,567 femmes et de 552,939 hommes, «dont le plus grand nombre,» ainsi que le faisait remarquer Son Exc. M. Duruy dans une solennité scolaire, «étaient arrivés à l'âge où l'expérience de la vie fait plus vivement sentir le regret de l'instruction négligée ou perdue[2].» C'est par de

[1] On ne lira pas sans intérêt, dans le *Bull. administ. de l'instruction publique*, année 1865, 2e semestre, p. 966 et suiv. une note sur la situation des cours d'adultes aux différentes époques, de 1830 à 1865.

[2] Discours prononcé le 27 mai 1866, à la distribution des prix de l'association philotechnique.

tels efforts de zèle de la part des maîtres, et de studieuse curiosité de la part des populations, que le fléau de l'ignorance pourra être utilement combattu chez les adultes, et que les notions nécessaires à tout homme se répandront parmi ceux qui ne les possèdent pas.

Grâce au ciel, le prodigieux mouvement qui éclatait l'hiver dernier ne s'est pas ralenti cette année. Durant le premier trimestre 1867 on a compté 32,000 cours d'adultes, suivis par 830,000 auditeurs[1]. Il appartient au gouvernement d'asseoir sur des fondements solides l'œuvre libérale, si vaillamment inaugurée sous ses auspices. Il l'a encouragée par des récompenses publiques décernées aux instituteurs; il importe qu'il l'encourage aussi par des subventions pécuniaires, destinées d'une part à rémunérer le travail du maître, et, d'autre part, à solder les frais matériels des cours. Un crédit de 160,000 francs est ouvert à cette fin au budget de l'exercice 1867; un crédit de 500,000 francs pour les mêmes dépenses figure au projet de budget de 1868, en ce moment soumis au Corps législatif.

Nous avons parlé jusqu'ici des autorités préposées à l'instruction primaire, du traitement des instituteurs, du nombre des écoles et de celui des élèves qui les fréquentent; nous n'avons rien dit encore de l'enseignement lui-même ni des écoles normales, qui sont comme la source principale d'où il se répand dans le pays. Cependant ces écoles, ainsi que l'enseignement, ont été depuis trente ans l'objet de mesures importantes qui ne doivent pas être passées sous silence.

V

L'expérience est d'accord avec la raison pour démontrer qu'il est en général très-difficile d'avoir des maîtres instruits et habiles, versés dans la connaissance des meilleures méthodes, s'ils n'ont pas été préparés, dans une école modèle, à la pratique des devoirs de leur profession. C'est le sentiment de cette vérité qui a présidé à la création des écoles normales primaires. La première fut fondée,

[1] Discours prononcé par Son Exc. M. Duruy, le 19 mai 1867, à la distribution des prix de l'association polytechnique. (*Bull. admin.* t. VII, p. 514.)

en 1810, à Strasbourg, par M. le comte Lezay de Marnesia, alors préfet du Bas-Rhin. On a vu plus haut que Napoléon, au retour de l'île d'Elbe, avait projeté un vaste établissement qui devait fournir des maîtres à toutes les parties de l'Empire. Le gouvernement de la Restauration, guidé par les mêmes vues, encouragea dans les départements la fondation des écoles normales primaires. Lorsque la loi du 28 juin 1833 fut promulguée, il existait en France 47 écoles de ce genre [1]. Les dispositions impératives de la nouvelle loi [2] en portèrent le nombre à 75.

Cependant de graves préventions s'étaient peu à peu élevées contre les écoles normales primaires. On reprochait au programme de leurs études d'avoir pris insensiblement une extension exagérée, plus dangereuse qu'utile. Quelle est en général la mission des instituteurs communaux? C'est d'enseigner à de pauvres enfants la lecture, l'écriture, les éléments du calcul et de l'histoire, et, dans certains cas, les premières notions de la physique et du dessin. Et voilà que, par un entraînement irréfléchi, on comprenait, dans le cadre de l'enseignement normal destiné aux élèves-maîtres, les logarithmes, l'algèbre, la trigonométrie, la cosmographie, des cours entiers de physique, de chimie et de mécanique. On déroulait devant eux les annales de tout le genre humain, au lieu de se borner au simple récit des événements de l'histoire nationale qui sont les plus dignes d'être connus, parce qu'ils sont les plus propres à enflammer le patriotisme et tous les sentiments généreux.

Ainsi s'exprimaient quelques rigides censeurs des écoles normales [3]. Ces reproches, qui n'étaient pas tous dénués de fondement,

[1] Voyez l'intéressant ouvrage de M. Ambroise Rendu, *Considérations sur les écoles normales primaires de France*, 2e édition, Paris, 1849, in-8°. Cf. *Le budget de l'instruction publique*, p. 180 et suiv.

[2] «Art. 11. Tout département sera tenu d'entretenir une école normale primaire soit par lui-même, soit en se réunissant à un ou à plusieurs départements voisins.»

[3] Voyez en particulier le consciencieux et éminent ouvrage de M. Th. Barrau, *De l'Éducation de la jeunesse à l'aide des écoles normales primaires*, Paris, 1840. Cet ouvrage a été couronné par l'Académie des sciences morales et politiques. Un

avaient fait impression sur l'opinion publique. Lors de la préparation de la loi du 15 mars 1850, ses auteurs furent amenés à croire que les écoles normales n'étaient pas une institution de première nécessité, et qu'elles offraient même quelques dangers. Ils proposèrent en conséquence, non pas de les supprimer, mais de pourvoir au recrutement des instituteurs par un moyen nouveau, qui consistait à entretenir dans les meilleures écoles communales de chaque département un certain nombre d'élèves-maîtres. L'opportunité d'un pareil essai fut très-contestée, et chacun aujourd'hui peut se convaincre qu'il n'a pas réussi. Malgré les attaques dont elles avaient été l'objet, la plupart des écoles normales primaires furent conservées par les départements qui les entretenaient. On en compte présentement 76, tandis qu'il existe seulement 24 écoles stagiaires, éparses dans les départements des Hautes-Alpes, de l'Aveyron, de la Charente, de la Drôme, du Pas-de-Calais, du Tarn, du Var et de la Haute-Vienne[1].

Mais si l'existence elle-même des écoles normales fut respectée, leur organisation intérieure a subi des changements profonds. Le décret du 24 mars 1851[2] élève à dix-huit ans l'âge d'admission, et étend de deux à trois ans la durée du cours d'études. Le même décret spécifie les matières qui doivent être enseignées à tous les élèves sans exception, et celles qui sont enseignées facultativement à quelques élèves sur la désignation spéciale de la commission de surveillance. La première série comprend l'instruction morale et

orateur qui n'est pas suspect, M. Cousin, exprimait de son côté, à la tribune de la Chambre des pairs (séance du 4 juin 1847) ses vives appréhensions sur le régime des écoles normales : «On a cru faire merveille d'y élever outre mesure l'instruction littéraire et scientifique. Il en sort des jeunes gens fort instruits, versés dans toutes les difficultés de la grammaire et du calcul. Il n'y a qu'un petit inconvénient : c'est qu'aucun de ces petits savants ne se soucie de devenir un maître d'école de village. Et, si on l'y contraint, il est loin de porter dans ces nobles et humbles fonctions l'esprit de contentement et de paix, surtout l'esprit de pauvreté, sans lequel il n'y a pas de bon instituteur du peuple.»

[1] *Statistique de l'instruction primaire pour l'année 1863*, p. 260.

[2] *Bulletin administratif de l'instruction publique*, t. II, p. 24 et suiv.

religieuse, la lecture, l'écriture, les éléments de la langue française, le calcul et le système légal des poids et mesures, le chant religieux. Les matières facultatives sont : l'arithmétique appliquée aux opérations pratiques, les éléments de l'histoire et de la géographie, des notions de physique et d'histoire naturelle applicables aux usages de la vie, des instructions élémentaires sur l'agriculture, l'industrie et l'hygiène; l'arpentage, le nivellement et le dessin linéaire, enfin la gymnastique. Le directeur est personnellement chargé de la principale partie de l'enseignement; pour le surplus et pour la surveillance, il est assisté de deux maîtres au plus, non compris l'aumônier. Ces maîtres résident dans l'école et vivent au milieu des élèves; ils peuvent ainsi à tout instant du jour étudier leur caractère et apprendre à le redresser. La collaboration de maîtres étrangers est sévèrement interdite, hormis le cas où elle deviendrait nécessaire pour l'enseignement du chant.

Telle fut la nouvelle organisation que reçurent les écoles normales après la loi du 15 mars 1850. On n'estimait alors rien tant chez les instituteurs que la simplicité et la modestie; toutes les dispositions du décret du 24 mars 1851 tendent à former des maîtres qui soient doués de ces vertus. Mais en beaucoup de points ce décret a dépassé le but, non sans préjudice pour le recrutement et pour la prospérité des écoles normales. Quoi qu'il en soit, voici quelques-uns des amendements que l'expérience a suggérés dans ces dernières années.

D'abord la limite d'âge pour l'admission des élèves a été reportée de dix-huit ans à seize ans. Comme le fait remarquer le dernier *Exposé de la situation de l'Empire*, on n'attend pas dans les campagnes sa dix-huitième année pour faire choix d'une profession; aussi les écoles normales se seraient-elles trouvées en danger de périr faute d'élèves, sous le régime de 1851, si le ministre de l'instruction publique n'avait accordé avec une extrême libéralité toutes les dispenses d'âge qui lui étaient demandées. En abaissant la limite d'âge à seize ans accomplis au 1er janvier, le règlement du 2 juillet 1866 a consacré un état de choses conforme à la raison, et dont l'expérience avait démontré la nécessité[1].

En second lieu, le personnel a été augmenté et les traitements élevés.

Au lieu de deux maîtres adjoints, on en possède aujourd'hui trois dans beaucoup d'écoles. Tous les traitements ont été augmentés : ceux des directeurs varient maintenant de 2,400 à 3,600 francs; ceux des maîtres adjoints, de 1,200 à 2,000 francs. Ces fonctionnaires sont partagés en trois classes et répartis dans chacune en nombre égal[2].

En troisième lieu, les matières facultatives, réservées par le décret de 1851 pour l'enseignement de la troisième année du cours d'études, sont enseignées aujourd'hui dès la deuxième année, et même dès la première : ce qui permet de leur donner plus de développement, et de ne pas retenir durant deux années entières les élèves-maîtres sur les objets qui leur sont le plus familiers, comme la lecture, l'écriture et le système légal des poids et mesures.

En quatrième lieu, les écoles normales ont été associées à des travaux scientifiques pour lesquels leur concours a été jugé utile. Ainsi la circulaire du 13 août 1864 a invité les directeurs à tenir registre des phénomènes météorologiques, coups de vent, trombes, orages, chutes de grêle, de pluie ou de neige, qui se produiraient dans la localité, et à transmettre à l'Observatoire impérial les observations ainsi recueillies[3].

En cinquième lieu, l'enseignement musical, compris dans la partie obligatoire du cours d'études, a été soumis à un règlement nouveau, qui en définit les matières, les répartit entre les trois années d'études, affecte cinq heures par semaine aux leçons de

[1] *Exposé de la situation de l'Empire,* février 1867, p. 203. — *Bulletin administratif de l'instruction publique,* t. VI, p. 2 et suiv.

[2] Décrets du 4 septembre 1863 et du 1er octobre 1866. (*Bulletin administratif,* t. XIV, p. 227 et suiv.; t. VI, nouvelle série, p. 439 et suiv.)

[3] *Bulletin administratif,* t. II, p. 199 et suiv.

musique et de plain-chant, sans permettre qu'il soit fait usage d'autres instruments que de l'orgue, de l'harmonium et du piano[1].

Enfin l'enseignement agricole a été l'objet de soins tout particuliers. Il y a peu d'écoles qui n'aient un vaste terrain où les élèves-maîtres sont exercés aux pratiques usuelles de la culture maraîchère et de celle du verger, avec l'assistance et sous la direction d'un professeur qui leur donne aussi des connaissances théoriques. Par la circulaire du 22 décembre 1864, ces utiles, ces salutaires exercices ont été placés sous le contrôle des inspecteurs généraux de l'agriculture. Ils n'étaient suivis dans l'origine que par les élèves de troisième année; le décret du 2 juillet 1866 les a répartis entre les trois années d'études, de sorte qu'ils fussent rendus obligatoires pour les élèves pendant toute la durée de leur séjour à l'école.

VI

Aux réformes et aux améliorations introduites dans le régime des écoles normales correspondent des changements analogues dans l'enseignement des écoles primaires. La loi de 1850 reproduisit textuellement l'énumération que la loi de 1833 avait donnée des objets que l'instruction primaire doit comprendre, savoir : l'instruction morale et religieuse, la lecture, l'écriture, le calcul et le système légal des poids et mesures. Mais, en circonscrivant avec plus de précision et de sévérité qu'on ne l'avait fait en 1833 la partie facultative et supérieure de l'enseignement, l'article 23 de la loi nouvelle se tait sur les développements que l'instruction primaire peut être appelée à prendre selon les besoins et les ressources des localités; et, par cela seul qu'il ne les prévoit ni ne les autorise, il semble les interdire. Mais les limites que le législateur avait posées ne furent pas respectées partout. Dans plus d'une école, les instituteurs furent entraînés par le vœu des familles

[1] Arrêté du 30 janvier 1865. (*Bulletin administratif*, t. III, p. 62.)

à étendre leur enseignement jusqu'à des objets qu'ils n'auraient pas dû traiter. Au lieu de l'arithmétique usuelle, du dessin linéaire et de simples notions sur les phénomènes de la nature, on enseigna la géométrie, l'algèbre, la physique, la chimie, le dessin d'ornement, la comptabilité, les langues étrangères et même les éléments du latin.

Les frères des Écoles chrétiennes se distinguèrent par la tendance à distribuer l'instruction d'une main plus large que les règlements ne le permettaient. Le pensionnat primaire que la congrégation dirigeait à Passy s'éleva en peu d'années au rang des institutions les plus florissantes par le nombre de ses élèves et par l'habileté de ses maîtres. Les chefs de quelques établissements laïques se plaignirent de l'avantage que beaucoup d'écoles tenues par des communautés religieuses tiraient de l'extension abusivement donnée au programme de leurs études. Ces réclamations n'eurent aucune suite. Le gouvernement se montrait plutôt disposé à encourager qu'à réprimer les développements de l'instruction populaire. Aussi l'article 9 de la loi du 21 juin 1865, amendant la législation antérieure, autorisa-t-il expressément les instituteurs à comprendre dans leur enseignement le dessin d'ornement, le dessin d'imitation, les langues vivantes étrangères et les éléments de la géométrie.

Une des branches qui ont profité le plus de cette disposition favorable des pouvoirs publics, disposition conforme d'ailleurs au vœu des familles, c'est sans contredit l'enseignement agricole. Introduit d'abord, comme nous venons de le voir, dans les écoles normales, il s'est de là répandu de proche en proche dans les écoles primaires, au grand avantage et à la grande satisfaction des habitants des campagnes. Il est donné aujourd'hui avec plus ou moins de succès dans 577 écoles du département de la Meurthe, dans 303 du département de l'Yonne, dans 286 du département de la Haute-Saône, dans 250 du département de la Meuse, dans 233 du département du Nord, enfin, pour abréger des détails superflus, dans 5,572 écoles de l'Empire[1]. On compte d'ailleurs 26,220 écoles publiques auxquelles un jardin est attenant. Là, les instituteurs se délassent du labeur de l'enseignement par des travaux d'un autre genre, qui profitent encore à leurs élèves. Beaucoup sont devenus assez habiles dans la pratique du jardinage, pour paraître avec honneur dans les concours régionaux et pour y remporter des médailles.

Le gouvernement ne cesse d'encourager par de sages mesures ces efforts du zèle privé. Par le décret du 11 février 1867, une commission a été instituée sous la présidence du ministre de l'instruction publique et du ministre de l'agriculture, des travaux publics et du commerce, à l'effet « d'étudier et de proposer les mesures nécessaires pour développer les connaissances agricoles dans les écoles normales primaires, dans les écoles communales et dans les cours d'adultes des communes rurales. » — « Il est bon, dit Son Exc. M. le ministre de l'agriculture dans le rapport qui a motivé ce décret, il est bon d'entretenir, chez les enfants élevés dans la campagne, l'habitude et le goût de la profession paternelle. Il faut leur apprendre de bonne heure que l'agriculture est le plus ancien et le premier des arts utiles; que tous les peuples l'ont honorée, et que ceux qui ont contribué à ses progrès sont comptés parmi les bienfaiteurs de l'humanité[2]. »

Après avoir fait connaître les objets principaux de l'enseignement primaire, nous voudrions parler maintenant des livres de classe et des méthodes. Faute de documents complets, nous nous bornerons sur ces deux points à des indications rapides.

Voici les ouvrages recommandés aux instituteurs de l'académie de Paris, sur l'avis du conseil académique, par l'arrêté ministériel du 17 avril 1863. Il n'est pas inutile de faire observer que l'aca-

[1] *Statistique de l'instruction primaire pour l'année 1863*, p. 14 et 15.

[2] *Moniteur universel*, 13 février 1867. — *Bulletin administratif*, t. VII, p. 140 et suiv. Voyez aussi le rapport présenté à cette commission, dans sa première séance, le 8 avril dernier. (*Bull.* t. VII, p. 370 et suiv.)

démie de Paris comprend neuf départements, et qu'elle est la première par l'étendue de son territoire comme par le nombre et l'importance des établissements qu'elle renferme.

I. Instruction morale et religieuse. — *Épîtres et Évangiles des dimanches.* — *Catéchisme du diocèse.* — *Paroissien du diocèse.* — *Histoire abrégée de l'Ancien Testament avec celle de la vie de N. S. Jésus-Christ*, édition de Royaumont, revue par M. l'abbé Legravereng, 1 vol. in-12. — *Catéchisme historique*, par Fleury. — *Cours d'instruction religieuse*, par l'abbé Icard, 4 vol. in-12. — *Exposition de la doctrine de l'Église catholique*, par Bossuet. — *Histoire de N. S. Jésus-Christ et de son siècle*, par de Stolberg, traduite de l'allemand. — *Imitation de Jésus-Christ.* — *Manuel de préparation à la première communion*, par Mgr Dupanloup. — *Méditations sur la Sainte Eucharistie*, par Mgr de la Bouillerie. — *Vie abrégée de N. S. Jésus-Christ*, par Edom. — *Vie de N. S. Jésus-Christ*, par le père de Ligny. — *Vie et voyages de N. S. Jésus-Christ*, par Edom. — *Doctrine chrétienne en forme de lectures de piété*, par Lhomond. — *Histoire abrégée de la religion avant la venue de Jésus-Christ*, par Lhomond. — *Vie de N. S. Jésus-Christ*, par F. Ansart. — *Histoire sainte* (voyez Histoire).

II. Lecture. — *Choix de lectures*, par Mgr Daniel. — *Psautier de David en latin*, par M. l'abbé Doubet. — *Choix de lectures pour l'année*, par Hanriot, 1re partie. — *Contes et Historiettes*, par Mme Carraud. — *Études morales et religieuses*, par Mlle Marie Curo. — *Histoires et Causeries morales et instructives*, par Laurent de Jussieu. — *La Petite Jeanne*, par Mme Carraud. — *La Sagesse du hameau*, par J. Porchat. — *Leçons choisies de lecture*, par A. Mazure. — *Leçons et Exemples de morale chrétienne*, par Laurent de Jussieu. — *Lectures catholiques du premier âge*, par l'abbé Loizellier. — *Le Fablier des écoles*, par J. Porchat, 2 vol. in-18. — *Le La Fontaine des écoles*, par Ruelle, 2 vol. in-18. — *Le Vieux Soldat*, par Mlle Marie Curo. — *Les Colons du rivage*, par J. Porchat. — *Les premières leçons par cœur*, par A. Braud. — *Livre de lecture courante*, par Th. Lebrun, 4 vol. in-18. — *Livre de morale pratique*, par Barrau. — *Méthode et premier livre de lecture*, par C. Villemeureux. — *Petit-Jean*, par C. Jeannel. — *Pierre et Pierrette*, par Mme Louise Sw. Belloc. — *Récits moraux et instructifs*, par A. Rendu. — *Récits sur les premières connaissances usuelles*, par H. A. Dupont. — *Les Victoires de l'Empire*, par Eugène Loudun. — *Simon de Nantua*, par Laurent de Jussieu. — *Antoinette Lemire*, livre de lecture, par Mme Bourdon. — *Marthe Blondel, ou l'Ouvrière de fabrique*, par Mme Bourdon.

III. Grammaire française. — *Grammaire française de Lhomond*, par Deltour.

— *Grammaire française de Lhomond*, par Guérard. — *Grammaire française de Lhomond*, par Poitevin. — *Grammaire française*, par Gavet. — *Grammaire française* de MM. Masfrand, Ruelle et Delage.

IV. ARITHMÉTIQUE. — POIDS ET MESURES. — TENUE DES LIVRES. — ARPENTAGE. — DESSIN LINÉAIRE. — *Arithmétique élémentaire, théorique et pratique*, par F. Dumouchel. — *L'arithmétique mise à la portée des enfants*, par G. Beleze. — *Méthode de calcul oral*, par Mlle C. Juranville. — *Nouvelle arithmétique des écoles primaires*, par G. Ritt. — *Petite arithmétique pour le premier âge*, par G. Beleze. — *Petite arithmétique pratique*, par F. Dumouchel. — *Petite arithmétique raisonnée*, par Vernier. — *Problèmes d'arithmétique et exercices de calcul du premier degré*, par Saigey. — *Problèmes d'arithmétique et exercices de calcul du deuxième degré*, par Saigey. — *Problèmes et exercices de calcul*, par F. Dumouchel. — *La pratique des poids et mesures du système métrique*, par Saigey. — *Leçons et exercices sur les poids et mesures métriques*, par Sardou. — *Système métrique des écoles primaires*, par L. Girard. — *Traité élémentaire de tenue des livres*, par L. Chevalier. — *Traité élémentaire d'arpentage*, par Lamotte. — *Cours théorique et pratique de dessin linéaire*, par A. Le Béalle : *Étude des lignes droites*. — *Cours théorique et pratique de dessin linéaire*, par A. Le Béalle : *Topographie et Arpentage*. — *Premiers éléments de géométrie*, par Sonnet. — *Tableaux du système métrique*, par M. Magin. — *Tableaux du système métrique*, par M. Daléchamp.

V. HISTOIRE. — GÉOGRAPHIE. — *Abrégé de l'histoire sainte*, par de Bonnechose. — *Cours normal d'histoire sainte*, par Delalleau et Sanis. — *L'histoire sainte mise à la portée des jeunes enfants*, par H. A. Dupont. — *Petite Histoire sainte*, par F. Ansart. — *Petite Histoire sainte*, par V. Duruy. — *Abrégé de la sainte Bible*, par H. A. Dupont. — *Histoire sainte chronologique et méthodique*, par Guadet. — *L'histoire sainte mise à la portée des enfants*, par G. Beleze. — *Petite Histoire sainte pour le premier âge*, par G. Beleze. — *Histoire sainte abrégée*, par Edom. — *Abrégé d'histoire de France*, par Delalleau. — *Histoire de France*, par Poulain de Bossay. — *Histoire de France*, par Ragon. — *Histoire de France abrégée*, par A. Magin. — *Petite histoire de France*, par F. Ansart. — *Petite histoire de France*, par V. Duruy. — *Petite histoire de France pour le premier âge*, par G. Beleze. — *Abrégé de géographie moderne*, par Magin et Barberet. — *Atlas élémentaire de géographie moderne*, par F. Ansart. — *Atlas élémentaire de géographie moderne*, par G. Beleze. — *Cours normal de géographie, livre-atlas*, par L. Sanis. — *La géographie mise à la portée des enfants*, par G. Beleze. — *Nouvel abrégé de géographie*, par Poulain de Bossay. — *Petit cours de géographie générale*, par E. Cortambert. — *Petite géographie de la France*, par L. Sanis. —

Petite géographie générale, par L. Sanis. — *Petite géographie méthodique*, par Meissas et Michelot. — *Petite géographie moderne*, par F. Ansart. — *Petite géographie moderne pour le premier âge*, par G. Beleze. — *Cartes murales (mappemonde, Europe, France, Palestine)*, par Meissas et Michelot. — *Carte murale de la France*, par Sanis.

VI. Horticulture. — Agriculture. — Histoire naturelle. — *Leçons élémentaires d'horticulture*, par Ysabeau. — *Premiers éléments d'horticulture*, par Bentz et Chrétien. — *Agriculture théorique et pratique*, par E. Brouard. — *Catéchisme agricole*, par Michel Greff. — *L'École et la Ferme*, par Michel Greff. — *La Fermière*, par Michel Greff. — *Lectures et promenades agricoles*, par J. Bodin. — *Entretiens familiers d'un instituteur sur les insectes nuisibles*, par Ysabeau. — *Simples lectures sur les sciences, les arts et l'industrie, à l'usage des écoles primaires*, par M. Garrigues, refondues par M. Boutet de Monvel. — *Leçons élémentaires de chimie*, par Fabre (1862, Bachelet).

VII. Musique et Chant. — *Guide de la méthode de lecture musicale et de chant élémentaire*, par Wilhem. — *L'École primaire, solfége*, par A. Panseron. — *Nouveaux tableaux de lecture musicale et de chant élémentaire*, par Wilhem. — *Recueil de morceaux de chant*, par Delcasso et Gross. — *Solfége des enfants*, par Garaudé. — *Tableaux de musique*, par L. Quicherat. — *Leçons de lecture musicale*, par Halévy.

Nous donnons à titre de simple renseignement cette nomenclature des ouvrages suivis dans les écoles de l'académie de Paris. Nous ne saurions nous dissimuler à nous-même qu'elle ne suffit pas pour apprécier au point de vue pédagogique la situation de ces écoles. Il est certain que, depuis vingt-cinq ans, la manière d'enseigner s'est beaucoup modifiée en France. S'agit-il de la lecture : les enfants autrefois s'exerçaient à épeler; aujourd'hui, dès qu'ils connaissent leurs syllabes, on les habitue à lire des mots entiers. S'agit-il de l'écriture : on a imaginé mille tracés qui servent à guider les commençants, et à leur faire contracter de bonnes habitudes, soit quant à la forme des lettres, soit quant à la manière de les poser et de les pencher. S'agit-il de l'histoire, de la géographie, du calcul même : combien de procédés matériels n'a-t-on pas mis en usage pour parler aux yeux en même temps qu'à l'esprit de l'élève, depuis les images qui, dans les salles d'asile, représentent les faits principaux de l'histoire sainte, jusqu'à ces vastes tableaux où sont figurées toutes les parties essentielles de notre système métrique! Mais ce serait une tâche infinie que de retracer en détail les perfectionnements plus ou moins ingénieux que l'éducation de l'enfance a inspirés à ses maîtres. Embrassant donc l'importante question des méthodes à un point de vue très-général, nous nous contenterons de faire deux observations.

La première, c'est que des quatre modes d'enseignement qui étaient naguère en vigueur, le mode individuel, le mode simultané, le mode mixte et le mode mutuel, ce dernier a disparu presque tout à fait. Telle est, même en matière d'éducation publique, la puissance du préjugé : il donne une vogue passagère à des inventions que l'expérience ne tarde pas à faire abandonner. Il y a eu un jour, en France, où l'avenir de l'enseignement primaire paraissait subordonné à la propagation de cette méthode ingénieuse qui confie aux élèves les plus avancés et les plus capables le soin d'instruire les plus jeunes; mais la pratique n'ayant pas tenu les promesses de la théorie, le nouveau système a vu décliner le nombre de ses partisans. En 1837, on comptait 1,557 écoles mutuelles, tant privées que publiques; en 1840, il n'en restait plus que 1,057; en 1850, le nombre s'en était réduit à moins de 600; aujourd'hui ces écoles cessent de figurer dans les statistiques, tant elles sont peu nombreuses. Le mode individuel, qui consiste à faire isolément l'éducation de chaque élève a également perdu beaucoup de terrain. Il était suivi par 11,520 instituteurs et institutrices publics ou privés, en 1837; par 7,347, en 1840; par 3,172, en 1843. Ce qui domine aujourd'hui presque exclusivement dans les écoles de campagnes comme dans celles des grandes villes, c'est le mode mixte, qui résume ce que les autres méthodes ont de praticable et d'utile. Les enfants, selon leur âge et leur degré d'instruction, sont en général répartis en trois divisions. L'enseignement est donné par l'instituteur à tous les élèves d'une même division à la fois. Si quelques enfants ne sont pas en état de suivre la leçon commune, le meilleur élève de la classe est chargé de les prendre à part et de les diriger. Cette assistance du faible par le fort est l'unique vestige, mais vestige excellent, que la méthode mutuelle aura laissé dans nos écoles.

Un autre point sur lequel nous devons appeler l'attention, ce sont les efforts constants de l'administration centrale pour bannir de l'enseignement primaire les subtilités oiseuses, et pour lui conserver ce caractère simple et pratique, sans lequel il fatigue inutilement les enfants et mécontente les familles. A cet égard nous ne pouvons mieux faire que de reproduire quelques pages d'une circulaire que M. Rouland adressait le 20 août 1857 à MM. les recteurs.

«Pour commencer par l'instruction morale et religieuse, disait M. Rouland, l'instituteur se fait-il, en la dispensant, l'auxiliaire utile et discret du curé ? Le catéchisme et l'Évangile sont-ils toujours appris dans l'école ? En ce qui est de l'histoire sainte, le maître s'attache-t-il à la présenter sous forme de récit, à la résumer dans la vie de quelques personnages célèbres dont les noms ne sauraient être ignorés ? Un récit fait avec quelque vivacité, coupé, de temps à autre, d'interrogations qui tiennent l'attention éveillée, est préférable à tout autre mode d'enseignement. Je verrais avec un véritable regret que l'on continuât, dans vos écoles, à faire apprendre par cœur ces interminables séries de faits et de dates qui n'entrent dans la mémoire que pour en sortir aussitôt, sans y laisser ni une idée sérieuse, ni une notion utile.

«En lecture s'efforce-t-on, quelles que soient, d'ailleurs, les méthodes adoptées, de faire de cet exercice, presque toujours si fastidieux pour les élèves, un instrument de développement intellectuel ? Il s'agit d'obtenir d'abord que la lecture soit faite avec aisance et naturel, et, en général, sur le ton de la conversation; ensuite, que les enfants prennent l'habitude de se rendre compte de tous les mots et de toutes les pensées. Quand un morceau a été lu, le maître le relit-il lui-même avec la prononciation, le ton, les inflexions de voix convenables ? Adresse-t-il des questions sur le sens de telle phrase, l'orthographe de tel mot, la portée de telle expression?

« En enseignant l'écriture on n'a pas, vous le savez, à former d'habiles professeurs de calligraphie, mais à mettre les enfants à même d'écrire couramment et lisiblement. L'instituteur évite-t-il de mettre les élèves aux prises avec des difficultés extraordinaires et des traits bizarres? Réserve-t-il tout leur temps pour la *posée* et l'*expédiée?*...

« Assurément l'étude de la langue maternelle est indispensable et peut être féconde; car, si la langue n'est autre chose que l'expression de la pensée, la culture n'en peut être sans influence directe sur l'intelligence. Mais qu'on se garde d'accabler l'esprit des enfants de ces définitions métaphysiques, de ces règles abstraites, de ces analyses prétendues grammaticales, qui sont, pour eux, des hiéroglyphes indéchiffrables ou de rebutants exercices.

« Tout enfant qui vient s'asseoir sur les bancs d'une école apporte avec lui, sans en avoir conscience, l'usage des genres, des nombres, des conjugaisons. Qu'y a-t-il à faire? Tout simplement l'amener à se rendre un compte rationnel de ce qu'il sait par routine et répète de lui-même machinalement. Que le maître fasse lire une phrase claire et simple; cette phrase lue, qu'il s'assure si les élèves en ont bien saisi le sens; qu'il explique ensuite ou fasse expliquer le rôle que chacun des mots joue dans la construction de la phrase. Après quoi, qu'il donne cette phrase à copier. On a ainsi tout ensemble une leçon de logique pratique et une leçon d'orthographe.

« Là est le seul genre d'*analyse* qu'il faille admettre dans les écoles. Si l'analyse ainsi pratiquée est fructueuse, parce qu'en étudiant à la fois la pensée et les mots elle s'adresse à l'intelligence, elle devient un pur gaspillage de temps, quand elle n'est, comme on le voit trop souvent, que le travail machinal de la mémoire.

« Donc point de ces éternelles dictées, ambitieusement décorées du nom d'*analyse logique*, et bonnes seulement à faire prendre en dégoût tout ce qui tient à l'enseignement de la langue; point de fantasmagorie de mots; s'il est possible même, point de *grammaires* entre les mains des élèves. Faire apprendre par cœur des formules abstraites à des enfants qui sortiront de l'école pour manier la bêche ou le rabot, c'est, à plaisir et sans résultats, heurter les instincts des familles. Qu'on voie s'entre-choquer dans un pêle-mêle de notions confuses ces mots techniques dont une intelligence peu exercée ne parvient jamais à se rendre maîtresse, il n'y a là, avec une perte de temps certaine, que des avantages bien douteux. Les dictées, graduées avec discernement, analysées au point de vue des idées, du sens des mots, de l'orthographe, dictées ayant pour objet un trait d'histoire, une invention utile, une lettre de famille, un mémoire, le compte rendu d'une affaire, tel doit être, dans l'école primaire, le fondement de l'enseignement de la langue.

« Dans l'enseignement du calcul les maîtres s'attachent-ils à exercer le raisonnement, à donner à cet enseignement un caractère tout pratique, en empruntant les problèmes aux circonstances de la vie réelle, aux faits de l'économie domestique, rurale et industrielle ?

« S'efforce-t-on ainsi de faire de l'arithmétique une sorte de cours de logique populaire appliquée aux besoins, aux relations de chaque jour ?

« Que si l'on complète ces données fondamentales par des notions très-simples de géographie, en prenant pour point de départ le village, le canton, l'arrondissement, le département, en donnant des explications sommaires, mais précises, sur les faits historiques, administratifs, industriels, agricoles, qui se rattachent aux lieux indiqués sur la carte, on aura parcouru le cercle des matières qu'il est désirable d'enseigner à tous les enfants admis dans les écoles rurales, et dans un certain nombre de nos écoles de villes.

« Ce programme épuisé, sans doute on n'aura point formé des savants; mais on aura donné à de futurs ouvriers des notions vraiment utiles et toutes les connaissances nécessaires pour qu'ils puissent se livrer aux travaux de leur profession avec intelligence et profit. . . »

Ainsi s'exprimait en 1857 M. Rouland. Ces sages et paternelles instructions ont été reproduites par Son Exc. M. Duruy, dans la circulaire du 7 octobre 1866.

« Il faut, dit M. Duruy, réduire la grammaire à quelques définitions simples et courtes, à quelques règles fondamentales qu'on éclaircit par les exemples; il faut aussi, à mesure que l'intelligence des enfants se développe, la mettre en présence de beaux morceaux de notre littérature, leur y faire reconnaître d'abord le sens et jusqu'aux nuances des mots, la suite et l'enchaînement des idées, plus tard les inversions, même les hardiesses du génie, et compter, dans cet exercice, encore plus sur cette logique et cette grammaire naturelle qu'ils portent en eux, que sur le vieux bagage d'abstractions et de formules dont on accable leur mémoire sans profit pour leur intelligence. Lhomond disait, il y a quatre-vingts ans : « La mé« taphysique ne convient point aux enfants, et le meilleur livre élé« mentaire, c'est la voix du maître, qui varie ses leçons et la manière « de les présenter selon les besoins de ceux à qui il parle. »

Son Exc. M. Duruy recommande en conséquence aux instituteurs, comme la meilleure des méthodes d'enseignement, « celle qui exerce le plus l'intelligence des enfants, sans la fatiguer ni la rebuter; celle qui, tout en excitant leur mémoire, ne la charge que de choses utiles; celle qui ne leur présente isolément aucune règle abstraite, mais leur fait comprendre l'utilité de la règle par une application raisonnée; celle enfin qui leur apprend le mieux à apprendre. »

Telles sont aujourd'hui en France, au point de vue pédagogique, les maximes qui régissent officiellement l'instruction primaire et qui sont pratiquées, autant que la faiblesse humaine le permet, dans le plus grand nombre d'écoles.

VII

On ne s'instruit pas moins par la lecture qu'en écoutant la parole d'un maître; il n'était donc pas sans utilité de compléter les moyens d'instruction dans les villes, et surtout dans les campagnes, par l'établissement de bibliothèques scolaires. Les bibliothèques scolaires ont été organisées par un arrêté de Son Exc. M. Rouland, en date du 1er juin 1862 [1]. Confiées à l'instituteur, installées dans une des salles de l'école, elles demeurent la propriété de la commune. Quant au choix des livres, elles sont placées sous le contrôle de l'inspecteur primaire et de l'inspecteur d'académie. Elles comprennent deux sortes d'ouvrages : 1° les livres classiques, livres de lecture courante, de récitation, de calcul, destinés à être prêtés gratuitement aux élèves indigents, ou à être mis à la disposition des autres élèves moyennant cotisation; 2° les livres de lecture proprement dits. Les ouvrages de cette dernière catégorie proviennent soit de concessions faites par le ministre de l'instruction publique et par le conseil général, soit de dons privés, soit d'acquisitions au moyen des ressources propres à chaque bibliothèque. Au 1er janvier 1865, il existait en France 8,928 bibliothèques scolaires, possédant 982,516 volumes, dont 677,107 livres de classe pour les enfants et 305,409 livres de lecture pour les adultes et pour les familles. En 1864, le chiffre des prêts aux familles s'est élevé à 179,267 volumes. L'institution, quoiqu'elle date de quelques années à peine, a donc pris déjà un développement considérable. Nul doute qu'elle ne contribue de plus en plus à faire pénétrer dans tous les rangs les bienfaits de l'instruction.

VIII

Pour compléter cet aperçu rapide de ce qui a été fait en France depuis vingt-cinq ans pour l'éducation du peuple, il nous reste à parler des salles d'asile.

La création des salles d'asile, essayée dès 1808 par Mme de Pas-

[1] *Bulletin administratif de l'instruction publique*, t. XIII, p. 103 et suiv. La situation des bibliothèques scolaires à la date du 1er novembre 1865 fait l'objet d'une note insérée au *Bulletin*, nouvelle série, t. IV, p. 767 et suiv.

toret, n'a eu lieu en France avec un véritable succès qu'à partir de 1827, lorsque le XIIe arrondissement de la ville de Paris eut été doté d'un établissement de ce genre par les soins de M. Cochin[1]. Dix ans après, on comptait déjà, dans 172 communes, 261 salles d'asile, recevant 29,514 enfants. En 1840, le nombre des salles d'asile se trouvait porté à 555; en 1843, à 1,489; en 1848, à 1,861; en 1850, à 1,735.

Le décret du 16 mai 1854 a placé les salles d'asile sous la protection de l'Impératrice. Le même jour fut institué près du ministère de l'instruction publique un Comité central de patronage pour la propagation et la surveillance de ces utiles établissements[2]. En 1855, un décret préparé par le Comité de patronage régla tout ce qui se rapportait à l'inspection des salles d'asile, aux conditions d'âge, d'aptitude des personnes qui s'y trouvent chargées de la direction et du service, ainsi qu'au traitement qu'elles reçoivent[3].

Les salles d'asile sont publiques ou libres. Les enfants des deux sexes, de deux à sept ans, y reçoivent les soins que réclame leur développement moral et physique. L'enseignement comprend : 1° les premiers principes de l'instruction religieuse, de la lecture, du calcul verbal et du dessin linéaire; 2° des connaissances usuelles à la portée des enfants, et des ouvrages manuels appropriés à leur âge; des chants religieux, des exercices moraux et des exercices corporels. Les salles sont situées au rez-de-chaussée; elles sont planchéiées, et éclairées, autant que possible, des deux côtés par des fenêtres fermées avec des châssis mobiles. Les dimensions doivent en être calculées de manière qu'il y ait au moins deux mètres cubes d'air pour chaque enfant. A côté de la salle d'exercice il y a un préau couvert, destiné aux repas et aux récréations. Nulle

[1] *Le budget de l'instruction publique*, p. 184. Dans la notice qui accompagne les dernières éditions de l'excellent *Manuel des salles d'asile*, dû à la plume expérimentée de son père, M. Aug. Cochin a tracé un tableau plein d'intérêt des premiers commencements de l'institution des salles d'asile.

[2] *Bulletin administratif*, t. V, p. 154 et suiv.

[3] Décret du 22 mars 1855. (*Bulletin administratif*, t. VI, p. 74 et suiv.)

salle d'asile n'est ouverte avant que l'inspecteur d'académie ait reconnu qu'elle réunit les conditions de salubrité déterminées par les règlements. Aucun enfant n'est admis, même provisoirement, s'il n'est pourvu d'un certificat de médecin, constatant qu'il n'est atteint d'aucune maladie contagieuse et qu'il a été vacciné. Dans chaque commune, un ou plusieurs médecins, nommés par le maire, visitent, au moins une fois par semaine, les salles d'asile publiques de la commune. Dans chaque académie une dame, rétribuée sur les fonds de l'État, est déléguée par le ministre pour l'inspection des salles d'asile publiques ou libres de l'académie. Il y a en outre près du Comité central deux déléguées générales que le ministre envoie partout où leur présence est jugée nécessaire. Les salles d'asile sont exclusivement dirigées par des femmes, âgées de vingt-quatre ans au moins, et pourvues d'un certificat d'aptitude qui s'obtient à la suite d'examens. Les directrices reçoivent un traitement fixe de 250 francs, auquel s'ajoute la rétribution mensuelle acquittée par les familles qui peuvent la payer. Elles jouissent en outre du logement gratuit.

Sous l'empire du décret de 1855, et grâce à la protection de S. M. l'Impératrice, l'institution des salles d'asile a pris, dans ces dernières années, la plus heureuse extension. On compte aujourd'hui 3,572 salles d'asile, dont 2,484 sont publiques, et 1,088 sont libres. Les premières reçoivent 344,388 enfants, et les secondes en reçoivent 74,380; ce qui donne une population totale de 418,768 enfants des deux sexes, sur lesquels 307,556 sont admis gratuitement dans les asiles. Là comme ailleurs, les congrégations religieuses ont prodigué leur dévouement et leur expérience en matière d'éducation. Elles dirigent aujourd'hui 2,609 asiles, tant privés que publics; elles y reçoivent 328,460 enfants, dont 250,000 environ ne sont assujettis à aucune rétribution[1].

[1] *Statistique de l'instruction primaire au 1er janvier 1866.*

IX

Après avoir envisagé sous ses différents aspects le développement de l'instruction primaire en France depuis trente ou quarante ans, nous résumerons brièvement les faits qui précèdent en dressant le relevé comparatif des sommes qui, à différentes époques, ont été affectées par le pays à ce grand service.

Les comptes de dépenses d'un service ne suffisent pas assurément pour le faire connaître; mais ils sont en quelque sorte l'expression arithmétique de ses vicissitudes, de son ralentissement ou de ses progrès.

Nous ne possédons pas les éléments nécessaires pour reconstituer le chiffre exact des rétributions acquittées par les familles, non plus que des sommes payées par les départements et par les communes, sous le premier Empire, sous la Restauration, ni même sous le gouvernement de Juillet. Mais, en se reportant aux documents officiels publiés par l'administration des finances, il est aisé de fixer pour chaque époque la part de l'État dans la dépense.

Sous le premier Empire, les allocations à la charge du trésor public en faveur de l'instruction primaire ont été tellement modiques, pour ne pas dire tellement insignifiantes, que nous pouvons nous dispenser de les rappeler ici.

En 1816, elles furent fixées par ordonnance royale à 50,000 fr. et elles ne dépassèrent pas ce chiffre de 1817 à 1829, où la dépense fut doublée.

Au budget de 1830, elles figurent pour 300,000 francs; au budget de 1831, pour 700,000 francs; au budget de 1832, pour 1 million. L'impulsion est donnée, et il est aisé de s'apercevoir qu'une ère nouvelle vient de s'ouvrir pour l'instruction primaire.

Après la loi du 28 juin 1833, les charges de l'État croissent rapidement.

Dès 1834, elles s'élèvent à 1,500,000 francs; successivement elles atteignent :

En 1835	1,726,196f
1838	1,933,427
1841	2,381,868
1844	2,898,930
1847	2,959,537

La révolution de Février et, bientôt après, la loi de 1850 impriment un nouvel essor à la munificence des pouvoirs publics. De 2,900,000 francs environ, où l'on était arrivé sous la monarchie de Juillet, on voit la dépense monter presque tout à coup :

En 1848, à	4,020,280f
1850	5,945,990
1862	6,591,060

Mais, à partir de 1848, nous avons les moyens d'apprécier la quotité des frais supportés par les familles et par les communes; et dès lors, en y joignant les sommes payées par l'État, ainsi que les subventions départementales, nous pouvons mesurer l'étendue des sacrifices que le pays s'est imposé, dans ces dernières années, en faveur de l'instruction primaire.

La dépense totale s'est élevée :

En 1848, à	37,874,928f
1852	47,727,371
1856	48,181,838
1860	62,505,157
1865	73,399,582

Le budget de l'instruction primaire, si complexe dans ses éléments, s'est donc augmenté de 35,500,000 depuis 1848; encore ne comptons-nous pas, dans les chiffres qui précèdent, les ressources inconnues affectées à 16,349 écoles libres, que fréquentent 958,928 enfants.

En 1865, la somme de 73,399,582 francs, qui représente la dépense des écoles et des salles d'asile publiques, s'est trouvée répartie de la manière suivante entre les familles, les communes, les départements et l'État :

Dépenses à la charge des familles. Rétributions scolaires. Chauffage des classes. Pensions des élèves des écoles normales et des cours normaux	21,272,039f 46c
Dépenses à la charge des communes et imputées soit sur leurs revenus ordinaires, soit sur le produit des centimes affectés par la loi du 15 mars 1850 à l'entretien des écoles, soit sur le produit d'impositions extraordinaires	36,349,998 12
Dépenses à la charge des départements	6,503,033 91
Dépenses tant ordinaires qu'extraordinaires à la charge de l'État	7,698,958 99
Dépenses sur les ressources propres des écoles normales et des cours normaux	416,860 79
Produits des fondations, dons ou legs	1,158,691 10
Total	73,399,582 37

Voici à quels sujets l'ensemble des ressources qui précèdent a été appliqué :

Traitements des instituteurs, institutrices et directrices des salles d'asile et de leurs adjoints et adjointes	46,137,709f 25c
Frais de loyers, de maisons d'école et de salles d'asile	3,234,164 80
Frais d'entretien de maisons d'école et de salles d'asile. Frais d'imprimés pour la rétribution scolaire des écoles de garçons ou mixtes et des écoles de filles	2,298,565 37
Frais d'inspection des écoles et des salles d'asile. Traitements fixes, frais de tournées et indemnités de toute nature accordées aux inspecteurs primaires et aux déléguées des salles d'asile	1,040,488 41
Frais d'entretien des classes d'adultes et d'apprentis. Allocations aux instituteurs. Dépenses pour les récompenses à décerner aux maîtres et aux élèves. Frais de chauffage, d'éclairage et de fournitures classiques, etc.	968,475 18
A reporter	53,679,403 01

Report.....	53,679,403 01
Frais d'entretien des écoles normales et des cours normaux, d'instituteurs et d'institutrices. Traitements des maîtres, entretien des bourses, entretien de bâtiments, frais de toute nature [1]	3,700,106 25
Frais d'entretien des écoles et des salles d'asile libres, auxquels il est pourvu par des indemnités communales ou par des fondations	630,502 10
Secours aux anciens instituteurs. Encouragements aux institutrices	828,442 91
Dépenses extraordinaires effectuées pour construction de maisons d'école, de salles d'asile ou de bâtiments destinés aux écoles normales, pour achat de mobilier, etc.	14,561,128 10
TOTAL égal au montant des ressources.....	73,399,582 37

Si de ce total nous défalquons 14,561,128 fr. 10 cent. qui sont affectés aux dépenses extraordinaires, il restera pour les dépenses ordinaires une somme de 58,838,454 fr. 27 cent., qui représente assez fidèlement l'ensemble des sacrifices que le pays s'impose aujourd'hui pour l'entretien annuel des écoles où sont élevés les enfants du peuple.

X

A quelque point de vue que l'on envisage la situation de l'instruction primaire, quand on la compare à ce qu'elle était il y a quarante ans, il y a vingt ans, disons mieux, il y a quinze ans, on ne saurait méconnaître qu'elle s'est singulièrement améliorée. Cependant l'œuvre n'est point achevée, et, sans parler des efforts qui seront nécessaires pour conserver les résultats obtenus, il reste

[1] Ces chiffres sont plus élevés que ceux qui figurent dans la *Statistique de l'instruction primaire au 1er janvier 1866*. La différence porte sur les dépenses à la charge de l'État, et sur celles qui sont à la charge des départements. Elle tient à ce que le compte des recettes et des dépenses de l'exercice de 1865 n'était pas entièrement réglé à l'époque où la dernière statistique a été dressée.

beaucoup de réformes et d'améliorations nouvelles à réaliser. Avant tout, nous avons à faire disparaître les écoles mixtes où sont réunis les deux sexes, et à ouvrir des écoles spéciales de filles, tout au moins dans les communes de 5 à 600 âmes. Nous avons à créer des écoles de hameaux, afin que l'instruction primaire pénètre jusqu'au fond des campagnes, et que l'éloignement de l'école ne soit plus à l'avenir, pour les enfants d'un grand nombre de familles, une cause ou un prétexte d'ignorance. Nous avons à multiplier les salles d'asile, où se prépare l'éducation du premier âge, si importante pour le reste de la vie. Nous avons à entretenir cette séve généreuse qui a fait germer sur les différents points du sol de la France des milliers de cours destinés aux adultes. Nous avons à développer l'excellente institution des bibliothèques scolaires. Enfin nous avons à faire approprier plus de 8,000 maisons d'école qui ne conviennent pas à leur destination; nous avons à en remplacer plus de 10,000 qui ne sont pas la propriété des communes. Telle est la tâche qui nous incombe; elle est vaste sans doute et difficile; elle sera longue et coûteuse.

C'est à en accomplir une partie qu'est destinée la nouvelle loi sur l'instruction primaire, adoptée au mois de mars dernier par le Corps législatif, à la suite d'une brillante discussion, et tout récemment promulguée. Cette loi améliore et complète, sous un triple point de vue, la législation antérieure.

1° Elle rend au pays, pour l'éducation des filles, le même service que la loi de 1833 avait rendu pour l'éducation des garçons. Si elle ne la fonde pas à proprement parler, elle l'organise et elle l'assure, en obligeant toute commune qui a plus de 500 âmes de population à ouvrir une école publique de filles, et en garantissant à l'institutrice, outre une habitation convenable, un traitement de 500 francs au moins si elle est de première classe, et de 400 francs si elle de deuxième classe.

2° Elle favorise l'établissement des écoles gratuites, sans déclarer toutefois la gratuité absolue de l'instruction primaire, en autorisant les communes qui voudraient posséder des écoles de ce genre à s'imposer, en sus de leurs ressources propres et de la contribution spéciale prévue par la loi du 15 mars 1850, une taxe extraordinaire de quatre centimes additionnels au principal des quatre contributions directes.

3° Elle pourvoit à la création d'écoles de hameaux dirigées par des instituteurs adjoints et par des institutrices adjointes, dont le traitement sera réglé par le préfet, sur l'avis du conseil municipal et du conseil départemental.

Ajouterons-nous que la loi nouvelle classe les éléments de l'histoire et de la géographie de la France parmi les matières obligatoires de l'enseignement primaire; qu'elle autorise dans chaque commune la fondation d'une caisse des écoles, destinée à encourager et à faciliter la fréquentation de l'école par des récompenses aux élèves assidus et par des secours aux élèves indigents; qu'enfin, pour prévenir les inconvénients qui résultent de la confusion des âges, elle interdit aux enfants de moins de six ans l'entrée de l'école primaire, lorsqu'il y a une salle d'asile, publique ou libre, dans la commune?

Il s'agit désormais d'exécuter les sages et bienfaisantes dispositions adoptées par le législateur. Dieu et le pays aidant, elles ne resteront pas une lettre morte. Pour en assurer le succès, il suffit que nous nous montrions fidèles à la tradition de nos prédécesseurs; que nous ayons le même dévouement, que nous soyons résolus aux mêmes efforts et aux mêmes sacrifices qu'eux pour la cause de l'éducation populaire; en un mot, que nous n'abandonnions pas, mais que nous poursuivions au contraire avec persévérance l'œuvre de civilisation qui a dû ses progrès passés à leurs soins généreux.

CHAPITRE III.

ÉCOLE NORMALE SUPÉRIEURE.

I. Vicissitudes de l'École normale supérieure. — II. Règlements de 1851 et de 1852. III. Nouveaux règlements.

I

Avant de continuer sur l'instruction secondaire et sur l'instruction supérieure le travail d'analyse historique auquel nous venons de nous livrer sur l'enseignement primaire nous croyons devoir nous arrêter d'abord à deux institutions, destinées au recrutement du professorat, et qui marquent aujourd'hui en France le niveau des études libérales : nous voulons parler de l'École normale supérieure et de l'agrégation des lycées.

Le 9 brumaire an III, aux derniers jours de son pouvoir, la Convention, cherchant les moyens de propager en France une instruction élevée et uniforme, adopta le décret suivant[1] :

« ART. 1er. Il sera établi à Paris une École normale où seront appelés de toutes les parties de la République des citoyens déjà instruits dans les sciences utiles, pour apprendre, sous les professeurs les plus habiles dans tous les genres, l'art d'enseigner.

« ART. 2. Les administrations de districts enverront à l'École

[1] *Recueil des lois et règlements relatifs à l'instruction publique*, t. I, p. 26. — *Le budget de l'instruction publique*, p. 72 et suiv. Voyez aussi *École normale : règlements, programmes et rapports*, par M. Cousin, Paris 1837, in-8°, p. 1 et 2, et le discours prononcé par M. Dubois, directeur de l'École, lors de l'inauguration des bâtiments de la rue d'Ulm, en novembre 1847. Ce discours a été publié dans le *Journal général de l'instruction publique* du 13 novembre 1847.

normale un nombre d'élèves proportionné à la population. La base proportionnelle sera d'un pour vingt mille habitants. A Paris, les élèves seront désignés par l'administration du département.

« Art. 3. Les administrations ne pourront fixer leur choix que sur des citoyens qui réunissent à des mœurs pures un patriotisme éprouvé et les dispositions nécessaires pour recevoir et pour répandre l'instruction.

« Art. 4. Les élèves de l'École normale ne pourront être âgés de moins de vingt et un ans.

« Art. 5. Ils se rendront à Paris avant la fin de frimaire prochain. Ils recevront pour ce voyage, et pendant la durée du cours normal, le traitement accordé aux élèves de l'École centrale des travaux publics.

« Art. 6. Le Comité d'instruction publique désignera les citoyens qu'il croira les plus propres à remplir les fonctions de professeur dans l'École normale, et en soumettra la liste à l'approbation de la Convention. Il fixera leur salaire de concert avec le Comité des finances. »

Telle fut la première institution de l'École normale. Elle répondait à un vœu qui s'était fait jour plus d'une fois dans les anciennes universités, mais qui n'avait jamais atteint sa complète réalisation.

L'École normale s'ouvrit le 19 janvier 1795 dans l'amphithéâtre du Muséum d'histoire naturelle, sous la surveillance de deux membres de la Convention, désignés par l'assemblée pour régler l'enseignement et pour correspondre avec le comité d'instruction publique sur tous les objets qui seraient susceptibles d'intéresser l'établissement nouveau. Rarement on vit une réunion de maîtres plus éminents appelés à former des disciples pour un plus grand objet. Lagrange, Laplace, Berthollet, Monge, Haüy, Daubenton et Thouin se partageaient l'enseignement des sciences physiques et mathématiques. La grammaire générale, la littérature, l'histoire, la géographie, l'analyse de l'entendement et la morale étaient professées par Sicard, La Harpe, Volney, Buache, Mentelle et Bernardin de Saint-Pierre. 1,400 élèves se pressaient aux cours donnés par de tels maîtres[1].

Malgré de nombreux éléments de succès, l'École dura peu. A peine fondée, soit que l'enseignement y fût trop élevé, ou que les auditeurs fussent mal préparés à le recevoir, on reconnut qu'elle serait impuissante à former des professeurs. Aussi trois mois environ après avoir été ouverte, elle fut fermée, sur le rapport de Daunou, par l'ordre de la Convention.

Douze années s'écoulèrent durant lesquelles le manque de maîtres se fit souvent regretter dans les établissements d'instruction publique, sans que l'administration, absorbée par d'autres soins, avisât aux moyens de combler cette lacune fâcheuse. Mais quand l'organisation définitive de l'Université impériale eut été réglée, il fallut bien prendre des mesures pour assurer l'action uniforme, le renouvellement et la perpétuité du corps enseignant. Le décret du 17 mars 1808 pourvut à ce grand intérêt par les dispositions suivantes, qui forment le titre XIV[2]:

« Art. 110. Il sera établi à Paris un pensionnat normal destiné à recevoir jusqu'à trois cents jeunes gens, qui y seront formés à l'art d'enseigner les lettres et les sciences.

« Art. 111. Les inspecteurs d'académie choisiront chaque année dans les lycées, d'après des examens et des concours, un nombre déterminé d'élèves âgés de dix-sept ans au moins, parmi ceux dont les progrès et la bonne conduite auront été les plus constants et qui annonceront le plus d'aptitude à l'administration et à l'enseignement.

« Art. 112. Les élèves qui se présenteront à ce concours devront être autorisés par leur père ou par leur tuteur à suivre la carrière de l'Université. Ils ne pourront être reçus dans le pensionnat normal qu'en s'engageant à rester dix années au moins dans le corps enseignant.

[1] Nous empruntons ces détails au discours de M. Dubois.

[2] *Recueil des lois et règlements*, etc. t. IV, p. 24.

« Art. 113. Ces aspirants suivront les leçons du collége de France, de l'École polytechnique, ou du Muséum d'histoire naturelle, suivant qu'ils se destineront à enseigner les lettres ou les divers genres de sciences. »

« Art. 114. Les aspirants, outre ces leçons, auront dans leur pensionnat des répétiteurs choisis parmi les plus anciens et les plus habiles de leurs condisciples, soit pour revoir les objets qui leur seront enseignés dans les écoles spéciales ci-dessus désignées, soit pour s'exercer aux expériences de physique et de chimie, et pour se former à l'art d'enseigner.

« Art. 115. Les aspirants ne pourront rester plus de deux ans au pensionnat normal. Ils y seront entretenus aux frais de l'Université et astreints à une vie commune, d'après un règlement que le grand maître fera discuter en Conseil de l'Université.

« Art. 116. Le pensionnat normal sera sous la surveillance d'un des conseillers à vie, qui y résidera et aura sous lui un directeur des études.

« Art. 117. Le nombre des aspirants à recevoir chaque année dans les lycées et à envoyer au pensionnat normal de Paris sera réglé par le grand maître d'après l'état et le besoin des colléges et des lycées.

« Art. 118. Les aspirants, dans le cours de leurs deux années d'études au pensionnat normal, ou à leur terme, devront prendre leurs grades à Paris dans la faculté des lettres ou dans celle des sciences. Ils seront de suite appelés par le grand maître pour remplir les places dans les académies[1]. »

L'organisation de l'École normale, ébauchée en 1808, fut complétée par le règlement du 30 mars 1810. Son personnel se composait alors du conseiller, chef de l'école, du directeur des études, d'un aumônier, de maîtres surveillants, de répétiteurs et d'un économe. Le membre du Conseil auquel échut le premier la mission

[1] Statut sur l'administration, la police et l'enseignement de l'École normale. (*Recueil des lois et règlements sur l'instruction publique,* t. V, p. 164 et suiv.)

de gouverner l'établissement fut Bernard Guéroult, qui autrefois avait enseigné la rhétorique avec beaucoup d'éclat au collége d'Harcourt. En novembre 1810, la nouvelle école fut installée dans les bâtiments de l'ancien collége du Plessis, qui formaient une dépendance du lycée Louis-le-Grand, alors Lycée impérial. Elle comptait un effectif de 37 élèves seulement. Les frais annuels de nourriture et d'entretien étaient évalués à 1,000 francs par élève. Le montant des pensions ainsi réglé fut versé dans la caisse du lycée Louis-le-Grand, qui était chargé de pourvoir à toutes les dépenses du matériel. Dans les années suivantes, le nombre des élèves n'atteignit pas, à beaucoup près, le chiffre de 300, fixé par le décret de 1808; mais, en 1812, il fut porté à 77. L'école déjà commençait à prospérer. Une partie de l'enseignement y était confiée à des professeurs de la faculté des lettres et de la faculté des sciences. L'Empereur lui destinait un vaste édifice, qui devait être bâti pour elle sur la rive gauche de la Seine[1]. En attendant l'exécution de ce projet, elle quitta en 1813 son premier asile, et émigra rue des Postes, dans les spacieuses constructions du séminaire du Saint-Esprit.

Le gouvernement de la Restauration, dans ses commencements, ne montra pas des intentions hostiles à l'École normale. Les règlements des 5, 12 et 14 décembre 1815[2] donnèrent même à l'institution une organisation plus forte et mieux ordonnée que celle qu'elle avait sous l'Empire. Le cours normal fut porté à trois années; la dernière avait son emploi spécial, c'était d'inculquer aux élèves les meilleures méthodes, telles que les exposent Jouvency, Rollin et Fleury. Le personnel comprit pour la première fois des maîtres de conférences, chargés de faire des cours suivis sur les matières déterminées par le règlement d'études. Ces maîtres furent assimilés pour le rang et les avantages aux professeurs de premier ordre des colléges royaux. Les répétiteurs, choisis autant que pos-

[1] Décret du 21 mars 1812. (*Recueil des lois*, etc. t. IV, p. 339.)

[2] *Recueil des lois*, etc. t. VI, p. 69 et suivantes.

sible parmi les élèves de la troisième année ayant obtenu le grade de licencié, eurent pour mission de répéter soit les leçons des professeurs, soit celles des maîtres de conférences.

L'École normale figure dans l'ordonnance du 3 janvier 1821, avec les facultés des lettres et des sciences, parmi les services qui devaient être installés dans les bâtiments de la Sorbonne, rendus à l'instruction publique. Mais déjà l'institution, devenue suspecte au gouvernement nouveau, était menacée dans son existence; et, en prévision de sa ruine prochaine, on discutait la création d'écoles normales partielles qui devaient être établies près des colléges royaux, tant à Paris que dans les départements. Le rapport qui motiva cette grave innovation n'était pas conçu dans des termes propres à en atténuer la portée. «Il existe en ce moment, disait le ministre de l'intérieur, M. de Corbière[1], quelques moyens de perpétuer dans le corps enseignant un esprit d'ordre et de conservation; mais l'expérience nous montre qu'il est nécessaire d'en ajouter de plus efficaces. On peut y parvenir en établissant, près du collége royal du chef-lieu de chaque académie, des écoles normales partielles, dans lesquelles un petit nombre d'élèves choisis seraient préparés dès l'enfance aux études et aux mœurs qu'exige la profession grave et sérieuse à laquelle ils se destineraient. C'est de cette manière que de tout temps les corps enseignants se sont renouvelés. Des aspirants ainsi formés ne dédaigneraient pas des emplois inférieurs, et ils n'arriveraient aux places importantes qu'après avoir appris par de longs travaux l'art difficile de gouverner la jeunesse.» Les écoles normales étaient donc destinées, dans la pensée du gouvernement, à faire prévaloir dans le corps enseignant la modestie des désirs, l'esprit de discipline et de conservation; et l'ancienne et grande École normale se voyait implicitement dénoncée comme un foyer d'insubordination et de prétentions ambitieuses. Attaquée avec opiniâtreté par un puissant parti, son sort

[1] *Recueil des lois*, etc. t. VII, p. 63.

ne fut pas longtemps incertain. Le 6 septembre 1822, elle fut supprimée par une ordonnance contre-signée de M. de Corbière; elle comptait alors 58 élèves.

Les écoles normales partielles étaient une institution à peine viable, et qui n'a, pour ainsi dire, pas laissé de trace. L'administration supérieure, éclairée par tous les hommes d'expérience, ne tarda pas à reconnaître que l'unité de l'éducation dans l'Université et le renouvellement même du corps enseignant seraient compromis, si les vocations individuelles étaient abandonnées à elles-mêmes, ou livrées à la merci d'influences multiples et peut-être contradictoires. Une ordonnance du 9 mars 1826 améliora sensiblement l'institution des écoles normales partielles, qu'elle appelait *écoles préparatoires*, en réduisant leur nombre, et en imposant aux candidats l'obligation d'avoir achevé le cours de leurs études classiques. La même année, à la date du 5 septembre, par un simple arrêté ministériel, portant la signature de l'évêque d'Hermopolis, une école préparatoire pour les lettres et pour les sciences fut annexée au collége Louis-le-Grand [1]. Elle n'eut, la première année, que 19 élèves; mais, en 1829, elle en comptait 47, qui se formaient à la pratique de l'enseignement des sciences et des lettres, sous la conduite de maîtres de conférences, et sous le patronage d'une double commission, composée d'inspecteurs généraux et d'inspecteurs d'académie.

Sauf la différence du titre, l'ancienne École normale était rétablie. Un des premiers actes du gouvernement issu de la révolution de Juillet fut de lui rendre son ancien nom. Le même jour, elle vit placer à sa tête l'une de ses gloires, M. Cousin, et l'impulsion vigoureuse de cet illustre maître, qui quinze ans auparavant lui avait appartenu comme élève, communiqua bientôt à toutes les parties de l'institution une activité singulière et comme une seconde jeunesse. La durée du cours normal fut reportée à trois années

[1] *Recueil des lois*, etc. t. VIII, p. 60 et suiv., p. 79 et suiv.

comme avant 1822; le plan d'études et le programme d'enseignement furent revisés, les liens de la discipline resserrés. Mais une double innovation plus considérable, ce fut: 1° l'établissement d'un concours annuel pour l'admission des élèves; 2° la division des bourses en bourses entières, réservées aux meilleurs élèves de chaque promotion, et en demi-bourses, que les derniers admis se partageaient, sauf à conquérir l'année suivante une bourse entière, comme récompense de leur travail[1].

L'École jouissait d'un renom populaire; elle était regardée par les adversaires aussi bien que par les amis de l'Université comme la plus haute expression, comme la plus sûre garantie de l'enseignement laïque. De 1830 à 1845, son budget reçut de notables augmentations; le nombre des élèves fut porté successivement au-dessus de 80, celui des maîtres de conférences à 18. Il manquait à l'École normale un édifice qui lui fût exclusivement consacré ainsi que l'empereur Napoléon Ier l'avait voulu. Ce projet, longtemps ajourné, s'accomplit enfin. En 1842, des constructions dans lesquelles rien n'était donné à l'agrément ni au luxe, mais tout à l'utilité, furent entreprises sur un large emplacement, situé rue d'Ulm, dans le quartier des études, à proximité des colléges, des facultés, du Muséum d'histoire naturelle et de la bibliothèque Sainte-Geneviève, si riche en ouvrages d'érudition. Au mois d'octobre 1846, l'École normale prit possession de sa nouvelle demeure; elle avait en ce moment 100 élèves, et elle en eut 120 l'année suivante; c'est le nombre le plus élevé qu'elle ait jamais atteint. Son enseignement comprenait: pour la section des lettres, des conférences, c'est-à-dire des cours, de littérature grecque, de littérature latine, de littérature française, d'histoire littéraire, d'histoire générale, de philosophie, de grammaire; pour les élèves de la section des sciences, des cours de calcul différentiel et intégral, de géométrie, d'algèbre supérieure, de mécanique, d'astronomie,

[1] Règlements du 18 février 1834 et du 19 août 1836. (*Bulletin universitaire*, t. III, p. 483 et suiv. — *École normale: règlements, programmes et rapports*, p. 27 et suiv.)

de physique, de chimie, d'histoire naturelle, d'anatomie comparée et de physiologie; enfin, pour les élèves des deux sections, un cours de pédagogie, nouvellement créé, et des cours d'allemand et d'anglais. Chaque année les élèves qui touchaient au terme de leur noviciat étaient répartis entre les colléges de Paris, où ils s'exerçaient, durant quelques semaines, à faire la classe, en présence et sous la direction du professeur [1]. Ainsi tout était combiné dans l'organisation de l'École pour donner aux maîtres qu'elle préparait une instruction très-forte, et en même temps pour les former, s'il était possible, à la rude pratique de l'art d'enseigner.

En s'efforçant d'assurer aux lycées un personnel de professeurs capables et distingués, il ne paraissait pas moins essentiel de pourvoir au recrutement des régents des colléges communaux et à celui des maîtres d'études, sur qui repose en grande partie, dans les écoles, le fardeau de l'éducation; car, parmi les reproches adressés à l'Université, le plus constant, sinon le mieux mérité, était de sacrifier l'éducation à l'instruction. Dans cette vue, l'ordonnance royale du 6 décembre 1845 [2] institua des écoles normales secondaires, destinées à préparer des sujets pour ces fonctions modestes, qui occupent dans la hiérarchie un rang inférieur, et qui ont toutefois la plus sérieuse importance. Ces écoles devaient être établies dans les villes de départements qui étaient le siége de facultés. La grande école de Paris reçut, pour la distinguer, le nom d'*École normale supérieure*. Ce titre, conservé depuis, est la seule trace qui soit restée d'une institution utile, emportée par le flot rapide des événements avant même qu'elle eût été organisée.

En 1848, à la faveur des idées que la révolution de Février avait encouragées et exaltées, l'École normale vit rétablir le principe de la gratuité absolue de l'instruction de ses élèves, principe que nous avons vu abandonné en 1833. Le gouvernement nouveau, par l'organe de M. Carnot, réclama cette mesure, au nom de l'éga-

[1] Arrêté du Conseil de l'instruction publique, du 14 août 1838. (*Bulletin universitaire, contenant,* etc. t. VII, p. 353.)

[2] *Bulletin universit.* t. XIV, p. 245.

lité républicaine, dans l'intérêt des études et dans celui des familles pauvres[1]; et l'Assemblée constituante n'hésita pas à la voter. « Ce privilége de la gratuité, disait le Comité de l'instruction publique, appliqué dès son origine à l'École normale, conservé par l'Empire et la Restauration, se justifie par un motif qui place cette école dans une catégorie particulière. Ce motif se rattache à la nature du dévouement qu'exige la carrière ouverte aux élèves destinés presque tous à l'enseignement secondaire. Il faut là une vocation ardente, l'abnégation du talent qui se résigne à s'exercer sans éclat, un travail opiniâtre qui compromet les organisations les plus robustes. Aussi, pour cette mission, je pourrais dire pour ce sacerdoce de l'enseignement, les élèves se recrutent-ils presque toujours dans les familles pauvres. On comprendra la nécessité d'établir une règle absolue pour que nulle capacité ne soit repoussée, et que la pauvreté ne soit pas un obstacle[2]... »

II

Cependant les temps étaient proches où l'École normale, si justement fière de sa popularité et de son organisation, allait subir le contre-coup des bouleversements qui s'étaient accomplis dans l'état social et politique de la France. Non-seulement, de 1849 à 1853, elle vit décroître le nombre de ses élèves et le chiffre de sa dotation, qui, par des diminutions successives, tomba de 237,600 à 178,610 fr.; mais de plus, sa constitution intérieure et ses études, soit scientifiques, soit littéraires, subirent de profonds changements.

La première des réformes, la plus utile peut-être et certainement la moins contestée, porta sur le règlement d'admission. Un arrêté de M. de Parieu, du 7 décembre 1850[3], éleva de dix-sept à dix-huit ans l'âge auquel les candidats pouvaient être admis à concourir. Le même arrêté les astreignit à justifier de leur aptitude mo-

[1] Séance de l'Assemblée nationale du 4 juillet 1848.

[2] Rapport de M. Bourbeau, au nom du Comité de l'instruction publique. (Séance du 20 juillet 1848.)

[3] *Bull. adm. de l'instr. publ.* I, p. 427.

rale aux fonctions de l'enseignement par un certificat que devaient leur délivrer les chefs des établissements auxquels ils avaient appartenu, soit comme élèves, soit comme maîtres. Enfin il imposa au jury d'examen le devoir rigoureux de faire entrer comme élément d'appréciation dans le classement des candidats, non-seulement leur savoir et leur habileté dans les sciences ou dans les lettres, mais leurs antécédents, leur caractère, leurs habitudes, cet ensemble de garanties auxquelles le père de famille attache à si bon droit le plus grand prix, lorsqu'il choisit le précepteur de ses enfants.

Ces sages dispositions, qui sont encore aujourd'hui en vigueur, complétaient en un point capital l'ancien règlement, mais sans toucher encore à la constitution de l'École, ni à l'ordre de ses exercices. En 1852, sous le ministère de M. Fortoul, on vit apparaître des mesures d'une tout autre portée, qui étaient, en majeure partie, la conséquence des réformes introduites dans le système des études secondaires et dans les règlements de l'agrégation.

L'article 5 du décret du 10 avril 1852 est conçu en ces termes :

« L'École normale supérieure prépare au grade de licencié ès lettres, de licencié ès sciences, et à la pratique des meilleurs procédés d'enseignement et de discipline scolaire.

« Cette école est essentiellement littéraire et scientifique ; la philosophie y est enseignée comme une méthode d'examen pour connaître les procédés de l'esprit humain dans les lettres et dans les sciences.

« Les élèves de l'École normale supérieure qui auront subi avec succès les examens de sortie seront chargés de cours dans les lycées. »

L'article 7 ajoute que « les trois années passées à l'École normale seront comptées pour deux années de classe aux candidats à l'agrégation ; » d'où il suit qu'au sortir de l'École ceux des anciens élèves qui aspiraient à devenir agrégés étaient tenus, aux termes du même décret, de faire d'abord la classe pendant trois ans.

Pour comprendre le véritable sens de ces dispositions et les effets qui en sont résultés, il importe de bien savoir quelle était, au moment où elles furent promulguées, la véritable organisation des études de l'École normale supérieure.

Les nouveaux élèves, entrés à l'École avec le diplôme de bachelier ès sciences ou le diplôme de bachelier ès lettres, selon l'ordre d'enseignement auquel ils se destinaient, employaient la première année à reviser l'instruction qu'ils avaient acquise au collége. Au mois de juillet, ceux de la section des lettres qui étaient jugés capables de subir l'examen de la licence obtenaient l'autorisation de s'y présenter. Durant la seconde année, les divers genres d'études étaient poussés aussi avant que la variété de leurs objets le permettait; de plus, dans la section des lettres, l'enseignement changeait de caractère, et avait pour principal objet, non la partie technique et élémentaire, mais le développement historique, en un mot l'histoire de la philosophie et celle des littératures grecque, latine et française. Avant d'entrer en troisième année, les élèves des deux sections étaient tenus, sous peine d'avoir à quitter l'École, de s'être fait recevoir licenciés; seulement, comme ceux de la section des sciences avaient à prendre une double licence, l'une ès sciences physiques, l'autre ès sciences mathématiques, la première était seule exigée d'eux à la fin du cours de seconde année. La troisième et dernière année restait consacrée à des études spéciales, par lesquelles les élèves, divisés en plusieurs groupes, suivant leur aptitude constatée par les examens, se préparaient aux différents concours de l'agrégation, sans avoir la certitude du succès, mais pouvant tous y prétendre dès leur sortie de l'École.

On peut apprécier dès lors la gravité des modifications apportées par le décret du 10 avril 1852 au régime de l'École normale. Ce décret ajournait à trois ans pour les élèves la faculté de venir disputer le titre d'agrégé, qu'ils avaient considéré jusque-là comme le but immédiat de leurs travaux. Il faisait consister ce but dans la simple préparation aux épreuves de la licence, que, dans la section des lettres du moins, les plus capables pouvaient obtenir autrefois dès la fin de la première année, c'est-à-dire environ dix mois après avoir quitté les bancs du collége.

Un nouveau règlement d'études[1], conforme à l'esprit ainsi qu'à la lettre des articles du décret, fut mis en vigueur au mois d'octobre 1852. En voici les principales dispositions, qu'il nous est nécessaire d'exposer avec quelques détails, si nous voulons faire connaître exactement, et en termes précis, la nouvelle situation faite à l'École normale.

Dans la section des lettres, l'enseignement de la première année, consacrée comme par le passé à une révision approfondie et à un premier développement des études des lycées, devait comprendre les cours suivants :

1° Un cours de langue et de littérature grecques, dans lequel le professeur exposerait la grammaire, y compris la prosodie et la métrique, et en appliquerait les règles, soit à des traductions du grec en français ou du français en grec, soit à l'interprétation des principaux classiques grecs, choisis de telle sorte qu'on pût, à l'aide des textes, suivre la langue dans son développement historique;

2° Un cours de langue et de littérature latines, où le professeur, sans négliger aucun détail de grammaire, ferait expliquer des textes de toutes les époques, et présenterait une histoire, sommaire sans doute mais complète, de la langue, tandis que, par des analyses et des traductions orales, il initierait plus particulièrement ses élèves à la connaissance des principaux chefs-d'œuvre de la littérature en prose ou en vers;

3° Un cours de langue et de littérature françaises, embrassant, comme les cours précédents, deux genres d'exercices, savoir, d'une part, l'étude raisonnée des modèles, à dater de Malherbe pour la poésie et de Descartes pour la prose; et, d'autre part, des compositions graduées selon le progrès de l'enseignement, narrations, lettres, discours, analyses et dissertations littéraires;

[1] Règlement d'études du 15 septembre 1852. (*Bulletin administratif*, t. III, p. 312 et suiv.)

4° Un cours d'histoire ancienne et d'archéologie grecque et romaine;

5° Un cours de philosophie spécialement consacré à l'étude de l'entendement humain et à celle des méthodes.

6° Un cours de langues vivantes.

Sauf le cours de langue latine, l'enseignement de la seconde année devait comprendre les mêmes cours que la première, mais avec un caractère historique plus prononcé. En traçant le tableau des principales écoles anciennes et modernes, le professeur de philosophie avait à montrer l'accord des plus grands esprits de tous les temps sur les vérités qui intéressent la direction morale et la destinée de l'homme. L'étude de l'histoire ancienne était remplacée par celle de l'histoire du moyen âge et de l'histoire moderne. Enfin les élèves étaient astreints à suivre le cours d'éloquence latine ou le cours de poésie latine, et, en tout cas, le cours de littérature grecque de la faculté des lettres.

L'enseignement de la troisième année comprenait, comme celui des années précédentes, un cours de langue et de littérature grecques, un cours de langue et de littérature latines, un cours de langue et de littérature françaises, un cours d'histoire de France, un cours de philosophie et un cours de langues vivantes. Mais les leçons, devenues moins nombreuses, devaient être de plus en plus appropriées à la destination future des élèves. Elles avaient pour objet, ainsi que porte le texte du règlement : « 1° de résumer et d'affermir les études grammaticales par des notions solides de grammaire générale et comparée; 2° d'insister, dans les trois cours littéraires, sur les points importants qui n'auraient pu être assez développés; 3° de compléter les enseignements d'histoire et de philosophie; 4° de perfectionner les élèves dans les études d'humanités et dans l'art de la composition, du style et de l'exposition orale; 5° enfin et surtout de les former à la critique et à la pratique des méthodes. »

Nous n'insisterons pas sur l'enseignement de la section des

sciences. Qu'il nous suffise de rappeler que, dans les deux premières années, les études de cette section étaient communes à tous les élèves qui en faisaient partie, et qu'elles avaient pour but principal de les préparer aux examens de la double licence ès sciences mathématiques et ès sciences physiques. Les élèves de troisième année étant considérés comme de futurs professeurs, leurs études prenaient une direction spéciale selon l'enseignement particulier auquel ils devaient être appliqués; et en conséquence la section se partageait en autant de groupes qu'il y a de branches distinctes dans le cours d'études scientifiques des lycées, savoir : mathématiques, physique, histoire naturelle.

Le nouveau règlement ne permit pas aux élèves de la section des lettres de se présenter aux épreuves de la licence avant la fin de la seconde année. Ainsi l'époque de ces épreuves se trouva reculée pour eux, comme l'était déjà, par le décret du 10 avril 1852, l'époque de l'agrégation. Ceux qui n'étaient pas reçus licenciés avant l'ouverture de la troisième année devaient, comme autrefois, cesser par cela même de faire partie de l'École. Des dispositions analogues, mais qui toutefois s'écartaient moins de la lettre des anciens règlements, furent adoptées à l'égard des élèves de la section des sciences. Les épreuves de la licence ès sciences physiques furent partagées pour eux en deux examens : l'un sur la chimie, à la fin de la première année; l'autre sur la physique, à la fin de la seconde année. Les épreuves de la licence ès sciences mathématiques furent divisées de même en deux examens : l'un sur le calcul différentiel et intégral, à la fin de la première année; l'autre sur la mécanique, à la fin de la seconde. Ces quatre examens se subissaient devant la faculté des sciences de Paris. Les candidats malheureux n'étaient point admis aux cours de l'année suivante, et quittaient l'École.

Indépendamment des épreuves pour la licence, les élèves, à la fin de chaque année, comparaissaient devant une commission d'inspecteurs généraux pour être interrogés sur les objets de leurs études. En troisième année, les questions qui suivaient l'explication des textes latins et français étaient posées aux élèves par leurs camarades; elles portaient sur la valeur des mots et des synonymes, sur les règles de la grammaire et de la prosodie, sur l'analyse littéraire, sur les détails d'antiquités et d'histoire. Les épreuves orales se complétaient par des compositions écrites et par des leçons. Le directeur de l'École plaçait sous les yeux de la commission tous les renseignements propres à l'éclairer sur la conduite, l'assiduité, le caractère des élèves et leur aptitude au professorat. D'après ces éléments d'information et les résultats des examens, la commission dressait par ordre de mérite la liste des élèves qu'elle jugeait dignes, soit d'être admis à suivre les cours de l'année suivante, soit d'être employés dans les lycées ou les colléges.

III

Le règlement que nous venons d'analyser est le commentaire fidèle du décret du 10 avril 1852. Il a rendu à l'École normale le service de définir mieux que ne l'avaient fait les anciens statuts le caractère et les limites de son enseignement. Il a contribué à la prémunir contre la séduction des études spéciales, qui font l'érudit plutôt que le professeur. Enfin il a rattaché l'étude des littératures à l'analyse approfondie des textes, laquelle suppose la connaissance des langues, condition essentielle de l'instruction littéraire. Mais ces avantages ne suffisaient pas pour réparer le préjudice causé à l'élite des élèves, soit par la disposition qui ajournait à la fin de la seconde année leur admission aux épreuves de la licence, soit par celle qui leur imposait, à l'expiration du cours triennal, un nouveau stage de trois ans dans un collége avant de pouvoir se présenter à l'agrégation. Beaucoup de vocations furent découragées, et le nombre des candidats qui se faisaient inscrire annuellement pour entrer à l'École diminua d'une manière sensible. A l'intérieur de l'École, on vit le travail des élèves éprouver, en seconde année, un ralentissement ou du moins une déviation funeste. Pour le plus grand nombre, l'étude des auteurs grecs et latins, celle de la littérature française, les compositions elles-mêmes, se trouvèrent réduites à une préparation étroite et technique aux épreuves de la licence. L'histoire et la philosophie étaient négligées, et les maîtres de conférences chargés de les enseigner n'avaient devant eux que des auditeurs distraits, parce que les matières du cours ne faisaient pas partie du programme des examens. Les choses en vinrent à ce point que plus d'une fois l'administration, faute de sujets, fut embarrassée de pourvoir aux vacances survenues dans l'enseignement historique et philosophique des lycées et colléges[1].

Il était manifeste que les auteurs du décret du 10 avril 1852, qui se proposaient de contenir les études et peut-être les prétentions des élèves de l'École normale dans de justes limites, avaient eux-mêmes dépassé le but, et que, pour y revenir, pour assurer à l'institution tous ses éléments de prospérité, il fallait faire quelques pas en arrière.

Vainement M. Fortoul essaya d'échapper à cette nécessité en créant à l'École une division nouvelle[2], dont les élèves devaient se préparer, pendant une quatrième et une cinquième année, à l'épreuve du doctorat ès lettres ou ès sciences, et à l'enseignement supérieur. Le décret qui ordonnait cette création et l'arrêté ministériel qui l'organisa ne furent point exécutés; et d'ailleurs quels remèdes auraient-ils apportés au mal?

Son Exc. M. Rouland, dès la première année de son ministère, usa de moyens plus directs et plus énergiques. Sur sa proposition, un décret du 17 juillet 1857 réduisit à un an le noviciat que les élèves de l'École normale seraient astreints à faire dans les lycées ou colléges[3]. Un autre décret, du 20 juillet 1858, supprima ce noviciat en faveur de ceux qui auraient subi avec succès leurs examens de

[1] Nous empruntons ces détails à une note imprimée, qui fut soumise au Conseil impérial de l'instruction publique en janvier 1859, à l'appui des réformes proposées par le ministre.

[2] Décret du 22 août 1854, art. 13; arrêté du 22 décembre 1855. (*Bulletin administratif*, t. VI, p. 319 et suiv.)

[3] *Bulletin administratif*, t. VIII, p. 106 et suiv.

fin d'année, et il leur permit, le cours normal terminé, d'aborder immédiatement les luttes de l'agrégation[1]. Enfin un arrêté du 17 janvier 1859 autorisa les élèves de la section des lettres à se présenter, dès le dixième mois de la première année, aux examens de la licence[2]. Par ces différentes mesures il fut fait droit à ce qu'il y avait de fondé dans les vœux élevés de toutes parts, sans que toutefois le fruit des réformes utiles accomplies en 1852 fût perdu ou compromis.

En même temps le choix des fonctionnaires placés par le ministre à la tête de l'École attesta le prix que le gouvernement attachait à la voir honorée et prospère. Après avoir eu successivement pour chefs, de 1830 à 1840, M. Victor Cousin, de 1840 à 1850, M. Dubois, membre du Conseil de l'instruction publique, de 1850 à 1857, M. Michelle, ancien recteur de l'académie de Besançon, l'institution fut placée sous la haute direction du « critique éminent qui représente peut-être le mieux parmi nous les saines traditions littéraires, si chères à l'Université impériale[3], » M. Désiré Nisard, membre de l'Académie française. Les soins administratifs et la direction des études scientifiques furent confiés à M. Pasteur, aujourd'hui membre de l'Académie des sciences; la direction des études littéraires, à M. Jaquinet, ancien lauréat de l'Université et l'un de ses maîtres les plus habiles.

Le budget de l'établissement, descendu, comme il a été dit plus haut, à 178,000 fr. en 1853, était remonté, en 1857, à 228,000 fr. Dans le cours des années suivantes, il reçut des augmentations successives qui l'élevèrent, pour 1862, à 275,000 francs, et, pour 1863, à 291,000 francs. Ces augmentations permirent d'accroître le nombre des élèves, qui, après être tombé au-dessous de 80, fut reporté à 100. Elles permirent aussi d'améliorer les positions personnelles, et de fixer à 6,000 francs le traitement de la plupart des maîtres de conférences, de ceux du moins qui ne rem-

[1] *Bulletin administratif,* t. IX, p. 181.

[2] *Ibid.* t. X, p. 5.

[3] Expressions de M. Rouland, dans sa circulaire du 18 janvier 1858.

plissaient aucun autre emploi en dehors de l'École. Enfin elles donnèrent le moyen d'établir quelques conférences nouvelles, notamment un cours de géographie [1]; d'instituer des préparateurs pour les cours de la faculté des sciences [2], et de pourvoir aux dépenses d'un laboratoire de chimie. Ce laboratoire, qui dut son établissement et ses premières ressources à la munificence de S. M. l'Empereur, est devenu, par les soins de l'éminent professeur de l'École, M. Henri Sainte-Claire Deville, un centre d'étude et de recherches, centre précieux pour les jeunes gens, et déjà célèbre, car il est fréquenté par les étrangers, et il en est sorti de mémorables travaux, tels que ceux sur la préparation de l'aluminium et du platine.

Sous le ministère de Son Exc. M. Duruy, la situation de l'École normale a continué de s'affermir et de s'améliorer.

Dès que l'enseignement philosophique eut repris dans les lycées son titre et son rang, le ministre jugea utile d'imposer aux candidats à l'École l'obligation de justifier d'une année complète et distincte de philosophie [3].

A l'intérieur même de l'École, une conférence nouvelle fut créée afin de préparer les élèves aux épreuves de l'agrégation spéciale, qui venait d'être instituée ou plutôt rétablie pour cet ordre d'études.

Une augmentation de 6,000 francs, inscrite pour la première fois au budget de 1865, a pourvu aux dépenses du nouveau cours. La loi de finances du même exercice ajoute 10,000 francs au crédit de 100,000 francs qui était affecté aux bourses; ce qui permet de porter de 100 à 110 le nombre des élèves. Il est juste d'ajouter que ce nombre n'est pas atteint aujourd'hui. En effet, l'organisation de l'enseignement secondaire spécial a rendu momentanément moins nécessaire un recrutement considérable pour les cours

[1] Arrêté du 30 décembre 1861. (*Bulletin administratif de l'instruction publique*, t. XII, p. 289.)

[2] Arrêté du 18 novembre 1858. (*Bulletin administratif de l'instruction publique*, t. IX, p. 271.)

[3] Arrêté du 23 novembre 1863. (*Ibid.* t. XIV, p. 414.)

classiques, tandis qu'elle réclame de la part de l'administration un surcroît d'efforts et de sacrifices en faveur de la nouvelle école normale de Cluny.

Il avait existé de tout temps à l'École normale supérieure des maîtres surveillants, « chargés d'inspecter les élèves, ainsi que porte le règlement du 30 mars 1810, pendant les études et les récréations, aux heures du lever et du coucher et pendant la nuit. » Depuis le mois d'octobre dernier, les maîtres surveillants sont supprimés. Son Exc. M. Duruy a voulu que les futurs professeurs s'habituassent, dès leur noviciat dans l'École, à exercer le gouvernement d'eux-mêmes, et que leur liberté se trouvant ainsi accrue, ils sentissent croître en même temps leur responsabilité. Ce que nous sommes heureux de constater, c'est que l'expérience, honorable pour ceux qui en furent l'objet, a jusqu'ici répondu pleinement à l'attente du ministre.

L'innovation la plus récente que nous ayons à enregistrer, c'est la décision par laquelle les cours de troisième année, ceux qui préparent spécialement à l'agrégation, ont été rendus accessibles aux maîtres répétiteurs des lycées pourvus du diplôme de licencié[1]. Cette décision agrandit et généralise le rôle assigné jusqu'ici à l'École normale. Les leçons données dans l'intérieur de l'École cessant d'être le privilége exclusif de ses propres élèves, peut-être ceux-ci auront-ils à lutter dans les concours de l'agrégation contre des rivaux de plus en plus redoutables. Mais l'émulation que fera naître en eux la certitude des difficultés à vaincre ne peut que tourner au profit des études.

En terminant cette revue rapide des vicissitudes que l'École normale a traversées, il ne sera pas inutile d'indiquer en peu de mots les positions auxquelles sont parvenus les élèves qu'elle a formés.

Depuis la fondation de l'Université jusqu'en 1866, l'École a reçu

[1] Cette importante décision et celle qui précède sont mentionnées au compte rendu de la séance de rentrée de l'École (*Bull. admin.* nouvelle série, t. VI, p. 574); et dans l'*Exposé de la situation de l'Empire,* Paris, 1867, p. 218.

environ 1,700 élèves. Sur ce nombre, 788 ont obtenu le titre d'agrégé, savoir : 113 pour la grammaire, 268 pour les classes supérieures des lettres, 56 pour la philosophie, 60 pour l'histoire, 201 pour les mathématiques, 70 pour la physique, 20 pour les langues vivantes. Ceux qui n'ont pas été reçus agrégés ont poursuivi leur carrière dans les lycées et dans les colléges communaux, en qualité de simples chargés de cours et de régents. Quelques-uns, en petit nombre, ont abandonné l'Université.

En préparant des maîtres instruits et habiles pour la jeunesse, l'École normale s'est trouvée en même temps former aussi des écrivains et des savants distingués. Il n'est aucune branche de la littérature ni des sciences que les élèves sortis de ses rangs n'aient cultivée avec succès, nous pourrions dire avec gloire. Ce modeste noviciat de l'enseignement public a donné à la France un nombre déjà remarquable de philosophes, d'historiens, de philologues et de mathématiciens. Aujourd'hui encore, par qui sont remportés la plupart des prix que décernent annuellement les Académies, si ce n'est par d'anciens élèves de l'École normale?

Beaucoup de ceux qui, depuis la fondation de l'École, se sont assis sur ses bancs, ont succombé, les uns sous le poids de la vieillesse, les autres épuisés avant l'âge par les fatigues de l'enseignement. Parmi ceux qui survivent, douze siégent aujourd'hui à l'Institut, savoir : deux à l'Académie française, M. Patin et M. Prévost-Paradol; quatre à l'Académie des inscriptions et belles-lettres, M. Guigniaut, M. Wallon, M. Beulé et M. Quicherat; un à l'Académie des sciences, M. Pasteur; cinq à l'Académie des sciences morales, M. Michelet, M. Jules Simon, M. Janet, M. Lévêque et M. Bersot. Trois sont membres du Conseil de l'instruction publique, neuf sont inspecteurs généraux; neuf, recteurs; dix-sept, proviseurs; douze, censeurs; soixante-cinq, professeurs de Facultés. Nous sera-t-il permis d'ajouter que Son Exc. M. Duruy est un ancien élève de l'École ainsi que l'était M. Cousin? L'École n'est donc pas restée au-dessous de la mission qu'elle avait à remplir. Elle a maintenu les hautes traditions littéraires, propagé les bonnes méthodes, et contribué à l'avancement des connaissances humaines. Quelques-uns des maîtres sortis de ses rangs sont parvenus par leur mérite, ceux-ci à une haute renommée dans les sciences et dans les lettres, ceux-là aux premiers postes de l'État. Elle sert et elle honore l'Université et le pays : aussi est-elle également chère à tous deux.

CHAPITRE IV.

AGRÉGATION DES LYCÉES.

I. Anciens règlements de l'agrégation des lycées. — II. Règlements de 1852.
III. Nouveaux règlements.

I

Lorsque les Jésuites eurent été chassés de France, le parlement de Paris avisa aux moyens de combler le vide que leur expulsion avait causé dans l'enseignement public, et de procurer aux universités du royaume des maîtres instruits et honnêtes, capables de suppléer à ceux que la jeunesse venait de perdre. A cet effet, il institua des concours, qui étaient ouverts, dès l'âge de vingt ans, aux maîtres ès arts, et dans lesquels ceux-ci venaient justifier de leur aptitude pour diriger une classe de grammaire, une classe d'humanités ou une classe de philosophie. Les candidats qui l'avaient emporté sur leurs compétiteurs étaient attachés, ou, comme on disait alors et comme nous disons encore actuellement, *agrégés* aux universités. Leur fonction principale consistait à remplacer les professeurs absents, jusqu'au jour où une chaire étant devenue vacante, ils y étaient eux-mêmes appelés par préférence à tous autres postulants [1].

Telle est l'origine historique des concours de l'agrégation, vieille institution, ainsi qu'on le voit, que la sagesse de l'âge présent a

[1] Dans notre *Histoire de l'Université de Paris au XVIIe et au XVIIIe siècle*, p. 420 et suiv. nous avons raconté en détail l'établissement laborieux des concours de l'agrégation, en vertu des lettres patentes du 10 août 1766.

empruntée à l'expérience du passé, comme un moyen déjà éprouvé de pourvoir au recrutement du professorat.

L'article 29 du décret du 17 mars 1808 classe les agrégés après les principaux des colléges, au quinzième rang des fonctionnaires de l'Université impériale. Les articles 119 et 122 portent qu'ils seront nommés au concours, et qu'ils recevront un traitement annuel de 400 francs. Un statut du 24 août 1810 développa ces dispositions et régla les formes, la matière et le jugement des concours[1]. Mais, dix années durant, ce statut resta une lettre morte. C'est en 1821 seulement, que, pour la première fois depuis la fondation de l'Université actuelle, les épreuves de l'agrégation ont eu lieu. Cette année même, 47 agrégés furent institués, savoir : 3 pour les sciences, 20 pour les classes supérieures des lettres, 24 pour les classes de grammaire[2].

Peu à peu, à mesure que l'enseignement secondaire s'étendit et se fortifia, le nombre des concours fut augmenté. En 1825, sous le ministère de l'évêque d'Hermopolis, un arrêté du Conseil de l'instruction publique établit une agrégation spéciale pour les classes de philosophie[3]. Après la révolution de 1830, fut fondée l'agrégation d'histoire, en raison du développement considérable des études historiques[4]. Enfin en 1840, l'agrégation des sciences, dont le domaine était devenu trop vaste, fut divisée en deux parties, qui nécessitèrent l'ouverture de deux concours distincts, l'un pour les sciences mathématiques, l'autre pour les sciences physiques[5]. Le nombre des agrégations se trouva ainsi porté à six.

Voici quelles étaient, sous la monarchie de Juillet, d'après le dernier état de la législation[6], les conditions et les formes des concours.

[1] *Recueil des lois et règlements sur l'instruction publique*, t. V, p. 226 et suiv.

[2] *Almanach de l'Université royale de France*, année 1822 ; Paris, in-18, p. 15 et suiv.

[3] Arrêté du 12 juillet 1825. (*Recueil des lois*, etc. t. VIII, p. 42 et suivantes.)

[4] Arrêté du 19 novembre 1830. (*Bulletin universitaire*, t. II, p. 202 et suiv.)

[5] Arrêté du 2 octobre 1840. (*Ibid.* t. IX, p. 153 et suiv.)

[6] Statut du 17 juin 1845. (*Bulletin

Ils avaient lieu tous les ans au chef-lieu de l'académie de Paris, c'est-à-dire dans les salles de l'antique Sorbonne, pour le nombre de places fixé d'avance par le Conseil de l'instruction publique.

Étaient admis à concourir pour tous les ordres d'agrégation : 1° les élèves de l'École normale qui avaient terminé le cours de leurs études; 2° les principaux et régents des colléges communaux, les maîtres d'études des colléges royaux et ceux des colléges communaux, après deux ans d'exercice; 3° les chargés de cours dans les colléges royaux, après deux ans d'exercice; 4° les chefs d'institution et les maîtres de pension, après deux ans d'exercice; 5° les répétiteurs dans les institutions ou pensions, brevetés par le recteur, après trois ans d'exercice dûment justifiés.

Étaient admis en outre à concourir spécialement : 1° pour l'agrégation des sciences, les élèves de l'École polytechnique jugés admissibles dans les services publics; 2° pour l'agrégation d'histoire, les élèves de l'École des chartes qui avaient achevé leur temps d'études dans ladite école, et obtenu, après les examens de sortie, le diplôme d'archiviste paléographe. Aucun temps de service n'était exigé dans l'un ni dans l'autre cas. Aucun stage, dans les colléges royaux et communaux, ni dans les institutions et pensions, n'était non plus exigé des principaux, régents, maîtres d'études et chargés de cours qui avaient obtenu le diplôme de docteur ès lettres ou celui de docteur ès sciences.

Dans tous les cas, les candidats à l'agrégation étaient tenus de produire les diplômes suivants : 1° pour la philosophie, les diplômes de licencié ès lettres et de bachelier ès sciences; 2° pour les sciences mathématiques, les diplômes de licencié ès sciences mathématiques et de licencié ès sciences physiques; 3° pour les sciences physiques et naturelles, les diplômes de licencié ès sciences mathématiques, de licencié ès sciences physiques et de licencié ès sciences naturelles; 4° pour les classes supérieures des lettres et pour les classes

universitaire, t. XIV, p. 63 et suiv.) Ce statut résume ceux des 24 août 1810, 6 février 1821, 27 décembre 1828, 27 mai 1831 et 28 février 1837.

d'histoire, le diplôme de licencié ès lettres; 5° pour les classes de grammaire, le diplôme de bachelier ès lettres.

Les aspirants se faisaient inscrire deux mois au moins avant le jour du concours, au secrétariat de l'académie dans laquelle ils résidaient. Les listes des concurrents étaient définitivement arrêtées en Conseil de l'instruction publique. Les juges étaient nommés par le ministre, après avis du Conseil.

Il y avait trois épreuves pour chaque concours, savoir : 1° des compositions écrites, pour lesquelles cinq, six et même sept heures, selon l'ordre de l'agrégation, étaient accordées aux candidats; 2° une argumentation ou explication orale, laquelle durait deux heures au moins et trois heures au plus; 3° une leçon d'une heure. D'après le résultat des épreuves écrites, le jury arrêtait la liste des concurrents qui devraient être admis à prendre part aux autres épreuves.

Pour les candidats à l'agrégation de philosophie, l'épreuve de la composition consistait en deux dissertations en français, l'une sur un point de philosophie, l'autre sur un point d'histoire de la philosophie. Dans la seconde épreuve, celle de l'argumentation, ils soutenaient tour à tour des thèses sur une ou plusieurs questions d'histoire de la philosophie, dont le texte, arrêté par le Conseil de l'instruction publique, avait été publié neuf mois au moins avant l'ouverture du concours. La troisième épreuve, celle de la leçon, portait sur un sujet de philosophie, tiré au sort par chaque concurrent vingt-quatre heures à l'avance, parmi ceux qui se trouvaient compris dans la partie philosophique des programmes du baccalauréat ès lettres.

Les candidats à l'agrégation des sciences mathématiques faisaient, pour première épreuve, une composition sur le calcul différentiel et intégral, et une autre sur la mécanique. Ils s'argumentaient sur des questions empruntées aux programmes de la licence ès sciences mathématiques. L'épreuve de la leçon portait sur les matières enseignées dans les classes de mathématiques des colléges royaux.

Les candidats à l'agrégation des sciences physiques composaient sur la physique, sur la chimie et sur l'histoire naturelle. L'argumentation et la leçon roulaient sur les éléments de ces sciences.

Pour les candidats à l'agrégation des classes supérieures des lettres, les compositions étaient au nombre de quatre : 1° une composition en prose latine sur un sujet de philosophie morale; 2° une composition en prose française sur un sujet de littérature ancienne ou moderne; 3° une pièce de poésie latine; 4° la traduction d'un morceau français en grec.

L'épreuve orale consistait : 1° à expliquer un passage grec et un passage latin, tirés au sort à l'instant même parmi les textes choisis neuf mois à l'avance par le Conseil de l'instruction publique; 2° à répondre aux questions posées au candidat par celui des concurrents que le sort avait désigné pour argumenter contre lui. Le sujet de la leçon était extrait de questions générales de littérature, fixées par le Conseil général de l'instruction publique.

Les candidats à l'agrégation d'histoire et de géographie avaient à traiter pour la première épreuve : 1° un point d'histoire ancienne ou d'histoire romaine; 2° un point d'histoire du moyen âge ou d'histoire moderne; 3° une question de géographie comparée. Le texte des questions historiques et géographiques qui faisaient sujet de l'argumentation était publié neuf mois avant l'ouverture du concours.

Enfin les candidats à l'agrégation des classes de grammaire traduisaient par écrit des morceaux de latin en français, de français en latin, de grec en français, de français en grec; ils composaient en outre une pièce de vers latins. Pour la seconde épreuve, ils expliquaient à livre ouvert des textes grecs, latins et français tirés au sort parmi les auteurs désignés par le Conseil. Le sujet de la leçon était un point, soit de grammaire générale, soit de grammaire grecque, latine ou française.

Dans chaque concours, immédiatement après la dernière épreuve, le jury désignait à la majorité absolue des suffrages les candidats qu'il jugeait dignes d'être nommés agrégés. Un délai de dix jours était accordé aux concurrents pour se pourvoir devant le Conseil de l'instruction publique contre la décision du jury en cas de violation des formes prescrites. A l'expiration de ce délai, s'il n'était pas survenu de pourvoi, l'institution était donnée aux nouveaux agrégés par le ministre.

II

Le statut que nous venons d'analyser en coordonnait et en reproduisait d'autres en assez grand nombre, que le Conseil de l'instruction publique avait successivement adoptés et amendés. Les statuts primitifs donnés sous le premier Empire ne contenaient pas eux-mêmes d'innovations graves; ils avaient été calqués sur les règlements de l'ancienne université de Paris, sinon pour les détails, du moins quant aux lignes principales, comme la distinction de plusieurs ordres d'agrégation et de trois sortes d'épreuves, les compositions, l'argumentation et la leçon. Les modifications subséquentes n'avaient pas eu d'autres résultats sérieux que d'étendre les dispositions en vigueur aux concours nouvellement ouverts. Il suivait de là que l'agrégation, telle qu'elle existait pour l'enseignement secondaire en 1847, offrait tous les caractères d'une institution consacrée par le temps et en quelque sorte inébranlable.

Après la révolution de Février, un concours spécial fut établi par l'arrêté du 11 octobre 1848[1] pour l'enseignement des langues vivantes. L'arrêté portait que les nouveaux agrégés seraient assimilés à ceux des classes de grammaire et jouiraient des mêmes avantages que ces derniers. Le règlement du 10 février 1849 fixa les conditions et les formes du concours. Les premières épreuves eurent lieu au mois d'août suivant. Six agrégés furent institués pour l'enseignement de la langue allemande, et six pour la langue anglaise[2].

[1] *Bulletin universitaire*, t. XVII, p. 347 et suiv.

[2] *Bulletin universitaire*, t. XVIII, p. 34 et suiv., p. 246 et 247.

Cependant, malgré son ancienneté et son utilité manifeste, l'institution des concours d'agrégation offrait, comme toutes les choses humaines, des imperfections, des inconvénients, et même quelques dangers, que des voix parties du sein même des écoles avaient fréquemment signalés. A peine était-elle fondée, que de sévères censeurs lui reprochaient déjà d'encourager les qualités oratoires qui servent à briller dans une joute académique, aux dépens du mérite solide et modeste que suppose la direction d'une classe. Mais quand elle eut été divisée en plusieurs ordres, les critiques devinrent plus vives et en apparence plus motivées. Quelques personnes exprimèrent la crainte que les agrégés qui se seraient livrés à des études spéciales, ou de mathématiques, ou d'histoire, ou de philosophie, ne fussent enclins à des illusions sur le véritable but de l'enseignement secondaire et sur les limites imposées à leur propre enseignement; qu'ainsi le philosophe ne jugeât bon de s'enfoncer dans les spéculations les plus hardies de la métaphysique, et que l'historien de son côté ne voulût se livrer à des dissertations historiques sans utilité pour la jeunesse, et tout au plus à leur place devant un auditoire d'érudits. Ces appréhensions n'avaient point arrêté les hommes éminents dans les lettres et dans les sciences qui avaient organisé les concours de l'agrégation; mais elles acquirent une extrême vivacité, et elles devinrent presque prépondérantes, lorsqu'en 1852 les événements eux-mêmes eurent en quelque sorte mis à l'ordre du jour la réforme des études dans l'Université. Peut-être quelques écarts regrettables, dont la responsabilité eût pesé en d'autres temps sur leurs seuls auteurs, contribuèrent-ils à la nouvelle attitude que prit l'administration de l'instruction publique. Quoi qu'il en soit, sur la proposition de M. Fortoul, et après avis du nouveau Conseil de l'instruction publique, un changement radical fut introduit dans l'agrégation des lycées par l'article 7 du décret du 9 avril 1852. Les six agrégations qui avaient existé jusque-là furent réduites à deux, l'une pour les sciences, l'autre pour les lettres. Les anciens concours se trouvèrent remplacés par de simples examens, ayant pour but de constater la capacité des candidats et leur expérience dans les fonctions de l'enseignement. Nul ne devait être admis aux examens, s'il n'était âgé de vingt-cinq ans, et s'il n'avait fait la classe pendant cinq ans au moins. Les trois années passées à l'École normale étaient comptées pour deux années de classe. Les épreuves devaient porter exclusivement sur les matières qui font l'objet des études secondaires[1]. Un règlement du 21 février 1853 les divisa pour les deux agrégations en épreuves préparatoires et en épreuves définitives. Il fallait avoir subi avec succès les premières pour être admis aux secondes.

Les épreuves préparatoires des candidats à l'agrégation des lettres consistaient en un thème latin, une pièce de vers latins, une version grecque, une composition latine, une composition française et une composition allemande ou anglaise.

Les épreuves définitives, ou épreuves orales, étaient au nombre de quatre. 1° Chaque candidat devait corriger deux devoirs tirés au sort dans la série des six compositions faites par les candidats admis aux épreuves définitives. 2° Il devait expliquer et traduire à livre ouvert un texte grec et un texte latin, et commenter un texte français. 3° Il avait à faire deux leçons d'une heure, la première sur la grammaire ou les littératures classiques, après vingt-quatre heures de préparation; la seconde, à son choix, sur l'histoire, sur la logique, sur la grammaire et la littérature allemandes ou sur la grammaire et la littérature anglaises, après une heure de préparation dans un lieu isolé. 4° Il devait présenter pendant un quart d'heure au plus l'appréciation des leçons faites par un autre candidat.

Les épreuves préparatoires des candidats à l'agrégation des sciences consistaient en trois compositions : une sur les mathématiques, une sur les sciences physiques, une sur les sciences naturelles. Les épreuves définitives se partageaient en épreuves pra-

[1] *Bulletin administratif de l'instruction publique*, t. III, p. 60 et suiv.

tiques, comme le levé d'un plan ou l'analyse chimique d'un corps, et en épreuves orales. Celles-ci étaient au nombre de trois : 1° une leçon d'une heure, après vingt-quatre heures de préparation, sur un sujet de mathématiques, de physique, de chimie ou d'histoire naturelle ; 2° une autre leçon d'égale durée, après trois heures de préparation s'il y avait des expériences, et après une heure seulement s'il n'y avait pas d'expériences, sur les mathématiques spéciales, sur les sciences physiques, ou sur l'histoire naturelle, au choix du candidat; 3° l'appréciation rapide des leçons faites par un autre candidat.

M. Fortoul comptait beaucoup sur l'influence du nouveau règlement pour prévenir le retour des abus qui étaient imputés à l'ancienne agrégation. « Ces dispositions, disait-il dans un rapport au Président de la République[1], auront pour conséquence de faire de modestes professeurs, et non pas des rhéteurs plus habiles à creuser des problèmes insolubles et périlleux qu'à transmettre des connaissances pratiques. Il faut que les maîtres appelés à l'honneur d'enseigner au nom de l'État apprennent, par un pénible noviciat, à s'oublier pour leurs élèves et à ne placer leur gloire que dans les progrès des enfants qui leur sont confiés. »

A Dieu ne plaise que nous méconnaissions le côté sérieux, utile et vraiment durable, des changements apportés par M. Fortoul aux statuts de l'agrégation. Ce fut sans contredit une heureuse idée que d'avoir imposé aux candidats la correction d'un devoir. La correction porte aujourd'hui sur les compositions des lauréats du concours général entre les lycées de Paris, et non plus sur celles des candidats à l'agrégation; ce qui présentait quelque délicatesse. Mais l'épreuve subsiste, et elle est excellente pour apprécier l'aptitude des concurrents à l'une des plus ordinaires et des plus importantes fonctions du professorat. Ce fut aussi une réforme salutaire que la suppression de l'épreuve traditionnelle de l'argumen-

[1] Rapport du 10 avril 1852, sur le plan d'études des établissements publics. (*Bulletin administratif de l'instruction publique,* t. III, p. 55.)

tation, épreuve qui mettait sans doute en lumière l'érudition des candidats, la promptitude de leur mémoire et leur habileté à soutenir une thèse, mais qui n'avait qu'un rapport très-indirect avec l'art d'enseigner, et de laquelle les jouteurs les plus heureux, maltraités par leurs antagonistes, sortaient souvent très-meurtris.

Mais si l'on excepte quelques dispositions particulières, empreintes d'une incontestable sagesse, la réforme accomplie par M. Fortoul donnait lieu, prise dans son ensemble, aux objections les plus fortes.

Il paraissait téméraire, ou du moins peu prudent, de soumettre aux mêmes épreuves les philosophes et les grammairiens, les historiens et les humanistes, dans l'ordre des lettres; les professeurs de mathématiques et ceux d'histoire naturelle, dans l'ordre des sciences. En rapprochant, ou pour mieux dire en confondant tous les genres d'agrégation, on s'exposait à les affaiblir et à les dénaturer tous, et à n'avoir désormais que des agrégés médiocrement instruits de ce qu'ils auraient à enseigner, sachant un peu toutes choses et n'en possédant aucune à fond. On n'avait échappé aux écueils des études spéciales, que pour retomber dans l'inconvénient plus grave des études insuffisantes et du savoir superficiel, sans portée comme sans autorité.

Les vices du nouveau système ne tardèrent pas à éclater, mais l'administration de l'instruction publique s'efforça d'y porter remède par une série de mesures qui font honneur à sa bonne foi et à son équitable sagesse.

M. Fortoul amenda lui-même, par l'arrêté du 27 décembre 1855, quelques-unes des dispositions du règlement dont il était l'auteur[1].

Sous le ministère de M. Rouland, un premier décret, du 14 juillet 1857[2], établit une agrégation spéciale pour les classes de grammaire. Un second décret, du 17 juillet 1858[3], partagea l'agrégation,

[1] *Bulletin administratif de l'instruction publique,* t. VI, p. 342 et suiv.

[2] *Bulletin,* etc. t. VIII, p. 102.

[3] *Ibid.* t. IX, p. 177 et suiv.

des sciences en deux ordres, l'un pour les sciences mathématiques, l'autre pour les sciences physiques et naturelles. Enfin un troisième décret, du 11 juillet 1860, fit renaître l'agrégation pour les classes d'histoire et de géographie[1].

Restait la philosophie, qui s'était trouvée seule exceptée des mesures réparatrices proposées par Son Exc. M. Rouland. Il est vrai qu'elle n'avait pas encore reparu dans les lycées sous son véritable nom, et qu'elle y restait subordonnée à la logique. Mais quand elle eut repris, sur l'initiative généreuse de M. Duruy, entré nouvellement au ministère, sa dénomination vraie, et que les programmes officiels eurent été appropriés au titre nouveau et au nouvel objet de l'enseignement, l'agrégation des classes de philosophie fut elle-même restaurée[2]. Dès le mois qui suivit son rétablissement, des examens s'ouvrirent à la Sorbonne; cinquante-cinq candidats s'y présentèrent; dix d'entre eux furent jugés dignes du titre d'agrégé, et le jury d'examen, par l'organe de son président, M. Ravaisson, déclara que jamais ce titre n'avait été accordé à des concurrents plus capables ni plus instruits.

Nous avons vu à toutes les époques le développement des études secondaires entraîner celui de l'agrégation. En 1864, lorsque le gouvernement eut pris la résolution de propager l'étude des langues vivantes, de l'acclimater pour ainsi dire dans les établissements publics, il fut amené à rétablir pour l'enseignement de ces langues, ainsi qu'il l'avait fait pour toutes les autres branches, un ordre spécial d'agrégation, que régissent les dispositions du règlement du 5 décembre de la même année[3].

Les épreuves se partagent suivant l'usage en épreuves préparatoires et en épreuves définitives. Les épreuves préparatoires comprennent quatre compositions : 1° traduction d'un texte français en allemand, en anglais, en italien ou en espagnol; 2° traduction en français d'un texte de l'une de ces langues; 3° une composition

[1] *Bulletin*, etc. t. XI, p. 191 et suiv.

[2] *Ibid.* t. XIV, p. 118.

[3] *Bulletin administratif*, nouv. série, t. II, p. 586 et 615.

en prose étrangère d'après un sujet donné; 4° une composition en français sur un sujet littéraire. La première épreuve définitive consiste dans l'explication à livre ouvert d'un passage tiré au sort à l'instant même parmi ceux des écrivains étrangers qui sont admis dans l'enseignement. La seconde épreuve définitive est une leçon d'une heure, après deux heures de préparation dans un lieu clos. Le sujet de la leçon est emprunté à la grammaire et à la littérature des langues allemande, anglaise, italienne ou espagnole, étudiées dans leur rapport avec la grammaire et la littérature des langues grecque, latine et française.

L'agrégation la plus récemment instituée est celle de l'enseignement secondaire spécial. Elle date du décret du 28 mars 1866 et de l'arrêté qui fut rendu le même jour[1]. Peut-être, dans la pensée du gouvernement, a-t-elle moins encore pour objet de vérifier la capacité des maîtres qui donneront l'enseignement nouveau, que d'honorer leur condition, de la relever à tous les yeux et de leur ouvrir, aussi largement qu'à ceux qui sont chargés des cours classiques, l'accès des titres et des distinctions dont l'Université dispose en faveur du mérite éprouvé. Les premiers examens ont eu lieu au mois de septembre dernier; vingt-sept candidats y ont pris part. Les épreuves ont consisté en compositions écrites, en leçons et en manipulations. Les compositions étaient au nombre de cinq : deux portaient sur la littérature française, sur l'histoire et la géographie; trois sur les sciences mathématiques et physiques. Six candidats ont reçu le titre d'agrégé. Dans un rapport qu'il a fait au ministre comme président du jury, M. Faye, inspecteur général de l'Université et membre de l'Institut, tout en signalant quelques lacunes de ce premier concours, ajoute qu'il a réussi au delà de toutes les espérances[2]. Néanmoins le ministre a cru nécessaire de modifier le règlement primitif, qui confondait deux ordres d'études très-distincts, même dans l'enseigement spécial, l'étude

[1] *Bulletin administratif*, t. V, p. 409, 416 et suiv.

[2] Ce rapport a été inséré au *Bulletin administratif* du 2e semestre de 1866, p. 466.

des lettres et l'étude des sciences. A l'avenir, en vertu de l'arrêté du 24 décembre 1866, au lieu d'une seule agrégation spéciale, il y en aura deux : l'une pour la partie littéraire, l'autre pour la partie scientifique de l'enseignement.

Après avoir retracé les vicissitudes des concours de l'agrégation, il nous paraîtrait utile de montrer l'institution elle-même pour ainsi dire en action; et puisque nous ne pouvons pas faire assister nos lecteurs aux épreuves que subissent les candidats, nous voudrions du moins, par l'indication précise des divers sujets de ces épreuves, les mettre à même d'en apprécier personnellement le caractère et la portée. Obligé de nous restreindre, nous nous bornerons à quelques exemples tirés des examens qui ont eu lieu en 1866. Voici donc, pour la philosophie, pour l'histoire, pour les classes supérieures des lettres, pour les classes de grammaire et pour les langues vivantes, les sujets traités par écrit l'année dernière, et les passages des auteurs classiques qui ont servi de texte aux explications orales.

AGRÉGATION DE PHILOSOPHIE.

Sujets des compositions écrites :

1° La volonté. — 2° Comparer le dieu de Platon et le dieu d'Aristote.

Auteurs à expliquer et à commenter :

Platon, *le Théétète*. — Aristote, *Physique*, liv. I et II. — Cicéron, *De finibus bonorum et malorum*, liv. IV et V. — Sénèque, *De vita beata*. — Descartes, *Discours sur la méthode*. — Kant, *Critique de la raison pure*.

AGRÉGATION D'HISTOIRE ET DE GÉOGRAPHIE.

Sujets des compositions écrites :

1° *Histoire ancienne :* La guerre sociale; ses causes, ses résultats.

— 2° *Histoire du moyen âge :* Les Guelfes et les Gibelins. — 3° *Histoire moderne :* L'administration du cardinal de Fleury. — 4° *Géographie :* Géographie comparée de l'Europe, de 1648 à 1763.

Auteurs à expliquer :

Thucydide, liv. VIII. — Xénophon, *De la république de Sparte et de la république d'Athènes.* — Tite-Live, liv. XXXI et XXXII. — César, *Guerre des Gaules,* liv. VII. — Villehardouin. — Comines, liv. VI et VII.

AGRÉGATION DES CLASSES SUPÉRIEURES DES LETTRES.

Sujets des compositions écrites :

1° Chercher si les trois unités, que l'on trouve déjà dans les tragiques grecs, que Racine a si bien observées et que les modernes dédaignent, méritent d'être conservées. — 2° Explananda est Senecæ hæc sententia : « Patrium habet Deus adversus bonos viros « animum, et illos fortiter amat, et, operibus, inquit, doloribus ac « damnis exagitentur, ut verum colligant robur. » — 3° Une pièce de vers latins. — 4° Un thème latin. — 5° Un thème grec.

Auteurs à expliquer :

Pindare, *Pythiques,* IV et V. — Sophocle, *Ajax.* — Euripide, *Ion.* — Thucydide, harangues des livres III et IV. — Aristote, *Rhétorique,* liv. II. — Démosthène, *Contre Midias.* — Plaute, *les Captifs.* — Virgile, *Géorgiques,* liv. III. — Horace, *Satires,* liv. II. — Cicéron, *Tusculanes,* liv. II et III. — Tacite, *Annales,* liv. XIV. — Quintilien, liv. I et XII. — Corneille, *Cinna* et *Polyeucte.* — Racine, *Phèdre* et *Athalie.* — La Fontaine, *Fables,* liv. III et IV. — Bossuet, *Oraison funèbre de la duchesse d'Orléans* et *Panégyrique de saint Bernard.* — Fénelon, *Dialogues sur l'éloquence* et *Lettre à l'Académie française.* — La Bruyère, *Des ouvrages de l'esprit; De l'homme.*

AGRÉGATION DES CLASSES DE GRAMMAIRE.

Sujets des compositions écrites :

1° De l'emploi du verbe à l'infinitif comme complément d'un autre verbe; déterminer les caractères généraux des verbes avec lesquels l'infinitif peut se construire. Examiner et comparer les particularités syntaxiques de cette construction dans les trois langues grecque, latine et française. — 2° Un thème latin. — 3° Un thème grec. — 4° Une version latine. — 5° Une version grecque. — 6° Une pièce de vers latins.

Auteurs à expliquer :

Euripide, *Iphigénie en Aulide.* — Théocrite, *les Dioscures.* — Xénophon, *les Mémorables.* — Isocrate, *Panégyrique d'Athènes.* — Virgile, *Bucoliques.* — Horace, *Satires.* — Térence, *le Heautontimorumenos.* — Cicéron, *Pro domo sua.* — Tacite, *De moribus Germanorum.* — Corneille, *Rodogune.* — Racine, *Iphigénie en Aulide.* — Boileau, *Satires.* — Molière, *l'Avare.*

AGRÉGATION DES LANGUES VIVANTES.

Sujets des compositions écrites :

Pour la langue allemande : 1° *Composition en prose allemande.* Caractériser le rôle de Lessing dans le développement des lettres allemandes. Montrer ce que lui doivent et ses contemporains et ses plus glorieux successeurs. — 2° *Composition en prose française.* Montrer que, dans l'*Art poétique* de Boileau, comme dans ses *Satires* et ses *Épîtres,* les doctrines morales sont le fondement des théories et des préceptes littéraires. — 3° Un thème allemand. — 4° Une version allemande. = Pour la langue anglaise : 1° *Composition en prose anglaise.* Appréciation littéraire et philosophique des *Essais* de Bacon. — 2° *Composition en prose française.* Du caractère d'Adam dans *le Paradis perdu* de Milton. — 3° Un thème anglais. — 4° Une version anglaise.

Auteurs à expliquer :

Auteurs allemands : Gœthe, *Iphigénie en Tauride.* — Schiller, *Guerre de Trente ans.* = Auteurs anglais : Shakspeare, *Coriolan.* — Dickens, *Contes de Noël.*

Tels ont été, en 1866, les sujets de quelques-unes des épreuves subies par les candidats aux différents ordres d'agrégation qui représentent la partie littéraire de l'enseignement des lycées. Cédons-nous à des préventions, d'ailleurs bien excusables de notre part, en osant croire que de pareilles épreuves ne sauraient être soutenues sans la préparation la plus forte, et qu'elles attestent, chez l'agrégé qui en est sorti victorieux, un savoir aussi varié que solide?

Nous n'insisterons pas sur les exercices de la double agrégation pour les sciences mathématiques et pour les sciences physiques : les sujets en sont clairement indiqués par la définition même de ces sciences. Mais, au risque de paraître nous appesantir sur des détails purement techniques, nous croyons devoir transcrire encore la matière des cinq compositions faites en 1866 par les candidats à l'agrégation pour l'enseignement spécial :

« *Composition française :* Faire voir que chaque condition, dans la société, a son importance et peut avoir sa dignité, quand on s'acquitte fidèlement des obligations qu'elle impose. Influence progressive du travail sur la moralité humaine. — *Histoire et géographie :* Développer, à l'aide de l'histoire et de la géographie, cette pensée de Grotius et de Joseph de Maistre : « La France, le plus beau royaume après celui du ciel! » — *Mathématiques :* Expliquer la théorie des annuités et indiquer ses principales applications. — *Physique :* Décrire la machine de Ruhmkorff et ses effets; indiquer les principales applications de cet appareil. — *Chimie :* Lois de Berthollet;

décrire les expériences qu'il convient de faire à ce sujet dans une leçon. »

Il n'est pas inutile de faire observer qu'en vertu de l'arrêté du 24 décembre 1866, les épreuves de l'agrégation pour l'enseignement spécial comprendront désormais, dans leur partie littéraire et économique, une composition sur une question de législation usuelle, ou d'économie commerciale, industrielle ou agricole. Les candidats qui se destineront en particulier à l'enseignement des sciences économiques subiront en outre une épreuve que le règlement décrit en ces termes : « 1° Analyse et discussion des statuts d'une institution de crédit ou d'un établissement financier; 2° correction d'un devoir sur la législation commerciale, industrielle ou agricole; 3° exercice par écrit de comptabilité[1]. »

Les détails dans lesquels nous venons d'entrer permettent d'apprécier non-seulement l'esprit général, mais le côté pratique des règlements actuels de l'agrégation des lycées. Avant de quitter cet important sujet, nous n'ajouterons plus qu'une seule remarque.

Précisément parce que le niveau en est demeuré fort élevé, l'agrégation n'a jamais suffi au recrutement du professorat. Veut-on savoir combien il a été institué d'agrégés depuis la fondation de l'Université impériale, ou, pour mieux dire, depuis l'année 1821, où le concours fut ouvert pour la première fois? 1,600 à peine, c'est-à-dire, en moyenne, moins de 35 par année. Les agrégés se répartissent de la manière suivante : classes de grammaire, 470; classes supérieures des lettres, 466; classes de philosophie, 104; classes d'histoire, 98; classes de mathématiques, 307; classes de physique et d'histoire naturelle, 99; cours de langues vivantes, 50; enseignement spécial, 6. Il est aisé de voir, d'après ces chiffres, que longtemps encore beaucoup de chaires de nos lycées, et presque toutes celles des colléges communaux, seront remplies par des maîtres non pourvus du titre d'agrégé, soit qu'ils n'aient pas cher-

[1] *Bulletin administratif,* t. VI, p. 778 et suiv.

ché à conquérir ce titre, soit qu'ils aient échoué dans sa poursuite. D'autre part, nous avons vu que, de 1810 à 1866, l'École normale avait à peine reçu 1,700 élèves; ce n'est pas le tiers des emplois que comprennent présentement les cadres de l'enseignement secondaire et supérieur, dont il ne faut pas séparer l'administration académique. L'agrégation ne fournit donc pas annuellement à l'État, non plus que l'École normale elle-même, un nombre de sujets suffisant pour combler les vides que produisent dans le personnel enseignant la retraite, les démissions et la mort. Le gouvernement se trouve ainsi dans la nécessité d'accepter, sinon de réclamer, le concours des licenciés et même celui des simples bacheliers qui se sentent quelque vocation pour le professorat. Aux simples bacheliers il confie les classes de grammaire et les postes les moins importants; aux licenciés il réserve les chaires d'humanités, d'histoire et de philosophie, qui sont les mieux rétribuées et celles qui offrent le plus de chances d'avenir au mérite laborieux. Mais ce qu'il ne faut jamais perdre de vue, si l'on veut apprécier équitablement l'utilité de l'École normale et de l'agrégation, c'est que l'une et l'autre font sentir leur influence, et l'influence la plus salutaire, même à ceux qui n'ont pas traversé leurs rangs. Elles leur montrent le but où il faut tendre, le niveau qu'il faut atteindre; elles excitent leur émulation et leur zèle, elles les obligent à faire sans cesse de nouveaux efforts pour étendre le cercle de leurs connaissances. Elles contribuent ainsi, même par des voies indirectes, à la force et à l'éclat des études dans l'Université.

CHAPITRE V.

ENSEIGNEMENT SECONDAIRE.

I. Organisation générale des lycées. — II. Régime financier et situation matérielle. — III. Constitution et traitements du personnel. — IV. Programmes d'études. — V. Enseignement secondaire spécial.— VI. Colléges communaux.

I

C'est de la loi du 11 floréal an x que date, en France, l'organisation de l'instruction secondaire[1]. Déjà les écoles centrales fondées depuis 1795 dans chaque département avaient contribué à relever les études et l'éducation nationale de l'abaissement où elles étaient tombées. Mais ces écoles, qui n'avaient ni pensionnaires ni discipline intérieure, et dont l'enseignement comprenait les parties élevées de la littérature et des sciences, ne répondaient que très-imparfaitement au but de leur institution et au vœu des familles. L'intérêt le plus évident de la société appelait une organisation moins défectueuse, plus forte et plus complète. Entre les écoles spéciales, comme celles de droit et de médecine, qui devaient représenter le haut enseignement, et les écoles primaires, destinées à répandre dans toutes les classes les premiers éléments des connaissances, le législateur de l'an x fut conduit à placer des établissements intermédiaires, les lycées et les écoles secondaires appelées depuis *colléges communaux,* dans lesquels la jeunesse du pays, casernée et soumise, comme dans les anciens colléges, à une austère dis-

[1] *Recueil des lois et règlements sur l'instruction publique,* t. II, p. 43 et suiv. — Le commencement et quelques passages de ce chapitre sont empruntés à notre livre sur *Le budget de l'instruction publique,* p. 140 et suiv.

cipline, pourrait se livrer tranquillement aux études qui forment l'esprit de l'homme et qui le préparent aux carrières libérales.

On devait enseigner dans les lycées les langues anciennes, la rhétorique, la logique, la morale et les éléments des sciences mathématiques et physiques. Le nombre des professeurs était de huit au moins; mais il pouvait être augmenté, ainsi que celui des objets d'enseignement, d'après le nombre des élèves qui suivaient les cours.

L'administration de chaque lycée était confiée à un proviseur ayant sous lui un censeur des études, et un procureur gérant les affaires du lycée, ou économe.

Sous le rapport financier, les lycées furent, dès l'origine, ce qu'ils sont encore aujourd'hui, après un demi-siècle d'existence, je veux dire des établissements appelés à se suffire à eux-mêmes avec les ressources propres que la loi leur constituait.

Les bâtiments qui servirent à leur installation furent fournis, tantôt par l'État, tantôt par les municipalités, et choisis, en général, parmi ceux qui étaient autrefois affectés au service de l'instruction publique.

Les villes furent astreintes à pourvoir chaque établissement de tout ce qui était nécessaire pour recevoir 150 élèves : mobilier, collections, livres classiques, etc.

Les ressources propres de chaque lycée consistaient dans le produit des pensions payées par le trésor public ou par les familles. Le prix moyen en avait été fixé à 700 francs. 6,400 élèves pensionnaires devaient être entretenus aux frais de l'État. Le gouvernement avait pensé que, «pour fonder les institutions littéraires et scientifiques sur une base solide, il fallait commencer par y attacher des élèves et peupler les classes d'étudiants, pour ne pas courir le risque de ne les peupler que de professeurs.»

Les recettes étaient affectées tant aux dépenses de nourriture et d'entretien des élèves nationaux qu'aux traitements des fonctionnaires et professeurs, et aux autres dépenses des établissements.

Les traitements fixes étaient déterminés ainsi qu'il suit :

FONCTIONNAIRES.	LYCÉES de PARIS.	LYCÉES de 1er ORDRE.	LYCÉES de 2e ORDRE.	LYCÉES de 3e ORDRE.
Proviseur	5,000f	4,000f	3,500f	3,000f
Censeur	3,500	2,500	2,000	1,500
Procureur	3,000	2,000	1,600	1,400
Professeur de 1re classe	3,000	2,000	1,800	1,500
Professeur de 2e classe	2,500	1,800	1,500	1,200
Professeur de 3e classe	2,000	1,500	1,200	1,000
Maître d'étude	1,200	1,000	800	700
Maître d'exercices	900	800	600	500

Sur le prix des pensions à la charge des familles, il était opéré une retenue du dixième pour former un fonds commun, qui était réparti entre les professeurs, le censeur et le procureur, en proportion de leur traitement fixe. On prélevait de même, au profit de chaque professeur, les deux tiers de la rétribution acquittée par les élèves externes qui fréquentaient sa classe. Enfin, pour ce qui concerne les proviseurs, le gouvernement leur allouait un traitement supplémentaire, calculé d'après leur traitement fixe et leur bonne administration.

Les écoles secondaires enseignaient les mêmes objets que les lycées, avec moins de développement et de profondeur. Mais la principale différence était que ces écoles restaient à la charge des villes, et qu'elles ne recevaient d'autre subvention de la part de l'État que la concession éventuelle d'un local, la promesse de bourses dans les lycées en faveur de leurs élèves les plus distingués, et des gratifications pour leurs maîtres les plus habiles et les plus heureux.

Voilà les traits principaux de l'organisation administrative que l'instruction secondaire avait reçue des mains du Premier Consul, et qu'elle a conservée à peu près intacte durant un demi-siècle. Aujourd'hui encore, on peut dire que cette organisation subsiste dans ce qu'elle avait d'essentiel; les nombreux changements qui sont survenus n'ont pas altéré ses bases.

Nous parlerons tour à tour des lycées et des colléges, en insistant moins sur leur commencement que sur les vicissitudes qu'ils ont éprouvées dans le cours des vingt-cinq dernières années. Nous ferons connaître successivement les modifications apportées dans leur nombre, dans le chiffre de leur population, dans leur régime financier, dans la constitution de leur personnel, et surtout dans les programmes de leurs études.

II

Lors de la fondation de l'Université impériale, les lycées compris dans les départements qui forment le territoire actuel de la France, moins la Savoie et le comté de Nice, étaient au nombre de 35. En 1810, ce nombre fut porté à 36 par la création du lycée d'Avignon. Les classes étaient fréquentées : en 1809, par 9,068 élèves, tant internes qu'externes, dont 4,199 boursiers; en 1811, par 10,926 élèves, dont 4,008 boursiers; en 1813, par 14,492 élèves, dont 3,500 boursiers[1]. Environ 30,000 élèves se pressaient à la même époque dans les écoles privées, où ils semblaient témoigner, par leur présence, qu'un grand nombre de familles avaient des ombrages contre la discipline des colléges de l'État. Une taxe évaluée au vingtième du prix de pension était prélevée sur les élèves de chaque établissement public ou particulier. Cette taxe donnait un produit annuel d'environ 1,200,000 francs, qui étaient versés dans la caisse de l'Université.

Sous la Restauration les lycées prirent le nom de *colléges royaux.*

[1] A la suite de son *Rapport au roi sur l'instruction secondaire* (Paris, 1843, in-4°, p. 89 et suiv.), M. Villemain a donné l'état des élèves présents dans les colléges royaux au 1er avril de chaque année, depuis l'organisation de l'Université jusqu'en 1847. C'est là que nous avons puisé les chiffres qui précèdent.

A Paris, sur l'emplacement de l'ancien collége d'Harcourt, on érigea le collége Saint-Louis; dans les départements, ceux de Tournon, de Tours et du Puy. Le nombre des élèves s'accrut sensiblement; on en compta 15,087, tant internes qu'externes, en 1829. L'État n'entretenait plus alors que 1,500 à 1,600 élèves boursiers; mais, soit pour compenser le préjudice que la réduction opérée sur cet article avait causé aux colléges royaux, soit pour les aider à supporter les charges énormes sous lesquelles ils succombaient, on leur avait alloué, à partir de 1817, une subvention annuelle de 812,000 francs sur les fonds du trésor public.

La monarchie de Juillet, à l'exemple de la Restauration, créa des colléges royaux dans plusieurs villes qui jusque-là n'avaient eu qu'un collége communal. C'est ainsi que furent établis, de 1830 à 1847, les colléges royaux d'Auch, de Bourbon-Vendée, de Bastia, de Saint-Étienne, d'Angoulême, de Laval, de Mâcon, de la Rochelle, de Chaumont, de Lille, de Saint-Omer, de Périgueux, d'Alençon et de Vendôme. Le nombre de ces établissements se trouva ainsi porté à 54. Ils étaient fréquentés, en 1847, par 23,207 élèves, c'est-à-dire par 8,000 élèves de plus qu'en 1829. Le crédit affecté aux bourses se trouvait réduit à 700,000 francs; mais la subvention de l'État aux colléges royaux venait d'atteindre le chiffre de 1,500,000 francs. La rétribution universitaire n'existait plus. Elle avait été abolie par la loi du 9 juin 1844 à partir du 1er janvier suivant. Quant au personnel enseignant, il avait vu sa situation s'améliorer. La partie fixe de ses émoluments ne s'était pas accrue, il est vrai, puisque, en vertu des statuts de l'an x, le traitement des proviseurs continuait à varier de 3 à 5,000 francs, selon la classe à laquelle ils appartenaient; celui des censeurs, de 1,500 à 3,500 francs; celui des professeurs de divers ordres, de 1,000 à 3,000 francs. Mais, d'un côté, la portion éventuelle et variable d'émoluments qui était prélevée sur les rétributions scolaires avait augmenté d'une manière notable avec le nombre des élèves; d'un autre côté, certains avantages pécuniaires avaient été accordés aux professeurs qui comptaient cinq années de services dans le même collége[1]. Enfin plusieurs fonctions avaient été promues de la troisième classe à la seconde, et de la seconde à la première[2]; ce qui se traduisait pour le titulaire par une augmentation de traitement. Nous ne parlons pas des règlements qui assuraient une pension de retraite aux vieux serviteurs de l'Université. Ces règlements, conçus dans l'esprit le plus bienveillant, avaient été combinés de telle sorte que le fonctionnaire qui comptait trente-huit ans d'exercice obtenait comme retraite la totalité de son traitement fixe; et que celui qui justifiait d'infirmités pouvait, après dix ans de services, obtenir les 2/10 de ce traitement; après quinze ans, les 3/10; après vingt ans, les 4/10; après vingt-cinq ans, les 5/10 ou la moitié. Le maximum des pensions était d'ailleurs fixé à 5,000 francs[3].

Après la révolution de Février, les colléges royaux perdirent leur nom, et reprirent celui de lycées. Les circonstances n'étaient pas favorables au développement de leur prospérité; aussi déclina-t-elle rapidement. De 1847 à 1849, le nombre des élèves tomba de 23,000 à 20,000 par l'inévitable effet de l'inquiétude générale et des pertes de fortune éprouvées par beaucoup de familles.

L'année suivante, il subit une nouvelle diminution sous l'influence de la loi d'enseignement et de la rude concurrence faite aux colléges de l'État par les établissements libres. Le produit des pensions et rétributions à la charge des familles s'était maintenu, en 1848, à 6,204,693 fr. 68 cent.; mais il descendit, en 1849, à 5,991,226 fr. 16 cent en 1850, à 5,792,052 fr. 63 cent.; en 1851, à 5,229,319 fr. 24 cent.[4] Les recettes étant moindres, il

[1] Ordonnances du 26 mars 1829 et du 24 août 1833. (*Bulletin universitaire,* t. I, p. 187; t. III, p. 324 et suiv.)

[2] Voyez notamment l'ordonnance du 23 novembre 1839 et celle du 15 novembre 1845. (*Bull. univ.* t. VIII, p. 291; t. XIV, p. 214.)

[3] Ordonnances du 17 avril 1820 et du 25 juin 1823, relatives aux pensions de retraite des fonctionnaires de l'instruction publique. (*Recueil des lois,* etc. t. VI, p. 325 et suiv.; t. VII, p. 264 et suiv.

[4] Voyez les comptes des dépenses de l'instruction publique de 1848 à 1851.

fallut réduire la dépense, et retirer aux professeurs les avantages qu'ils avaient acquis sous le régime précédent. L'augmentation qui avait été allouée en 1829 aux professeurs comptant cinq années d'exercice fut supprimée la première par le décret du 29 décembre 1850[1], comme devant être imputée sur des excédants de recette qui n'existaient pas. Peu de temps après, un autre décret, du 30 janvier 1851[2], suspendit les avantages accordés aux agrégés divisionnaires et aux maîtres d'études. Les indemnités de frais de remplacement, allouées jusque-là pour le service de la garde nationale et du jury, et les prestations de linge en faveur des proviseurs, censeurs, aumôniers et économes furent elles-mêmes supprimées. La plus stricte économie fut pratiquée par l'administration supérieure, et recommandée à tous ses agents, comme une obligation qui résultait de la pénurie des ressources, et de leur caractère de plus en plus précaire.

Malgré le malheur des temps, deux nouveaux lycées furent érigés, en 1858 à Saint-Brieuc, et en 1850 dans la ville du Mans.

Cependant il était impossible que l'État, au préjudice de ses intérêts les plus manifestes, abandonnât les lycées à eux-mêmes, et ne fît aucun effort pour relever leur prestige détruit et leur fortune compromise. L'enseignement que donnent les lycées ne s'adresse pas sans doute à la partie la plus nombreuse de la population, à celle qui vit du travail de ses mains; mais il forme ce qu'on appelle les classes éclairées. Or qui pourrait méconnaître l'influence de ces classes sur le reste de la nation? Elles lui communiquent à la longue leurs qualités et leurs vices, leurs penchants bons ou mauvais; comme le disait, en 1844, M. Thiers dans un rapport mémorable[3], elles font le peuple entier par la contagion de leurs idées et de leurs sentiments. Les premières impressions qu'elles reçoivent,

[1] *Bulletin administratif de l'instruction publique*, t. I, p. 494.

[2] *Bull. admin.* t. II, p. 49 et suiv.

[3] *Rapport* au nom de la commission chargée de l'examen du projet de loi relatif à l'instruction secondaire (séance de la Chambre des députés du 13 juillet 1844), p. 3 de l'édition in-4°.

l'éducation qui leur est faite, ne sauraient donc être envisagées par l'État avec indifférence. Alors même que l'État, s'étant dessaisi du monopole de l'instruction secondaire, a ouvert loyalement la voie à toutes les concurrences, il est de son devoir de veiller sans relâche sur les écoles publiques, de leur ménager des ressources proportionnées à leurs besoins, de tenir compte des vœux du pays en réglant le programme de leurs études, en un mot de faire en sorte que l'enseignement et la discipline y soient également florissants, que ces écoles obtiennent la confiance des familles, que le chiffre de leurs élèves s'augmente, et que leurs professeurs, mieux rémunérés et heureux de la considération qui les environne, éprouvent eux-mêmes et inspirent à leurs élèves des sentiments de gratitude et de respect envers le gouvernement.

C'est pourquoi, aussitôt que des jours de calme et de sécurité eurent commencé à luire pour le pays, la préoccupation constante du ministère de l'instruction publique fut de réparer les brèches profondes faites par les événements à la prospérité des lycées, et de mettre ceux-ci en mesure de soutenir avec avantage la concurrence des institutions libres. La série des mesures qui furent prises pour atteindre ce but est longue et compliquée. En essayant de la parcourir tout entière, sans négliger aucun fait important, nous aurons soin d'écarter des détails minutieux, qui fatigueraient inutilement le lecteur.

On a pu voir, par l'exposé qui précède, combien la situation financière des lycées était mauvaise de 1848 à 1851. La diminution de leurs ressources et ce qu'elles avaient de précaire malgré leur modicité n'auraient pas permis de donner suite aux améliorations les plus urgentes; et cependant chacun sentait qu'une réforme radicale était l'absolue condition des succès à venir. Quant à un accroissement un peu notable de la subvention du trésor public, personne n'y songeait; il était plutôt à craindre que cette subvention ne fût réduite par raison d'économie.

Il n'existait d'autre parti à prendre que de remanier le taux des prix de pension et des rétributions scolaires à la charge des familles.

Ce taux n'avait pour ainsi dire pas varié depuis un demi-siècle, et nulle part il n'était proportionné au chiffre des dépenses que les établissements avaient à supporter. Ainsi, pour soutenir les lycées de Paris, qui semblaient réunir toutes les conditions de la richesse, il fallait prélever chaque année environ 265,000 fr. sur le fonds de subvention. On avait calculé qu'au lycée Louis-le-Grand, le plus florissant de tous les lycées, chaque élève interne coûtait 1,013 fr. 69 centimes pour son instruction et son entretien, et payait 1,000 francs seulement; que chaque élève externe coûtait 181 fr. 67 centimes, et ne payait que 100 francs [1].

Avant 1789, dans les colléges de l'université de Paris, l'instruction, il est vrai, était donnée gratuitement [2]. Mais autres temps, autres mœurs et autres lois. Les familles ne réclamaient pas la gratuité de l'enseignement secondaire; et d'ailleurs on n'aurait pas pu la rétablir dans l'état du pays, sans porter le coup de la mort aux finances des lycées.

Après avoir pris l'avis du Conseil de l'instruction publique et du Conseil d'État, le gouvernement n'hésita donc pas à promulguer un décret qui relevait dans une assez forte proportion le tarif des frais de pension à la charge des élèves internes et celui des frais d'études acquittés par les élèves externes. Le nouveau tarif n'établissait pas un prix uniforme : les rétributions étaient sagement graduées, d'une part selon les localités, et d'autre part selon la division à laquelle les élèves appartenaient. Elles étaient plus élevées à Paris qu'en province; dans les cités populeuses, commerçantes et riches, que dans les localités pauvres; pour les élèves de rhétorique et de mathématiques spéciales que pour ceux de grammaire. On pourra en juger au reste par les détails suivants, dans lesquels nous avons tenu

[1] Rapport à l'Empereur sur la situation de l'instruction publique depuis le 2 décembre 1851. (*Bull. adm.* t. IV, p. 391.)

[2] En vertu de l'édit du 14 avril 1719. (Voyez notre *Histoire de l'Université de Paris au XVIIe et au XVIIIe siècle,* p. 332.)

compte des modifications les plus récentes apportées au décret du 16 avril 1853.

A Paris, dans la division élémentaire, les frais de pension s'élèvent à 1,000 francs, les frais d'études à 150; — dans la division de grammaire, les frais de pension à 1,100 francs, les frais d'études à 200 francs; — dans la division supérieure, les frais de pension à 1,200 francs, les frais d'études à 250; — dans la classe de mathématiques spéciales, les frais de pension à 1,500 francs, les frais d'études à 250.

A Lyon, dans la division élémentaire, les frais de pension s'élèvent à 850 francs, les frais d'études à 120; — dans la division de grammaire, les frais de pension à 900 francs, les frais d'études à 150; — dans la division supérieure, les frais de pension à 950 francs, les frais d'études à 200; — dans la classe de mathématiques spéciales, les frais de pension à 1,000 francs, les frais d'études à 250.

A Douai, dans la division élémentaire, les frais de pension s'élèvent à 750 francs, les frais d'études à 100; — dans la division de grammaire, les frais de pension à 800 francs, les frais d'études à 120; — dans la division supérieure, les frais de pension à 850 francs, les frais d'études à 160; — dans la classe de mathématiques spéciales, les frais de pension à 900 francs, les frais d'études à 200.

A Nîmes, dans la division élémentaire, les frais de pension s'élèvent à 700 francs, les frais d'études à 90; — dans la division de grammaire, les frais de pension à 750, les frais d'études à 110; — dans la division supérieure, les frais de pension à 800 francs, les frais d'études à 140; — dans la classe de mathématiques spéciales, les frais de pension à 850 francs, les frais d'études à 175.

Enfin, pour citer un dernier exemple, emprunté aux colléges les moins riches, à Bastia, dans la division élémentaire, les frais de pension s'élèvent à 450 francs, les frais d'études à 50; — dans la division de grammaire, les frais de pension à 500 francs, les frais d'études à 70; — dans la division supérieure, les frais de pension à 550 francs, les frais d'études à 90.

Sous le régime de la libre concurrence qui venait d'être inauguré pour l'enseignement secondaire, il était à craindre que l'élévation des tarifs n'éloignât des écoles de l'État un certain nombre d'enfants. Afin de parer à ce danger, le gouvernement abaissa les prix dans quelques lycées, à côté desquels s'élevaient des maisons rivales, donnant l'éducation au rabais. Mais il avait l'espoir que l'immense majorité des familles ne marchanderaient pas avec l'État, et se résigneraient de bonne grâce au surcroît de sacrifices qui leur était demandé pour l'éducation de leurs enfants, pourvu que ces sacrifices fussent compensés par d'utiles améliorations, sagement conçues et résolûment poursuivies. Cet espoir légitime ne fut pas trompé.

Grâce aux efforts de l'administration supérieure non moins qu'au merveilleux développement de la prospérité publique, on vit les élèves affluer de nouveau dans les lycées. On en comptait seulement 19,543 en 1842; il y en eut :

En 1854	21,623
1857	26,118
1860	27,372
1863	30,669
1865	32,630
1866	34,442

Nous avons vu le produit des prix de pension et des frais d'études tomber, en 1851, à 5,229,319 francs. Les mêmes recettes s'élevèrent progressivement :

En 1854, à	6,446,626f 32c
1857	9,119,159 49
1860	10,681,698 42
1863	12,518,327 47
1865	13,160,185 08[1]

[1] Les chiffres qui précèdent sont empruntés aux comptes annuels que publie le ministère de l'instruction publique. Au moment où nous écrivons ces lignes, l'état général des recettes des lycées en 1866 n'étant pas encore publié, ni même dressé par l'administration, nous avons dû nous arrêter à l'année 1865.

Ainsi les ressources propres des lycées, celles que leur verse annuellement la confiance des familles, se sont accrues d'environ 8 millions depuis 1852. Aux chiffres qui précèdent ajoutons : 1° la subvention de l'État qui dépasse aujourd'hui 1,800,000 francs; 2° celle des départements et des communes, qui s'élève environ à 250,000 francs; 3° les bourses impériales, soit 868,000 francs; 4° les bourses départementales, soit 550,000 francs; 5° les recettes d'ordre, soit 1,600,000 francs; 6° quelques arrérages de rentes, quelques loyers, fermages et autres produits, soit 750,000 francs : nous arrivons à un total de 19 à 20 millions, qui est celui des revenus annuels de toute origine encaissés aujourd'hui par les lycées pour être affectés à leurs dépenses. De pareils chiffres ont leur éloquence, et portent avec eux-mêmes leur enseignement. Ils font oublier les perspectives menaçantes qui s'offraient il y a seize ans. Comment méconnaître que depuis lors les écoles de l'État, échappées comme l'État lui-même aux écueils d'une situation difficile, ont vu s'ouvrir devant elles une ère de prospérité qui marquera dans leur histoire ?

Tandis que, sur les divers points du territoire de l'Empire, à quelques exceptions près, ce revirement heureux s'opérait dans la fortune des lycées, le gouvernement sollicitait la confiance des familles, ou, pour mieux dire, la justifiait par d'incessantes améliorations. Voici en peu de mots quel emploi il a fait des sommes qu'il a eues entre les mains.

Dix-neuf lycées ont été organisés dans les villes d'Agen, de Bar-le-Duc, de Bourg, de Carcassonne, de Chambéry, de Châteauroux, de Colmar, de Coutances, d'Évreux, du Havre, de Mont-de-Marsan, de Nevers, de Nice, de Niort, de Saint-Quentin, de Sens, de Tarbes, de Troyes et de Vesoul.

Les lycées d'Albi, de Toulon, de Montauban, de Lons-le-Saunier et de Lorient sont créés, et doivent être ouverts prochainement.

On se plaignait que les jeunes enfants ne fussent pas séparés des élèves plus avancés en âge et en instruction. On réclamait pour eux une discipline moins rigoureuse, l'air pur de la campagne et des exercices appropriés à la faiblesse de l'enfance. Une institution privée de Paris, la célèbre maison de Sainte-Barbe, déférant à ce vœu des familles, avait transporté sous les gracieux ombrages de Fontenay-aux-Roses les élèves de la division élémentaire et une partie de ceux de la division de grammaire. Ce bon exemple n'a pas tardé à être suivi par le gouvernement. Un collége, qui porte le nom du Prince Impérial, a été fondé pour 700 jeunes enfants, aux portes de Paris, dans le magnifique parc de Vanves, autrefois la propriété de la maison de Condé [1].

Des établissements analogues existent aujourd'hui à Bordeaux, à Lyon, à Marseille et à Montpellier. Ils forment une annexe des lycées que possédaient anciennement ces villes, et ils leur servent en quelque sorte de pépinière.

Un certain nombre de lycées tombaient en ruines. D'autres n'étaient plus assez spacieux pour contenir la studieuse population qui s'y pressait. Ailleurs les salles d'études et les dortoirs étaient mal ventilés et insalubres. En général, l'aspect des bâtiments était sombre et triste, et, sauf une inscription placée au-dessus de la porte principale, rien n'y annonçait un édifice consacré à la jeunesse et à l'étude. Les meubles étaient vieux, délabrés, à peine en quantité suffisante. Le mobilier scientifique valait encore moins que le mobilier usuel; il était incomplet, détérioré, en arrière des progrès de la science. Il faut avoir touché et vu ces plaies de l'enseignement secondaire en France pour y croire. Or le gouvernement impérial a consacré les efforts les plus assidus à les réparer.

A Paris, le lycée Saint-Louis et le lycée Bonaparte ont été considérablement agrandis. Au lycée Napoléon, un bâtiment spécial, duquel dépend un jardin, a été disposé pour recevoir les plus

[1] Décrets des 6 août et 17 septembre 1864. (*Bulletin administratif de l'instruction publique*, nouv. série, t. II, p. 131 et 319.)

jeunes élèves. De nouveaux dortoirs ont été ouverts dans les spacieuses galeries de l'ancienne bibliothèque Sainte-Geneviève.

Certains lycées des départements, comme ceux de Troyes, de Bar-le-Duc et de Coutances, sont à proprement parler des constructions neuves, achevées depuis peu d'années. Ailleurs, comme à Montpellier, à Clermont, à Moulins, à Versailles, à Nancy, d'anciennes constructions, ou trop étroites, ou peu solides, ou malsaines, ont donné lieu à des travaux d'agrandissement qui ont transformé l'aspect du lycée. Trente ou quarante établissements, depuis dix ans, ont vu s'accomplir de pareils travaux. La dépense a été considérable; car, bien que les villes en aient supporté la plus large part, les lycées y ont contribué sur leurs ressources propres pour plus de 8 millions. Pourquoi faut-il que des difficultés imprévues, qui n'ont pas pu être surmontées jusqu'ici, aient fait ajourner la reconstruction du lycée Louis-le-Grand, vieux bâtiment que les Jésuites avaient élevé au commencement du XVIIe siècle, et qui ne répond aujourd'hui ni par la solidité de ses murs, ni par la bonne distribution de ses locaux, aux conditions que semblerait devoir remplir le plus fréquenté, le plus célèbre et le plus opulent des lycées de l'Empire?

En ce qui concerne le mobilier, des instructions ont été données, des crédits ont été ouverts à tous les proviseurs, pour qu'il fût renouvelé, complété, amélioré. Nous ne pouvons pas en pareille matière aspirer à tout dire; nous devons nous borner aux détails les plus saillants. Ainsi, dans les dortoirs, les lits de bois ont été remplacés partout par des lits de fer, les paillasses par des sommiers élastiques. Dans les salles d'études, les pupitres ont été supprimés; on a disposé derrière chaque élève une armoire destinée à renfermer ses livres, ses cahiers et les autres objets à son usage. Les élèves sont assis devant une table en forme de fer à cheval, dont la partie ouverte fait face au maître chargé de la surveillance. Les salles où se tiennent les classes ont été garnies de tables qui dispensent l'élève d'écrire, comme autrefois, sur ses genoux. Presque partout, les anciens poêles de fonte ont fait place à des poêles à double enveloppe, pouvant servir à la fois au chauffage et à la ventilation. Dans les réfectoires, au lieu de tables de bois, on a établi des tables de marbre. La plupart des cuisines ont été pourvues de fourneaux économiques.

Le mobilier scientifique a été, comme le mobilier usuel, l'objet de recommandations fréquentes. Depuis 1852, une somme annuelle d'environ 70,000 francs a été consacrée à son entretien, sans parler des dépenses de premier établissement que l'ouverture des nouveaux lycées a pu entraîner. L'an dernier, une commission d'hommes spéciaux a dressé la liste des instruments et objets de démonstration nécessaires pour l'enseignement de la géométrie, de la cosmographie, de la mécanique, de la physique, de la chimie et des trois branches de l'histoire naturelle[1]. Cette liste a été notifiée aux proviseurs; elle sert aujourd'hui de règle pour la formation et le renouvellement des cabinets et des collections. Quelques années auparavant, des règlements spéciaux, qui ne sont pas restés une lettre morte, avaient pourvu au service des bibliothèques. En vertu de ces règlements, chaque lycée possède aujourd'hui non-seulement une bibliothèque plus ou moins riche à l'usage des professeurs, mais des bibliothèques de quartier, composées de livres de lecture, qui ont été choisis selon l'âge et le degré d'instruction des élèves du quartier, pour être mis entre leurs mains, dans les heures de loisir, par le maître chargé de la surveillance.

La gymnastique, le régime alimentaire, en général, tout ce qui peut contribuer au développement des forces physiques de la jeunesse méritait d'éveiller, d'une manière spéciale, la sollicitude du ministre de l'instruction publique. Aussi un arrêté, qui remonte à l'administration de M. Fortoul, déclare-t-il que la gymnastique fait partie de l'éducation des lycées de l'Empire, et qu'elle est l'objet d'un enseignement régulier[2], qui se donne aux frais des établisse-

[1] *Bulletin administratif de l'instruction publique*, nouv. série, t. VI, p. 643 et suiv.

[2] Sur l'enseignement de la gymnastique, voyez le rapport de M. le docteur

ments. Dans quelques lycées on a établi des gymnases couverts. C'est aussi sous l'administration de M. Fortoul que fut instituée une commission à l'effet d'examiner, au triple point de vue de la qualité, de la quantité et de la préparation, le régime alimentaire des trois lycées d'internes de la ville de Paris, et de proposer toutes les améliorations dont ce régime serait susceptible. Sur l'avis de cette commission, le ministre décida[1] que le poids de la viande cuite, désossée et parée, délivrée à chaque élève, serait réglé ainsi qu'il suit : pour les grands, 70 grammes par tête et par repas ; pour les moyens, 60 grammes; pour les petits, 50 grammes. Dans le cours de ces dernières années, quelques réclamations ayant donné lieu de craindre que ces quantités ne fussent pas suffisantes, elles ont été augmentées par des décisions particulières dans un certain nombre de lycées. Au reste, afin d'avoir un avis éclairé sur toutes les questions qui intéressent la santé et le bien-être des élèves, Son Exc. M. Duruy a créé près de son ministère une commission centrale d'hygiène[2]. Des commissions locales, établies au siége de chacune des académies, sont chargées d'étudier les mêmes questions au point de vue des besoins spéciaux et des convenances particulières des divers lycées qui font partie du ressort académique.

L'étranger qui visiterait aujourd'hui nos lycées trouverait sans doute qu'il y a beaucoup à faire pour que leur condition matérielle ne donne aucune prise vraiment sérieuse à la critique. Mais s'il les avait déjà visités en 1848, et qu'il pût comparer leur situation passée à leur situation présente, nous nous persuadons qu'il reconnaîtrait de l'une à l'autre une différence notable, et que, frappé des progrès accomplis, il en reporterait l'honneur à la sollicitude persévérante et aux efforts généreux du gouvernement.

Bérard, au nom d'une commission spéciale, et l'arrêté du 13 mars 1854. (*Bull. admin.* t. V, p. 69 et suiv.)

[1] Arrêté du 1er septembre 1853. (*Bull. admin.* t. IV, p. 292 et suiv.)

[2] Arrêté du 15 février 1864. Voyez aussi la circulaire du même jour et l'instruction du 10 mai suivant sur la nourriture, l'habillement, la gymnastique, les récréations, l'hygiène, l'installation et l'appropriation des locaux dans les lycées. (*Bull.* nouv. série, t. I, p. 153, 159, 344 et suiv.

III

Tandis que des travaux importants de construction et de restauration s'exécutaient dans les lycées, que leur mobilier se renouvelait et se complétait, qu'enfin le régime alimentaire et les autres conditions de bonne et forte santé chez les élèves étaient l'objet des soins les plus vigilants, le gouvernement n'oubliait pas les professeurs et disposait d'une partie de ses ressources pour améliorer leur sort.

Le décret du 16 avril 1853 avait réglé ainsi qu'il suit les traitements des fonctionnaires des lycées :

Proviseurs : à Paris, 6,000 francs; dans les lycées des départements, 4,000, 3,500 et 3,000 francs. — Censeurs : à Paris, 3,500 francs; dans les départements, 2,500, 2,200 et 2,000 francs. — Aumôniers : à Paris, 3,500 francs; dans les départements, 2,500, 2,200 et 2,000 francs. — Économes : à Paris, 3,000 francs; dans les départements, 2,000, 1,800 et 1,600 francs. — Professeurs : à Paris, 3,000, 2,500 et 2,000 francs; dans les départements, 2,000, 1,800, 1,700 et 1,600 francs.

Par une heureuse innovation, souvent réclamée dans l'intérêt du service, ces traitements étaient attachés à la personne et non à la fonction, ni à la résidence, de manière que dans le poste le plus humble, et sans briser les liens qui l'attachaient à une localité, chaque professeur pût recevoir l'avancement auquel il aurait droit par ses bons services.

Les neuf centièmes du prix de la pension payée par chaque pensionnaire et les cinq dixièmes du prix de l'externat payé par chaque externe composaient la masse à répartir entre le censeur et les professeurs, à titre d'émolument éventuel. Les proviseurs et les économes pouvaient de leur côté obtenir une allocation supplémentaire, qui était égale, pour les premiers, à la moitié, pour les seconds, au quart de leur traitement normal. Si le grand nombre des élèves obligeait de dédoubler une classe, la subdivision était confiée à un professeur adjoint qui ne participait pas à l'éventuel et qui recevait seulement un traitement fixe de 2,500 francs, à Paris, de 1,800, 1,600, 1,400 et même 1,200 francs, dans les lycées des départements. Il n'était accordé que 1,200 francs à ceux qui, par suite de la vacance d'une chaire, étaient chargés du cours avant d'avoir obtenu le titre d'agrégé.

Dans la pensée du ministre qui l'inventa, cette dernière combinaison avait pour objet de diminuer le nombre et par conséquent d'augmenter les émoluments des fonctionnaires de chaque lycée entre lesquels étaient réparties les sommes prélevées sur le montant des pensions et autres rétributions scolaires. Elle était favorable aux anciens professeurs et à tous ceux qui avaient obtenu un titre régulier et définitif. Mais des plaintes unanimes démontrèrent bientôt qu'une rémunération suffisante n'avait pas été accordée à cette classe nombreuse de maîtres laborieux que les circonstances réduisaient à se contenter de la modeste position de professeur adjoint ou de simple chargé de cours. Aussi, dès les premiers mois de son ministère, Son Exc. M. Rouland sollicita de l'Empereur l'autorisation d'accorder aux professeurs adjoints des suppléments qui élevaient leurs émoluments à 3,000 et à 4,000 francs, dans les lycées de Paris; à 2,000, 1,800 et 1,600 francs, dans les lycées des départements. Un traitement uniforme de 2,000 francs fut assuré à tous les chargés de cours. Cette amélioration, très-appréciée des intéressés, absorba annuellement une somme de 114,000 francs[1].

En 1858 M. Rouland profita d'une augmentation de 110,000 fr. accordée par la loi de finances, pour réaliser une nouvelle et bienfaisante réforme[2]. Les professeurs adjoints prirent le nom de *chargés de cours*, et, quand ils étaient agrégés, celui de *professeurs divisionnaires*. Les professeurs divisionnaires et les chargés de cours

[1] Rapport à l'Empereur, du 27 décembre 1856, et arrêté du 8 janvier 1857. (*Bull. admin.* t. VII, p. 238, et t. VIII, p. 3.)

[2] Rapport à l'Empereur et décret du 26 juin 1858, touchant les traitements des censeurs et professeurs des lycées. (*Bull. admin.* t. IX, p. 123 et suiv.)

furent admis au partage de l'éventuel, indépendamment d'un traitement fixe qui variait de 1,200 à 1,800 francs dans les lycées de Paris et de Versailles, et qui était de 1,200 francs dans les autres départements. Un minimum d'éventuel, fixé à 800 francs, fut garanti à tous les copartageants. Comme les avantages faits aux chargés de cours et aux professeurs divisionnaires portaient un assez grave préjudice aux professeurs titulaires et aux censeurs, seuls admis par le décret du 16 avril 1853 au partage de l'éventuel, leur traitement fixe fut sensiblement augmenté. Le décret du 26 juin 1858 a ainsi réglé ce traitement : dans les lycées de Paris et de Versailles, pour les censeurs, 5,000 francs; pour les professeurs de première, de deuxième et de troisième classe, 4,500, 4,000 et 3,500 francs; — dans les autres lycées, pour les censeurs, 2,800, 2,600 et 2,400 francs; pour les professeurs, 2,400, 2,200 et 2,000 fr. L'accroissement du nombre des élèves ayant maintenu l'éventuel dans les lycées de la capitale à 3,000 francs environ, on voit que les professeurs titulaires de ces lycées touchent aujourd'hui, tout compris, 7,500, 7,000 et 6,500 francs.

Les anciens usages de l'Université admettaient un seul professeur titulaire pour chaque classe; toutefois il arrivait qu'à raison de la multitude des élèves, une même classe devait être partagée, non pas en deux, mais en trois et même en quatre divisions. Son Exc. M. Duruy a fait décider par l'Empereur, en prévision de ce cas, que pour deux divisions il y aurait toujours un titulaire. Le même décret porte à 1,500 francs le traitement fixe des chargés de cours comptant vingt années de service, et permet qu'il s'élève, par des augmentations successives, jusqu'à 2,000 francs[1].

Les fonctionnaires les plus modestes, mais non pas les moins utiles des lycées, ce sont assurément les maîtres d'études. Il serait inexact de dire que la bonne éducation des enfants repose exclusivement sur eux, comme si l'enseignement des professeurs n'y contri-

[1] Décret du 31 décembre 1863, et arrêté du même jour. (*Bulletin administratif de l'instruction publique,* t. XIV, p. 510 et suiv.)

buait pas pour une large part; toutefois on ne saurait nier que leurs avis et surtout leurs exemples n'exercent sur l'âme de l'élève une influence qui peut être décisive. Il importait d'améliorer leur situation, et, à deux reprises différentes, le gouvernement s'en est préoccupé. Afin de les relever dans l'estime des élèves et dans celle des familles, le décret du 17 août 1853[1] augmenta leurs attributions. Ils furent chargés, non plus seulement de veiller à la discipline, mais de concourir à l'enseignement : d'une part, de diriger dans les salles d'études le travail des élèves, de s'assurer, par exemple, de l'exactitude des textes dictés, de la manière dont se faisaient les devoirs, du soin avec lequel les leçons étaient apprises; d'autre part, de tenir les classes élémentaires et de remplacer les professeurs empêchés. Un changement de nom fut la consécration, en quelque sorte publique, de ce changement de rôle. Les maîtres d'études devaient à l'avenir s'appeler *maîtres répétiteurs*. On leur ménagea en même temps les moyens d'acquérir les grades qui pouvaient leur ouvrir la carrière des fonctions universitaires. Dans chaque lycée des conférences furent organisées sous la direction des professeurs pour préparer les maîtres répétiteurs au grade soit de licencié ès lettres, soit de licencié ès sciences. Cinq heures au moins leur étaient accordées chaque jour de classe pour leur travail personnel. Ces bienveillantes dispositions furent confirmées et développées, sous le ministère de Son Exc. M. Rouland, par le décret du 27 juillet 1859[2]. Outre les conférences pour la licence, il y en eut d'autres où les maîtres répétiteurs pouvaient se préparer à l'agrégation de grammaire. Les fonctions de surveillants généraux dans les lycées leur furent réservées; ils ont même aujourd'hui la perspective de devenir censeurs des études, pourvu qu'ils soient licenciés et officiers d'académie. Enfin leurs traitements, qui restent encore bien modiques, il faut l'avouer, ont été fixés à 800, 1,200 et 1,500 francs dans les lycées de Paris; 700, 1,000 et 1,200 fr.

[1] *Bull. admin.* t. IV, p. 279 et suiv. [2] *Bull. admin.* t. X, p. 119 et suiv.

dans les lycées de départements. Après trois ans d'exercice, les maîtres répétiteurs de première classe peuvent recevoir, à titre de rémunération, un supplément de traitement de 300 francs.

Voilà les mesures principales qui ont été prises depuis 1852, soit pour améliorer la situation matérielle des lycées, soit pour relever les traitements du personnel. Il nous reste à parler des réformes opérées dans les programmes d'études; mais, pour en saisir la portée, il importe de reprendre les choses de plus haut et de refaire en quelque sorte, au point de vue pédagogique, cette histoire des lycées que nous venons d'esquisser au point de vue purement financier.

IV

On a vu (p. 106) qu'aux termes de la loi de 1802, les lycées devaient enseigner les langues anciennes, la rhétorique, la logique, la morale, les éléments des sciences mathématiques et physiques. Il devait en outre y avoir, près de plusieurs lycées, des professeurs de langues vivantes. Si l'on met à part cette dernière disposition, le programme de 1802 ne paraîtra pas s'écarter sensiblement de celui que l'ancienne université de Paris avait tracé autrefois, et qu'elle suivit avec fidélité jusqu'à son dernier jour. Mais la question était de savoir comment les matières de l'enseignement seraient réparties entre les différentes classes des lycées; si ce partage aurait lieu dès l'entrée de la carrière, s'il se ferait chaque année, dans des proportions égales, entre les sciences et les lettres, ou bien si les lettres absorberaient d'abord l'élève tout entier, et si l'étude des mathématiques et de la physique serait rejetée aux dernières années de l'éducation. Sur ce point s'élevèrent entre les meilleurs esprits des dissentiments profonds, dont la trace est manifeste dans la succession des règlements d'études prescrits aux lycées sous le Consulat et sous le premier Empire, et aux colléges royaux sous la Restauration. Tantôt les sciences et les lettres sont enseignées presque simultanément depuis les classes élémentaires jusqu'à la rhétorique et la philosophie; tantôt les lettres sont replacées, comme dans l'ancien système, sur le premier plan, et si elles n'excluent pas d'une manière absolue l'enseignement des mathématiques et de la physique, elles le retardent, elles l'ajournent au terme des études. Mais en général leur victoire est de courte durée. Après quelques années, après quelques mois de disgrâce, les partisans des études scientifiques ne tardent pas à reprendre le dessus et à faire introduire de nouveau ces études dans les classes d'humanités et même dans celles de grammaire, d'où on les avait écartées.

Qu'on se reporte aux statuts du 4 septembre 1821 [1], on y trouvera décrétée la suppression de tous les cours scientifiques dans les classes qui précèdent la philosophie; les élèves de ces classes doivent s'adonner à l'étude exclusive des langues anciennes et de l'histoire. Mais, cinq années après, en 1826, le Conseil de l'Université et M. de Frayssinous, alors grand maître, faisaient l'aveu que cette mesure avait offert des inconvénients, car il en était résulté que beaucoup d'élèves quittaient le collége « sans avoir acquis en mathématiques et en physique même les connaissances les plus élémentaires et les plus indispensables [2]. »

Sous la monarchie de Juillet, on vit se produire des mouvements analogues. Peut-être les sciences, favorisées en général par le sentiment public, avaient-elles un peu empiété sur le domaine des lettres, lorsque M. Cousin, devenu ministre en 1840, essaya, comme on l'avait fait vingt ans plus tôt, de les refouler dans la classe de philosophie [3]. Mais cette tentative, qui se recommandait par l'immense renommée de l'illustre philosophe, n'eut aucun résultat. Dès l'année suivante, le successeur de M. Cousin au ministère, l'honorable M. Villemain, prit un arrêté qui rétablissait des confé-

[1] Art. 146 et suiv. (*Recueil des lois et règlements relatifs à l'instruction publique*, t. VII, p. 118 et suiv.) Voyez (*ibid*, p. 167) la circulaire du 12 novembre suivant.

[2] Arrêté du 16 septembre 1826, et circulaire pour l'exécution de ce règlement. (*Recueil des lois et règlements*, etc. t. VIII, p. 80 et suiv.)

[3] Règlement du 2 août 1840. (*Bulletin universitaire*, t. IX, p. 114.)

rences de mathématiques dans toutes les classes à partir de la troisième[1]. On créa de plus, ou l'on autorisa, dans quelques colléges royaux, des cours préparatoires en faveur des candidats aux écoles spéciales du gouvernement, telles que l'École polytechnique, l'École de Saint-Cyr, l'École normale et l'École forestière.

Au reste, toutes les parties de l'instruction secondaire comprises dans la loi de 1802 étaient successivement développées. C'est ainsi qu'à partir de 1838[2] l'enseignement des langues vivantes, qui n'avait eu jusque-là qu'une existence précaire, devint obligatoire. La langue anglaise et la langue allemande devaient être professées depuis la classe de cinquième jusqu'à celle de rhétorique dans tous les colléges royaux, sauf la substitution de l'italien ou de l'espagnol à l'une de ces deux langues dans les colléges du Midi.

Deux faits, selon nous décisifs, n'ont cessé depuis cinquante ans d'être invoqués en faveur de l'étude des sciences : le premier, c'est la nécessité d'une préparation spéciale pour les candidats qui se destinent aux écoles du gouvernement ; le second, c'est le développement prodigieux que l'industrie de la France et son commerce avaient pris sous l'heureuse influence de la paix, et qui poussait l'instruction publique à élargir elle-même ses bases et à diversifier ses programmes.

Au siècle dernier, un des hommes qui possédaient le plus à fond ces difficiles et délicates matières, le président Rolland, donnait aux Universités le conseil de faire effort sur elles-mêmes, de rompre avec la routine, de plier leur enseignement aux vocations multiples de la jeunesse, à la variété des aptitudes dont elle est douée et des carrières qu'elle est appelée à parcourir[3]. Quelle consécration éclatante ces sages avis n'ont-ils pas reçue de l'expérience ! Il est certain que, depuis un demi-siècle beaucoup plus qu'à aucune autre époque, les écoles de l'État ont vu se presser sur leurs bancs une nom-

[1] Arrêté du 14 septembre 1841. (*Bull. univ.* t. X, p. 113 et suiv.)

[2] Arrêté du 21 août 1838. (*Bulletin universitaire,* t. VII, p. 362 et suivantes.)

[3] Voyez notre *Histoire de l'Université de Paris,* p. 441.

breuse affluence de disciples qui n'étaient destinés ni à la magistrature, ni au professorat, ni aux carrières médicales, ni à la culture des lettres, ni même aux fonctions administratives; mais qui étaient appelés à figurer, les uns dans un atelier ou dans un comptoir, les autres, en plus petit nombre, à vivre aux champs et à labourer la terre. A plus forte raison le pays renferme-t-il des milliers de familles, jouissant d'une honnête aisance acquise par le travail manuel, qui veulent assurément que leurs fils soient instruits, mais qui ont la sagesse de réclamer pour eux une instruction adaptée à la condition probable qui les attend. Ce partage qui s'opère dans la société entre les professions suppose évidemment un partage analogue dans l'éducation publique. Toutefois, en se prêtant aux innovations utiles, il importait de ne pas laisser compromettre cette forte culture classique, ces méthodes éprouvées, par lesquelles s'est formé le génie de notre nation. De là, dans les essais de réforme qui se sont succédé en France depuis 1830, un double effort, non pas en sens contraire, mais dans un sens parallèle, pour maintenir les études littéraires, qui seront à jamais la meilleure préparation aux carrières libérales, et en même temps pour fonder un enseignement usuel, qui fût approprié aux vocations industrielles, commerciales et agricoles.

A la suite de la loi du 28 juin 1833 sur l'instruction primaire, on établit dans plusieurs villes, on annexa même à quelques colléges royaux des écoles du degré supérieur, c'est-à-dire dans lesquelles l'enseignement ne se bornait pas à la lecture, à l'écriture et au calcul, mais portait aussi sur des matières que le législateur avait permis de resserrer ou d'étendre selon le vœu des populations et les ressources des localités, comme la géographie et l'histoire de la France, la grammaire, le dessin et les éléments des sciences dans leur application aux usages de la vie. Ces écoles paraissaient appelées à rendre de grands services; elles comblaient en effet une lacune dans notre système d'éducation. Toutefois, à quelques exceptions près, elles réussirent médiocrement.

Peut-être le lien trop manifeste qui les rattachait aux écoles du degré élémentaire nuisit-il à leur succès. La vanité de beaucoup de parents s'offensa qu'on pût dire de leur fils qu'il n'avait fréquenté que l'école primaire.

Dans les colléges royaux, les classes de mathématiques commençaient dès lors à être suivies par une foule d'élèves qui n'avaient pas fait leurs classes d'humanités, et qui, par conséquent n'entendaient rien au latin et savaient à peine le français. Afin de ménager à ces élèves les moyens d'acquérir quelques notions littéraires, on établit à leur usage des cours spéciaux de rhétorique française, consacrés à des essais de traduction et de style, au tableau des principaux événements de l'histoire et même à quelques leçons de philosophie morale. En général, ces cours furent confiés à des maîtres d'un véritable talent et du savoir le plus solide. Cependant ils ont donné peu de résultats satisfaisants. L'auditoire, tourné vers les études scientifiques, n'accordait qu'une attention nonchalante et distraite aux exercices de littérature; souvent même son indiscipline et sa turbulence troublaient le bon ordre des classes. Aussi doit-on avouer que les classes de rhétorique française, quelque sage que fût en principe l'institution, ont toujours été assez mal famées dans l'Université.

En 1847, M. de Salvandy tenta une réforme importante[1], il partagea les cours des colléges royaux en trois branches : l'enseignement classique, l'enseignement scientifique, et une troisième branche qui portait un nom alors tout nouveau dans le langage de l'Université de France, l'enseignement spécial, réservé aux élèves qui se destinaient au commerce ou à l'industrie. Dans la pensée de M. de Salvandy, l'enseignement spécial devait embrasser trois années, entre lesquelles les objets d'étude se trouvaient répartis de la manière suivante :

Première année. Mathématiques. — Physique et chimie. — Géo-

[1] Statut du 5 mars 1847, sur l'enseignement des colléges. (*Bulletin universitaire*, t. XVI, p. 45 et suiv.)

graphie physique. — Dessin linéaire et d'ornement. — Latin. — Histoire et géographie. — Langues vivantes.

Deuxième année. Mathématiques. — Physique et chimie. — Mécanique géométrique. — Histoire naturelle. — Latin. — Littérature française. — Histoire et géographie. — Dessin. — Langues vivantes.

Troisième année. Mathématiques. — Géométrie descriptive. — Physique et chimie. — Machines. — Histoire naturelle. — Dessin. — Rhétorique française, comprenant des exercices de traduction, d'analyse et de composition en français. — Langues vivantes.

Il était permis de faire entrer dans le cours de troisième année quelques leçons sur les éléments de la comptabilité, du droit commercial et de l'économie agricole.

M. de Salvandy attachait une juste importance à l'enseignement spécial. Il le voulait solide, afin de le rendre efficace. « Il ne s'agit pas, disait-il dans une circulaire aux recteurs[1], d'offrir une sorte d'asile aux enfants qui n'ont ni aptitude, ni bonne volonté, mais de développer des facultés que l'étude pure et simple des langues anciennes laisserait dans l'inaction et qui ont besoin d'un autre aliment. L'Université n'entend pas faire un collége distinct ou un collége inférieur dans un collége normal, mais organiser pour des caractères divers et des carrières différentes deux systèmes de leçons qui se prêteront un appui mutuel. Les unes et les autres ont un but également sérieux, également élevé. »

Le plan que M. de Salvandy avait tracé reçut un commencement d'exécution. L'enseignement spécial fut organisé dans plusieurs colléges, et il y porta en général d'assez heureux fruits. Non-seulement il fut accueilli avec faveur par les familles; mais les bons élèves, leur cours d'études achevé, quittaient le collége avec un capital précieux de connaissances que plusieurs trouvaient à utiliser dans le commerce et dans l'industrie.

[1] Circulaire du 6 août 1847. (*Bull. univ.* t. XVI, p. 133.)

En 1848 et en 1849, les programmes dressés par M. de Salvandy subirent quelques amendements, qui n'en changèrent ni la pensée ni l'économie primitive. L'addition la plus importante eut pour effet de conduire les programmes de l'enseignement historique au delà de 1789 jusqu'aux événements de 1815[1].

L'article 62 de la loi du 15 mars 1850 ordonna qu'il fût institué « des jurys spéciaux pour l'enseignement professionnel. » Afin de déférer au vœu du législateur, le ministre, M. de Parieu, forma sous la présidence de M. Thénard une commission qui fut chargée de préparer un plan d'organisation de l'enseignement spécial ou professionnel, approprié aux lycées et colléges communaux[2]. Cette commission devait « indiquer le degré d'instruction à exiger des enfants qui se proposeraient de suivre cet enseignement, rédiger le programme d'études pour chacune des années qu'il comporte, rechercher les moyens les plus propres à constater l'instruction des élèves qui auraient terminé le cours des études professionnelles, dresser enfin le programme de l'examen auquel seraient soumis les aspirants au brevet de capacité prévu par la loi. »

Mais déjà l'instruction publique était entrée, comme le pays lui-même, dans une crise dont nous avons montré plus haut les funestes suites pour les lycées au point de vue financier, et qui ne pouvait être sans influence sur les études. En voyant, sur la fin de 1851, la population des lycées considérablement amoindrie, en songeant d'autre part aux reproches qui s'étaient élevés contre leur enseignement, que les uns accusaient de surcharger l'esprit par une érudition mal digérée, et les autres, de pervertir la jeunesse par de fallacieuses doctrines, M. Fortoul jugea qu'il fallait frapper un grand coup pour relever la fortune des écoles de l'État. Il imagina donc un nouveau plan d'études dont voici les principaux traits[3].

[1] Arrêtés du 7 octobre 1848 et du 17 septembre 1849. (*Bull. univ.* t. XVII, p. 303 et suiv.; t. XVIII, p. 189 et suiv.)

[2] Arrêté du 4 juin 1850. (*Bulletin administratif de l'instruction publique,* t. I, p. 180.)

[3] Décret du 10 avril 1852 sur le plan d'études des lycées; arrêté du 30 août

Selon leur âge et le degré de leur instruction, les élèves des lycées devaient être partagés en trois divisions : la division élémentaire, la division de grammaire et la division supérieure.

Les exercices de la division élémentaire comprenaient : la lecture et la récitation, l'écriture, l'orthographe, la grammaire française, les premières notions de la grammaire latine, la géographie, l'histoire sainte, l'explication de l'*Epitome historiæ sacræ*, un peu de calcul, et le dessin linéaire au crayon et à la plume.

Après un examen pour constater leur aptitude à suivre les classes, les élèves étaient admis dans la division de grammaire, laquelle embrassait les trois années de sixième, de cinquième et de quatrième. Chacune de ces années était consacrée, sous la direction du même professeur : 1° à l'étude des grammaires française, latine et grecque; 2° à l'étude de la géographie et de l'histoire de France. L'arithmétique devait être enseignée en quatrième une fois par semaine, à l'heure ordinaire des classes.

A l'issue de la classe de quatrième, les élèves subissaient un examen appelé *examen de grammaire*, dont le résultat était constaté par un certificat spécial, indispensable pour entrer dans la division supérieure.

La division supérieure était partagée en deux sections, l'une littéraire, l'autre scientifique. L'enseignement de la première ouvrait l'accès des facultés des lettres et des facultés de droit. L'enseignement de la seconde préparait aux professions commerciales et industrielles, aux écoles spéciales du gouvernement, aux facultés des sciences et de médecine. Chaque élève, suivant ses aptitudes et suivant la carrière à laquelle il se destinait, entrait dans l'une ou dans l'autre section. Le cours d'études embrassait quatre années, qui correspondaient aux classes de troisième, de seconde, de rhétorique et de philosophie. Mais la philosophie avait

1852 concernant le plan d'études des lycées; instruction générale du 15 novembre 1854 pour l'exécution du plan d'études. (*Bulletin administratif,* t. III, p. 53 et suivantes, p. 130 et suivantes; t. IV, p. 339 et suiv.)

perdu son nom et une partie de son domaine. Elle était réduite, sous le nom de *logique*, à l'analyse des procédés de l'entendement dans les divers ordres de connaissances ; il fut même entendu que le professeur consacrerait une partie des classes à la révision des auteurs classiques demandés pour le baccalauréat ès lettres. Certaines branches, comme le français, le latin, l'histoire, la géographie, les langues vivantes et la logique, étaient enseignées en commun aux élèves de la section des lettres et à ceux de la section des sciences. Chaque section avait en outre son enseignement particulier. Celui de la section des lettres était consacré à l'étude approfondie des langues grecque et latine ; il se complétait par l'ensemble des notions scientifiques que suppose toute éducation libérale. L'enseignement de la section des sciences comprenait l'arithmétique, l'algèbre, la géométrie et ses applications, la trigonométrie rectiligne, la cosmographie, la physique, la mécanique, la chimie, l'histoire naturelle. Dans les lycées les plus florissants on avait établi des cours de mathématiques spéciales en faveur des élèves qui se destinaient à l'École polytechnique ou à l'École normale. Grâce à l'heureuse entente qui s'était établie entre le ministère de l'instruction publique et les délégués du ministère de la guerre, du ministère de la marine et du ministère des finances [1], les programmes de l'enseignement se trouvaient dans la plus parfaite harmonie avec ceux des examens pour l'admission aux écoles spéciales.

Mentionnons un dernier trait caractéristique du nouveau plan d'études. Depuis les classes élémentaires jusqu'à la classe de logique, tous les élèves devaient suivre des conférences sur la religion, faites régulièrement par l'aumônier ou sous sa direction, d'après un

[1] Une commission mixte, composée de membres désignés par les ministres de la guerre, de la marine, des finances et de l'instruction publique, fut instituée le 7 juin 1852, à l'effet de reviser les programmes d'admission aux écoles spéciales du gouvernement (École polytechnique, École militaire, École navale, École forestière), ainsi que les programmes de l'enseignement scientifique des lycées. (Voyez le rapport de cette commission, *Bulletin admin.* t. III, p. 101 et suiv.)

programme dressé par l'évêque diocésain. Des mesures analogues furent prises pour les élèves appartenant aux cultes non catholiques reconnus [1].

Telle est, dans ses principales dispositions, la réforme célèbre qui a signalé l'administration de M. Fortoul, et à laquelle son nom reste attaché. Cette réforme fut un événement considérable. Depuis la fondation de l'Université, l'enseignement des écoles de l'État n'avait jamais subi de remaniements aussi profonds, aussi complets. Les avis se montrèrent fort partagés sur la valeur pratique des nouvelles mesures. Beaucoup d'excellents esprits s'applaudirent de voir substituer à des essais partiels, incertains et stériles, un système achevé dans toutes ses parties, qui développait parallèlement l'étude des sciences et l'étude des lettres, et qui semblait n'avoir opéré la séparation de ces deux genres de culture que pour mieux les unir et les associer plus fortement, de sorte que l'élève de la section des lettres ne restât point étranger aux éléments des sciences, et que réciproquement l'élève de la section des sciences ne quittât pas les bancs du lycée sans avoir acquis une solide instruction historique et littéraire. Mais, d'un autre côté, des plaintes énergiques s'élevèrent contre l'établissement même de ces deux sections qui devaient composer la division supérieure des lycées, et contre l'obligation redoutable imposée aux enfants de discerner, à l'issue de la classe de quatrième, c'est-à-dire dès l'âge de quatorze ans, la carrière vers laquelle leurs aptitudes et leurs goûts les poussaient. Afin de mieux marquer l'alliance nécessaire des sciences et des lettres, il avait paru ingénieux de réunir, à certaines heures, les élèves des deux sections et de les faire participer en commun au même enseignement. Mais les hommes d'expérience émirent la crainte que la présence simultanée, dans la même classe, de deux auditoires si divers ne nuisît au bon ordre ainsi qu'au bien des études; et l'événement ne tarda pas à justifier cette

[1] Arrêté du 29 août 1852. (*Bull. admin.* t. III, p. 128 et suiv.)

crainte. Nous ne parlons pas des regrets amers que fit éprouver à l'Université la déchéance d'un enseignement qu'elle aimait, celui de la philosophie; elle ne put croire que cette déchéance fût méritée, et elle s'étonna que ces hautes et nobles études, qui servaient autrefois de couronnement à l'éducation classique, eussent été abaissées et mutilées à cause des écarts reprochés à quelques professeurs. Quant aux sciences elles-mêmes, qui paraissaient le plus favorisées par le nouveau plan d'études, la valeur des méthodes recommandées pour leur enseignement fut mise en doute, et de bons juges en ces matières prédirent qu'à force de vouloir simplifier les démonstrations en mathématiques et de viser en physique aux applications, on nuirait au développement du véritable esprit scientifique.

M. Fortoul fut emporté par un coup soudain, dans la force de l'âge et du talent, avant d'avoir affermi les institutions qu'il croyait avoir fondées pour un long avenir. Après sa mort on ne vit plus que les défauts de son œuvre; on en oublia les parties excellentes, les efforts de patiente et courageuse habileté qu'elle avait coûtés à l'auteur, les services qu'elle avait rendus à l'enseignement public dans des conjonctures difficiles. Le successeur de M. Fortoul, l'honorable M. Rouland, mit une sage lenteur à entrer dans la voie de changements nouveaux. Ceux qu'il adopta portèrent sur les dispositions particulières qui pouvaient être détachées de l'ensemble. Il n'y eut de modifié, pour ainsi dire, que les distributions intérieures, les proportions générales et l'aspect de l'édifice demeurant les mêmes. C'est ainsi qu'à dater de 1857 [1], l'étude du latin commença dès la huitième, et celle du grec dès la sixième, c'est-à-dire un an plus tôt que ne portait le règlement de 1852. La grammaire comparée cessa d'être enseignée en quatrième. L'histoire de France fut reportée de la division de grammaire à la division supérieure. Les programmes de l'enseignement historique furent

[1] Arrêtés des 12 août et 3 octobre 1857; circulaires des 7 août, 3 et 14 octobre 1857. (*Bulletin administratif,* t. VIII, p. 142, 173, 238 et 254.)

entièrement remaniés. En 1859 s'accomplit une réforme plus considérable[1]. A Paris et dans les lycées des départements, où l'affluence des élèves en troisième, en seconde et en rhétorique permettait la formation de deux divisions, les élèves de la section des lettres cessent d'être réunis à ceux de la section des sciences, excepté pour les leçons d'histoire et de géographie. Pour toutes les autres matières, les deux sections, désormais séparées, ont chacune leur enseignement particulier : sérieuse amélioration, qui contribua bientôt à l'intérêt des classes, au bon ordre et à l'émulation.

Mais ce fut surtout à dater de l'avénement de Son Exc. M. Duruy au ministère de l'instruction publique que de profondes modifications furent apportées au règlement d'études que les lycées avaient reçu en 1852. L'enseignement classique fut alors reconstitué sur de nouvelles bases ; l'enseignement secondaire spécial fut fondé.

Dès les premiers jours de l'administration de M. Duruy, l'esprit libéral qui devait l'animer se révéla dans le décret important qui restitue son ancien nom à l'enseignement de la philosophie. Bientôt de nouveaux programmes furent dressés, dans lesquels reparut sous sa forme propre l'étude des vérités morales et religieuses, qui n'était abordée que d'une manière épisodique et incidente lorsque la philosophie se trouvait réduite à la logique. Dans ces programmes on fit même entrer, comme on le faisait autrefois, quelques notions sommaires sur les principales écoles anciennes et modernes qui se sont disputé la domination des esprits.

Quant à la direction générale du cours, elle resta ce qu'elle avait toujours été dans l'Université de France, nous voulons dire profondément spiritualiste. Cette direction résulte à la fois du choix des questions énoncées et de celui des ouvrages qui sont mis entre les mains des élèves. Sont-ce des auteurs suspects que les programmes d'étude ou d'examen leur proposent pour modèles ? Loin de là : ce sont, pour l'antiquité grecque et latine, le *Gorgias*, de Platon, le

[1] Arrêté du 28 août 1859. (*Bull. admin.* t. X, p. 155 et suiv.)

Traité des Devoirs, de Cicéron, quelques *lettres* de Sénèque; parmi les modernes, ce sont quelques fragments de Pascal, le *Discours sur la méthode*, de Descartes, la *Logique de Port-Royal*, le *Traité de la connaissance de Dieu et de soi-même*, de Bossuet, et le *Traité de l'existence de Dieu*, de Fénelon[1].

Tour à tour encouragée et injustement décriée, la philosophie a eu en France des fortunes diverses dans les écoles publiques; mais ce que n'avaient jamais vu les lycées les plus renommés, c'était que les jeunes philosophes fussent familiarisés avec les événements de leur temps, qu'ils eussent devant les yeux le tableau des mœurs, des lois, des institutions, des triomphes et des revers de la société actuelle; que, sur le point de quitter le collége et d'entrer en rapport plus direct avec cette société, ils apprissent à la connaître pour l'aimer davantage et pour la mieux servir. Telle est la grande lacune de notre éducation nationale, que Son Exc. M. Duruy essaya de combler, en proposant à l'Empereur de décider que l'enseignement de l'histoire contemporaine ferait désormais partie des études de l'année de philosophie[2]. Pour tenter une pareille innovation dans un pays que le souffle révolutionnaire a si souvent bouleversé, il fallait pouvoir compter sur la sagesse des professeurs, comme sur l'apaisement qui suit les grandes crises, et qui permet à la raison et à la vérité de faire entendre leurs voix. Cette confiance n'a pas été déçue, et le nouvel enseignement est aujourd'hui en pleine prospérité. Serait-ce une illusion de croire qu'il a contribué à retenir dans les classes de philosophie une partie de la jeunesse qui, depuis dix ans, s'était habituée à les déserter?

En présence des réclamations de plus en plus vives qui s'élevaient, au rapport des inspecteurs généraux et des recteurs, contre le partage des élèves de la division supérieure en deux sections, il était

[1] Décret du 29 juin 1863; arrêtés des 14 juillet et 8 septembre 1863 et 12 mars 1864. (*Bulletin admin.* t. XIV, p. 133 et 231; nouv. série, t. I, p. 217.)

[2] Décret du 23 septembre 1863; programmes des 24 septembre et 15 décembre 1863. (*Bull. admin.* t. XIV, p. 295 et suiv., p. 477 et suiv.)

évident que cette combinaison ne pouvait pas être maintenue. Elle était repoussée par les familles elles-mêmes, comme le prouvait la désertion croissante des classes de troisième, de seconde et de rhétorique scientifiques. Son Exc. M. Duruy n'hésita donc pas à y renoncer. Un premier décret du 2 septembre 1863[1] ordonna qu'à l'avenir la séparation des élèves des sciences et des élèves des lettres s'opérerait seulement après la troisième, et non plus à l'issue de la quatrième. L'année suivante, un second décret[2] prescrivit de la supprimer, même pour la seconde et la rhétorique.

Ce changement radical entraîna d'importantes modifications dans les programmes d'études : ils furent tous remaniés plus ou moins, et à la fois simplifiés et fortifiés[3]. Les classes d'humanités sont aujourd'hui rendues à elles-mêmes; cependant elles ne sont pas exclusivement consacrées aux lettres, mais elles comprennent une série de leçons sur les éléments des sciences qu'il n'est permis d'ignorer dans aucune carrière, et qu'il suffit d'avoir étudiés dès la jeunesse pour acquérir facilement plus tard des connaissances plus étendues. Un cours de mathématiques élémentaires, complété par des exercices de littérature et d'histoire, a été institué dans tous les lycées. Ce cours fait suite à la classe de philosophie, et s'adresse particulièrement aux élèves qui, après avoir achevé leurs humanités, se préparent au baccalauréat ès sciences et aux écoles spéciales du gouvernement. La méthode en est exacte et sévère : c'est la méthode d'Euclide, qui veut des démonstrations rigoureuses, et non pas celle de Clairaut, qui se paye de simples explications[4]. La *Géométrie* de Clairaut, recommandée en 1852, a été conservée comme livre de classe, mais nulle part elle ne sert de base aux le-

[1] *Bull. admin.* t. XIV, p. 222.

[2] Décret du 4 décembre 1864. (*Bull. admin.* nouv. série, t. II, p. 612 et suiv.)

[3] Arrêtés du 24 et du 25 mars 1865 ; circulaire du 7 octobre 1865. (*Bulletin admin.* t. III, p. 346 et suiv.)

[4] Sur le mérite relatif du traité d'Euclide et de celui de Clairaut pour l'enseignement de la géométrie, voyez un passage remarquable de la circulaire du 22 septembre 1863. (*Bull. admin.* t. XIV, p. 289 et suiv.)

çons orales du professeur. Comme il arrive malheureusement que beaucoup de candidats aux écoles spéciales n'achèvent pas leurs humanités, les uns faute de temps, les autres faute de patience et de courage, il a fallu diviser, à leur intention, le cours de mathématiques élémentaires en deux années. La première année est une préparation à la suivante; les élèves y commencent les mathématiques, et y suppléent, autant que possible, aux lacunes regrettables de leur éducation littéraire. Ceux qui possèdent une instruction suffisante, acquise sans précipitation dans les classes de rhétorique et de philosophie, sont dispensés de cette première année d'études, et passent immédiatement en seconde année. Ce sont, en général, les meilleurs élèves, les plus intelligents et les plus laborieux. Le commerce des lettres et les études philosophiques ont contribué à former leur jugement, et les ont disposés à mieux saisir les abstractions de la géométrie et de l'algèbre.

« Nous ne devons pas craindre d'avouer, écrivait Son Exc. M. Duruy dans une circulaire aux recteurs, du 29 septembre 1863[1], que l'étude des langues vivantes n'a jusqu'à présent produit que des résultats insuffisants. Nos élèves, à bien peu d'exceptions près, ne savent ni parler ni écrire l'allemand ou l'anglais; les plus habiles font un thème ou une version; ils ne sauraient faire une lettre, encore moins suivre une conversation. » Ce fâcheux état de choses avait des racines fort anciennes dans la tradition même de l'Université. Les règlements de 1852 n'y avaient nullement remédié. Loin de là, contrairement aux sages dispositions des règlements antérieurs, ils ne faisaient commencer qu'en troisième l'enseignement des langues vivantes, c'est-à-dire, ils l'ajournaient à un âge où les organes, à demi formés, sont déjà moins flexibles et se prêtent moins facilement que dans l'enfance à la prononciation d'un idiome étranger. Le bon sens dit que, pour savoir une langue, il faut l'avoir apprise de bonne heure. Un des premiers soins de

[1] *Bull. admin.* t. XIV, p. 317 et suiv.

M. Duruy fut d'introduire l'étude des langues vivantes dans la classe de sixième et de la rendre obligatoire pour les élèves de la division de grammaire, sauf à la laisser facultative pour ceux de la division supérieure. Il indiqua, en même temps, la méthode qui lui paraissait la mieux appropriée à l'objet même de l'enseignement. « Peu de grammaire, disait-il; l'anglais n'en a même pour ainsi dire pas; mais beaucoup d'exercices parlés, parce que la prononciation est la plus grande difficulté des langues vivantes; beaucoup aussi d'exercices sur le tableau noir; des textes préparés avec soin, bien expliqués, d'où l'on fera sortir successivement toutes les règles grammaticales, et qui, appris ensuite par les élèves, leur fourniront les mots nécessaires pour qu'ils puissent eux-mêmes composer d'autres phrases à la leçon suivante. » Comme toutes les langues ne peuvent être enseignées à la fois, on enseigne dans chaque lycée, après avis du conseil académique et du recteur, la langue qui répond le mieux aux habitudes et aux besoins de la localité. On apprend l'allemand et l'anglais dans les villes qui ont des relations avec l'Angleterre et avec l'Allemagne, l'espagnol dans nos provinces pyrénéennes, l'italien dans les départements que baigne la Méditerranée, l'arabe à Alger. A la fin de chaque année, le travail des élèves est récompensé par des prix et des accessits; les classes d'anglais et d'allemand figurent même dans les concours annuels qui ont lieu entre les lycées. Enfin un ordre spécial d'agrégation a été institué, par décret du 27 novembre 1864[1], pour l'enseignement des langues vivantes. Cette mesure est le complément des précédentes. Elle a prouvé la juste importance que le gouvernement impérial n'a cessé d'attacher à l'étude des langues étrangères, et le désir qu'il a de rendre, autant que possible, cette étude plus sérieuse et plus efficace qu'elle n'a été jusqu'ici.

Deux autres enseignements, celui de la musique et celui du dessin, ont été fortifiés et développés.

[1] *Bull. admin.* nouvelle série, t. II, p. 586 et suiv.

En vertu d'un arrêté du 30 janvier 1865[1], l'enseignement de la musique est obligatoire pour tous les élèves des classes inférieures, jusqu'à la quatrième inclusivement; il est facultatif pour les élèves des classes de troisième et au-dessus. L'enseignement obligatoire a pour objet les principes élémentaires de la musique et du chant, ainsi que la lecture et l'écriture musicale, d'après la notation aujourd'hui en usage chez tous les peuples civilisés. L'enseignement facultatif peut en outre s'étendre aux principes élémentaires de l'harmonie.

Quant à l'enseignement du dessin, il avait fourni, sous l'administration de M. Fortoul, à la plume philosophique et exercée de M. Ravaisson, la matière d'un rapport très-remarquable. Ce rapport avait été suivi d'un arrêté ministériel qui faisait commencer l'étude du dessin dès la classe de sixième, et qui la prolongeait d'année en année jusqu'au terme des classes. Aux termes de cet arrêté, tous les modèles devaient être empruntés aux maîtres de l'art[2].

Ces dispositions se trouvent reproduites dans tous les nouveaux programmes, et dans les circulaires qui en ont recommandé l'exécution. Il y a quelques semaines, M. Ravaisson présentait à Son Exc. M. Duruy les deux premières livraisons d'une collection de modèles qui offrira, « disposés dans un ordre progressif et fidèlement reproduits, les chefs-d'œuvre où la sculpture, la glyptique, la peinture, ont atteint le plus haut degré de perfection, et qui sera, dans notre enseignement de l'art, ce qu'est dans notre enseignement des lettres et de la philosophie la réunion des chefs-d'œuvre des Homère et des Platon, des Virgile et des Térence, des Descartes, des Bossuet, des Corneille[3]. » Ajouterons-nous, pour des-

[1] *Bull. admin.* t. III, p. 62 et suiv.

[2] Rapport sur l'enseignement du dessin, du 28 décembre 1853, et arrêté du 30 décembre suivant. (*Bull. admin.* t. IV, p. 657 et suiv.)

[3] Lettre du 12 janvier 1867 (*Bulletin admin.* nouv. série, t. VII, p. 191.) Voyez aussi un rapport de M. Henri Dufresne au nom d'une commission chargée de choisir des modèles pour l'enseignement du dessin à l'école normale de Cluny, dans les établissements d'instruction secondaire spéciale et dans les écoles primaires. (*Ibid.* p. 170 et suiv.)

cendre à des détails purement administratifs, qu'un arrêté du 31 janvier 1866, concerté avec le ministre des finances, applique aux maîtres de dessin les règlements qui assurent aux autres fonctionnaires de l'instruction publique une pension de retraite à soixante ans d'âge et après trente années de service?

Parmi les nombreux objets qui se rattachent à l'organisation des études secondaires et qui ont éveillé la sollicitude de Son Exc. M. Duruy, nous ne saurions omettre le mode d'approbation des livres classiques. L'article 5 de la loi du 15 mars 1850 porte que «le Conseil de l'instruction publique est nécessairement appelé à donner son avis sur les livres qui peuvent être introduits dans les écoles publiques, et sur ceux qui doivent être défendus dans les écoles libres comme contraires à la morale, à la constitution et aux lois.» Cette disposition était empruntée aux anciens règlements qui déféraient au Conseil de l'Université le soin d'admettre ou de rejeter les ouvrages destinés à l'enseignement. Mais elle donna lieu, dans la pratique, à de sérieuses difficultés, tant à cause de la multitude des livres à examiner, qu'à raison du petit nombre et de la courte durée des sessions du nouveau Conseil de l'instruction publique : d'où résultait l'absolue impossibilité pour ses membres de remplir la mission qui leur était donnée par la loi. En 1858[1], après beaucoup d'essais infructueux, M. Rouland institua une commission spéciale, composée des inspecteurs généraux et de sept personnes désignées par le ministre, à l'effet de soumettre à un examen préalable les ouvrages dont l'adoption était sollicitée, et de faciliter ainsi la décision souveraine du Conseil de l'instruction publique. Mais cette combinaison même donna lieu à des objections : on soutint qu'elle se réduisait à transporter, en fait, à une simple commission, les pouvoirs du Conseil. Son Exc. M. Duruy fut conduit par là à se demander si le gouvernement, qui avait renoncé, dans l'ordre matériel, à donner sa garantie aux inventeurs, devait continuer, dans l'ordre

[1] Arrêté du 26 décembre 1858. (*Bulletin administratif de l'instruction publique*, t. IX, p. 296.)

pédagogique, à la donner aux écrivains. Il pensa que le système de l'approbation et de l'autorisation offrait plus d'inconvénients que d'avantages, et qu'il fallait se borner à interdire les mauvais livres, en laissant circuler librement ceux qui ne seraient pas défendus. En vertu de l'arrêté du 11 janvier 1865[1], l'interdiction est proposée, sur la requête du recteur et des inspecteurs d'académie, par le conseil académique pour les livres d'enseignement secondaire, et par le conseil départemental pour les livres d'enseignement primaire. Les délibérations motivées de ces deux assemblées sont soumises au Conseil de l'instruction publique, lequel prononce en dernier ressort. Le Conseil continue d'ailleurs à donner son avis sur le choix des livres de classe proprement dits, c'est-à-dire sur le choix des ouvrages qui servent de base à l'enseignement et qui font en quelque sorte partie intégrante du plan d'études.

Il n'est personne qui ne sache que les exercices scolaires de l'année se terminent par un concours entre l'élite des élèves des lycées et colléges de Paris et de Versailles. Ce concours est une institution qui date du siècle dernier, et que l'ancienne université de Paris a léguée à l'Université impériale. Il sert à vérifier la force des études, et il contribue à l'accroître par l'émulation salutaire qu'il entretient entre les élèves et même entre les maîtres. Considérant les avantages irrécusables de ces joutes académiques, Son Exc. M. Duruy a eu la pensée d'en faire profiter toute la France. Le décret du 28 mai 1864 institue un concours entre les élèves des lycées et colléges de chacune des académies, ceux de Paris et de Versailles exceptés. Ce concours s'étend à toutes les classes et a lieu pour tous les ordres d'études. Les élèves qui ont obtenu le premier rang dans les compositions de mathématiques spéciales, de mathématiques élémentaires, de dissertation française, de discours latin et d'histoire moderne, sont appelés à concourir de nou-

[1] Cet arrêté avait été précédé d'une note importante, qui fut soumise au Conseil de l'instruction publique. Cette note, que nous venons en partie d'analyser, se trouve à sa date dans le *Bulletin administratif*, nouv. série, t. III, p. 12 et suiv.

veau. Cette fois, ceux qui l'ont emporté dans les facultés pour lesquelles un prix d'honneur est institué au concours général de Paris reçoivent un grand prix, appelé *prix de l'Empereur*. Voilà trois années déjà que la lice est ouverte, et chaque année la jeunesse qui fréquente les lycées des départements a saisi avec ardeur l'occasion de déployer ses talents et son savoir. Les concours successifs ont offert cela de remarquable que les lauréats ont de plus en plus approché de ceux qui ont remporté les premières couronnes dans le concours entre les lycées de Paris et de Versailles. On peut en conclure que, si les études se sont relevées à Paris, elles sont aussi en progrès dans les autres lycées, et que l'activité qui règne au centre s'est répandue de proche en proche jusqu'aux extrémités de l'Empire.

V

Les différentes mesures que nous venons d'analyser rapidement concernent surtout les études classiques; mais, tandis que ces études, qui ne sauraient fléchir parmi nous sans que les intelligences en éprouvent quelque abaissement, donnaient ainsi lieu aux soins les plus vigilants, le gouvernement avisait enfin aux moyens d'organiser en France l'enseignement nouveau que les vœux unanimes du pays réclamaient depuis longtemps, et qui a reçu de la loi la dénomination d'*enseignement secondaire spécial*.

En partageant la division supérieure des lycées en deux sections, M. Fortoul avait supposé que les études de la section des sciences pourraient être organisées de manière à retenir tous les élèves d'aptitude et de vocation très-diverses, auxquels des connaissances scientifiques étaient notoirement nécessaires, savoir : 1° les candidats au baccalauréat ès sciences; 2° les candidats aux écoles du gouvernement; 3° enfin ceux qui se destinaient aux carrières commerciales et industrielles. Mais l'événement prouva bientôt que ces derniers réclamaient un enseignement particulier, plus pratique et moins élevé que celui qui convenait aux futurs bacheliers, ou aux futurs élèves de l'École polytechnique, de l'École normale et de l'École forestière. Il fallut donc maintenir ou créer en leur faveur, en dépit des nouveaux règlements, des cours analogues à ceux que M. de Salvandy avait institués en 1847, sous le nom de *cours spéciaux*. Ces cours furent établis dans soixante-quatre lycées et dans la plupart des colléges communaux. En 1862, ils comptaient dans les lycées près de 5,000 élèves, c'est-à-dire le sixième environ de la population de ces établissements. Cependant le but en était mal défini, les programmes offraient les plus étranges disparates. Comme l'enseignement spécial ne rentrait pas dans le cadre normal des études secondaires, il ressemblait à une superfétation plutôt tolérée à regret que franchement approuvée par le gouvernement. Une seule chose était manifeste, même dans les rangs universitaires, pour tous les esprits non prévenus, c'était l'indispensable et urgente nécessité d'un tel enseignement.

Il importait de sortir de cet état de choses précaire et d'arriver à une organisation qui donnât satisfaction aux vœux des familles et aux besoins du pays. A cet effet, M. Rouland institua en 1862 [1] une commission que présidait un savant illustre, l'honneur de l'enseignement public, aussi dévoué aux véritables intérêts de l'Université que familier avec les questions qui touchent au commerce et à l'industrie, M. Dumas. Cette commission élabora un projet qui fut soumis au Conseil de l'instruction publique, et que ce Conseil approuva. M. Duruy, arrivé sur ces entrefaites au ministère, reprit ce projet en sous-œuvre, l'amenda, le compléta et le fit agréer par S. M. l'Empereur. Adopté par le Conseil d'État, soumis ensuite aux délibérations du Corps législatif, ce projet a eu la bonne fortune de réunir dans cette assemblée l'unanimité

[1] Rapport à l'Empereur concernant la réorganisation de l'enseignement commercial et industriel dans les établissements d'instruction publique, et institution d'une commission chargée d'étudier toutes les questions qui se rattachent à l'organisation de cet enseignement. (*Bull. admin.* t. XIII, p. 109 et suiv.)

des suffrages. C'est ainsi qu'il est devenu la loi du 21 juin 1865, sur l'enseignement secondaire spécial[1].

Aux termes de l'article 1er de la loi, l'enseignement secondaire spécial comprend l'instruction morale et religieuse, la langue et la littérature françaises, l'histoire et la géographie, les mathématiques appliquées, la physique, la mécanique, la chimie, l'histoire naturelle et leurs applications à l'agriculture et à l'industrie, le dessin linéaire, la comptabilité et la tenue des livres. Il peut comprendre, en outre, une ou plusieurs langues vivantes étrangères, des notions usuelles de législation, d'économie industrielle et rurale, et d'hygiène, le dessin d'ornement et le dessin d'imitation, la musique vocale et la gymnastique.

Un semblable enseignement n'est dépourvu, ce semble, ni de solidité, ni d'étendue, ni même d'élévation. En dotant de connaissances utiles l'esprit des élèves, il contribue aussi à leur former le cœur. S'ils étudient moins qu'on ne le fait dans les classes d'humanités l'histoire de la Grèce et de Rome, ils connaissent mieux l'histoire et la géographie de la France. S'ils ne savent pas le grec, s'ils n'expliquent pas l'*Iliade* ni les tragédies de Sophocle, ils apprennent du moins à lire dans l'original la *Divine Comédie* et les drames de Shakspeare et de Schiller. Si les spéculations de la métaphysique leur sont peu familières, ils sont prémunis par de solides études morales et économiques contre la séduction des doctrines subversives.

Les programmes des cours ont été dressés avec le plus grand détail par les soins du ministre de l'instruction publique. Ils sont accompagnés d'indications précises sur la méthode qui convient à chaque genre d'études. L'enseignement dure quatre années. Les matières en sont réparties de telle sorte qu'à la fin de chaque année, l'élève se trouve posséder une certaine somme de connaissances qui répondent à tel ou tel degré de l'échelle des profes-

[1] On trouvera réunis dans le tome V du *Bulletin administratif de l'instruction publique* tous les documents relatifs à l'exécution de la loi du 21 juin 1865.

sions, et qui le fait entrer de plain-pied, pour ainsi dire, dans la carrière dont il a fait choix. On remarquera aussi que les programmes offrent des directions dont il convient de tenir grand compte, plutôt qu'ils n'imposent une règle uniforme, inflexible et absolue. Le gouvernement a toujours compris que, selon les besoins des localités, ces programmes pourraient être développés ou restreints; que, dans les départements agricoles par exemple, on insisterait sur les notions qui touchent à l'agriculture; que, dans les villes industrielles, on exposerait avec abondance les données scientifiques propres à l'industrie de ces villes.

Près des écoles d'enseignement spécial qui dépendent du ministère de l'instruction publique, la loi a institué un conseil de perfectionnement, composé du maire, du proviseur ou du principal et de quelques notables. C'est à ce conseil qu'il appartient d'éclairer l'administration sur les parties du programme général qui demandent à être étendues ou resserrées. Les conseils locaux sont en correspondance avec le Conseil supérieur, qui siége à Paris, et qui partage avec le ministre la haute direction du nouvel enseignement.

A la fin des cours, les élèves comparaissent devant un jury pour subir un examen, à la suite duquel ils obtiennent, s'il y a lieu, un diplôme. Ce jury est composé de trois membres, nommés par le ministre. Les élèves des institutions libres sont admis aux examens comme ceux des écoles de l'État et peuvent obtenir le même diplôme. L'enseignement spécial a donc aujourd'hui une sanction, avantage qui jusqu'à ces dernières années lui avait manqué.

Un brevet de capacité particulier a été institué en faveur des personnes qui voudraient ouvrir des écoles d'enseignement spécial. Ce brevet ne peut être obtenu qu'à l'âge de dix-huit ans révolus, à la suite d'épreuves écrites et d'épreuves orales, qui portent sur les principales matières du cours.

Mais ce qui importait surtout, c'était de trouver de maîtres capables, instruits, expérimentés, pour donner le nouvel enseignement dans les lycées et dans les colléges communaux. Le gouvernement y a pourvu de trois manières : 1° en créant l'École normale de Cluny; 2° en instituant une agrégation nouvelle; 3° en assurant la position présente et à venir des professeurs qui seraient chargés des cours spéciaux.

L'École de Cluny commence à être bien connue. Elle est établie dans l'ancienne abbaye de ce nom, où vivent encore de grands souvenirs de piété, de science et de travail, laissés par les Bénédictins. Le riche terroir qui l'entoure offre la réunion de tous les genres de culture, céréales, prairies, vignes et bois. Elle est à proximité d'un grand centre industriel, le Creuzot, d'un grand centre commercial, Lyon, non loin de Saint-Étienne et de ses mines. Le gouvernement jugea qu'il ne pouvait trouver un milieu plus propice pour l'instruction des élèves-maîtres, ni une combinaison qui répondît mieux à sa propre pensée, aux intentions du législateur et aux vœux du pays.

Soixante et douze conseils généraux se sont prononcés en faveur de la nouvelle école; celui de Saône-et-Loire a voté des subsides importants pour son installation. Elle doit se composer de boursiers de l'État et de boursiers entretenus par les départements et par les villes; elle peut aussi recevoir des pensionnaires libres. Les boursiers sont nommés au concours ou à la suite d'examens; les pensionnaires libres doivent également subir un examen préalable, afin de justifier qu'ils sont en état de suivre les cours. L'école est en pleine activité depuis le mois de novembre dernier; on y comptait au 1er janvier 95 élèves. Elle a un directeur, un sous-directeur, un aumônier, un économe, sept professeurs, trois préparateurs et un jardinier en chef. Au point de vue de la comptabilité, elle est assimilée aux lycées, c'est-à-dire qu'elle a une caisse propre, dans laquelle sont versées toutes les recettes et qui acquitte toutes les dépenses.

L'École de Cluny n'était pas ouverte, que déjà la nouvelle agrégation donnait lieu à de brillants examens, à la suite desquels six candidats ont reçu le titre d'agrégé. Nous avons parlé ailleurs de ces joutes scolaires, les premières en ce genre auxquelles la vieille Sorbonne ait servi de théâtre. Notre intention n'est pas d'y revenir, et nous ne les mentionnons ici que pour ne pas laisser incomplète cette revue rapide des principales mesures dont l'enseignement secondaire spécial a été l'objet depuis deux ans.

Enfin, par le décret du 28 mars 1866, la position et les droits des fonctionnaires de divers ordres attachés aux cours spéciaux ont été garantis d'une manière équitable.

Les agrégés qui ne sont pas employés et qui ne peuvent s'imputer leur inactivité à eux-mêmes reçoivent 400 francs; les professeurs titulaires ont un traitement fixe de 2,000 francs à Paris et à Versailles; de 1,200, 1,500 et 1,800 francs dans les départements. Ils participent en outre à l'éventuel. Les professeurs divisionnaires et les chargés de cours n'ont pas ce dernier avantage; mais leur traitement fixe est de 2,400 francs à Paris et à Versailles, de 1,500 et de 1,800 francs dans les autres lycées. Des dispositions analogues ont réglé les traitements des maîtres élémentaires, des surveillants généraux et des maîtres répétiteurs.

L'organisation de l'enseignement spécial est encore trop récente pour qu'on puisse apprécier avec certitude les résultats qu'il a déjà produits et l'influence qu'il a exercée. Ce que nous sommes en droit d'affirmer, c'est que la loi du 21 juin 1865 et les actes qui l'ont suivie ont été accueillis dans tout le pays avec la plus vive satisfaction; c'est que le nombre des élèves qui suivent les cours spéciaux dans les lycées s'est élevé de 5,000 à plus de 6,000; que beaucoup de collèges communaux qui végétaient se transforment en collèges d'enseignement spécial, et sous ce titre nouveau retrouvent un état prospère.

Quand un lycée fut fondé à Mont-de-Marsan, il s'éleva des appréhensions sur son avenir, et le ministre fut blâmé par les esprits craintifs d'avoir consenti à une création qui ne pourrait se soutenir qu'en grevant d'énormes dépenses le budget de l'instruction secondaire. Ce lycée a été choisi par Son Exc. M. Duruy pour servir de modèle aux établissements de ce genre dans lesquels l'enseignement spécial serait donné sur la plus large échelle, à l'exclusion de l'enseignement classique. Qu'est-il arrivé de là? Mont-de-Marsan a vu affluer de toute la contrée un tel nombre d'élèves, que les bâtiments qui avaient été préparés se sont trouvés trop étroits pour recevoir ces hôtes inattendus, et qu'il faut élever aujourd'hui de nouvelles constructions. En rapprochant ce fait de quelques autres qui se sont produits sur différents points du territoire, nous sommes en droit de dire que la cause de l'enseignement secondaire spécial est aujourd'hui gagnée en France.

VI

Pour terminer ce tableau des vicissitudes et du progrès des études secondaires en France depuis un quart de siècle, il nous reste à dire quelques mots des établissements qui sont entretenus aux frais des villes, et qui portent le nom de *colléges communaux*.

La constitution des colléges communaux, telle que la loi de l'an x l'avait fixée, subsiste encore aujourd'hui; ce sont des établissements fondés par les villes et à leurs frais, sous l'approbation du gouvernement. A partir de 1845, quelques-uns ont reçu de l'État des subsides annuels, destinés à y entretenir un certain nombre de chaires en dehors de celles qui étaient rétribuées sur les fonds du budget municipal. Le personnel relève du ministre de l'instruction publique, lequel nomme seul aux emplois de principal et de professeur.

Les colléges communaux ont partagé la bonne et la mauvaise fortune des lycées, la mauvaise encore plus peut-être que la bonne. Il y en avait :

En 1809	273
1815	323
1830	322
1849	306

Ils comptaient :

En 1809	18,507 élèves.
1815	19,320
1830	27,308
1849	31,706

A partir de la loi du 15 mars 1850, la concurrence des établissements libres porta un coup funeste à leur prospérité. Cette loi elle-même, en essayant de les sauver, les compromit. L'article 74 porte que, « pour établir un collége communal, toute ville doit satisfaire aux conditions suivantes : fournir un local approprié à cet usage et en assurer l'entretien; placer et entretenir dans ce local le mobilier nécessaire à la tenue des cours et à celle du pensionnat, si l'établissement doit recevoir des élèves internes; garantir pour cinq ans au moins le traitement fixe du principal et des professeurs, lequel sera considéré comme dépense obligatoire pour la commune en cas d'insuffisance des revenus propres du collége, de la rétribution collégiale payée par les externes et des produits du pensionnat. »

Les villes qui avaient fondé des colléges communaux en dehors de ces conditions devaient, aux termes de la loi, y avoir satisfait dans le délai de deux ans. Beaucoup de municipalités hésitèrent à souscrire les engagements qui leur étaient demandés : les unes renoncèrent purement et simplement à leurs colléges, les autres, en plus petit nombre, les transformèrent en une institution libre. Le nombre des colléges communaux diminua sensiblement. Au 1er janvier 1855, on n'en comptait plus que 244. Aujourd'hui il en existe 251; mais dans ce nombre sont compris les colléges de Bône, de Constantine et d'Oran, et ceux d'Annecy, de Bonneville et de Menton, situés dans les départements annexés à l'Empire en 1860.

Il est juste d'ajouter que, depuis 1850, 18 colléges communaux, faisant partie de l'ancien territoire de la France, ont été érigés en lycées. Ces colléges ne sont donc pas perdus pour l'enseignement public, mais il a au contraire gagné à leur transformation.

Si les colléges communaux sont moins nombreux qu'il y a vingt ans, la population de ceux qui subsistent a plutôt augmenté que diminué. Au 1er janvier 1866 ils comptaient 33,038 élèves, c'est-à-dire environ 2,000 de plus qu'en 1849. Les recettes de l'année précédente avaient dépassé 10 millions. Dans ce chiffre, les produits du pensionnat figurent pour 6,400,000 francs environ, les frais d'études pour plus de 1,200,000 francs, la subvention de l'État pour 175,000 francs.

Il sort tous les ans des colléges communaux 300 à 400 bacheliers ès lettres ou bacheliers ès sciences. Si le baccalauréat était le but exclusif des études et que l'utilité d'une école dût se mesurer par le nombre des candidats qu'elle fait admettre, nous serions forcé d'avouer que les colléges communaux coûtent plus aux familles, aux villes et à l'État qu'ils ne rapportent. Mais sur les 33,000 élèves qui fréquentent ces établissements, il y en a plus de 5,000 qui ne reçoivent que l'instruction primaire; il y en a près de 12,000 qui suivent des cours analogues à ceux de l'enseignement spécial; à peine 2,500 dépassent la seconde et entrent en rhétorique ou bien suivent des cours de mathématiques élémentaires et de mathématiques spéciales; 10,000 à 11,000 ne continuent pas leurs études au delà des classes de grammaire. Ce sont là des faits dont il importe de tenir compte. Ils témoignent d'habitudes et de besoins auxquels les colléges communaux ont dû, autant que possible, conformer leur organisation. C'est ainsi que 3 seulement possèdent une chaire de mathématiques spéciales, ce sont : le collége Rollin, à Paris, le collége de Melun et celui de Lorient. On cite au contraire 60 colléges dans lesquels les études classiques s'arrêtent à la classe de quatrième, 181 qui ont une école primaire annexe, 236 qui entretiennent des cours d'enseignement spécial. Mais, parmi ces derniers, il n'en existe aujourd'hui que 79 dans lesquels cet enseignement comprend quatre années, selon la lettre et l'esprit des programmes officiels.

Les colléges communaux trouvent un précieux élément de succès dans la proximité où ils sont des familles, qui aimeront toujours mieux garder leurs enfants près du toit paternel que de les envoyer étudier au loin. Ils sont appelés à rendre au pays d'inestimables services, toutes les fois que leur enseignement sera dirigé avec ensemble et avec suite vers un but d'utilité pratique. Dans les colléges communaux, autant pour le moins que dans les lycées, la loi du 21 juin 1865 peut recevoir son application la plus large et la plus bienfaisante. Là peuvent se former, mieux peut-être que partout ailleurs, des industriels, des commerçants et des agriculteurs, solidement instruits de ce qu'ils ont à savoir, suivant les localités, pour l'exercice de leur profession. Sous l'empire de ce sentiment, que l'administration publique ne se défend pas de favoriser, beaucoup de colléges communaux ont renoncé aux études classiques, toujours languissantes dans les petits centres, et se sont transformés, comme nous l'avons dit plus haut en colléges d'enseignement spécial. C'est ce qui est arrivé déjà ou ce qui se prépare, pour citer quelques exemples, à Castres, à Lectoure, à Montélimart, à Thiers, à Tournus, à Parthenay, à Sarrebourg, à Bayonne, à Béziers, à Alais. A Paris même, le collége Chaptal et l'école professionnelle de Turgot, fondés depuis plusieurs années par l'administration municipale, se sont élevés, sous une direction habile, au rang des établissements les plus utiles à la jeunesse et les plus prospères.

Après avoir signalé le mouvement qui s'opère dans les colléges communaux au point de vue des études, nous ne saurions dissimuler la triste situation qu'ils présentent sous le rapport de la rémunération du personnel. Si l'on excepte le collége Rollin et les deux autres colléges entretenus par la ville de Paris, dans lesquels la dotation des différentes chaires est à peu près la même que dans les lycées de la capitale, les traitements sont en général d'une insuffisance notoire. Bien peu atteignent 2,000 francs; la plupart sont de 1,200 et de 1,500 francs; quelques-uns descendent au-dessous de 1,000 francs. Avec de pareils traitements, un père de famille qui n'a pas de patrimoine n'est-il pas condamné à la gêne la plus douloureuse? Peut-il suffire, même en se privant beaucoup, à l'éducation de ses enfants? Que sera-ce plus tard, quand aura sonné pour lui l'heure de la retraite, et qu'il verra sa pension liquidée d'après les minimes émoluments attachés à ses fonctions? Tout porte à croire que le gouvernement se préoccupe des moyens d'améliorer le sort de ce nombreux personnel, aussi estimable que modeste. Il a relevé les traitements des fonctionnaires des lycées; il voudra faire participer à ce progrès les fonctionnaires des colléges communaux. Déjà, pour ajouter à leur considération, un récent décret leur a conféré le titre de *professeurs*, au lieu de celui de *régents*, sous lequel ils étaient connus jusqu'ici. Ce décret, nous l'espérons, sera suivi d'autres mesures qui auront pour objet de procurer aux anciens régents, aujourd'hui professeurs, non plus une satisfaction d'amour-propre utile à leur autorité, mais un légitime accroissement de bien-être.

CHAPITRE VI.

ENSEIGNEMENT SUPÉRIEUR.

I. Établissements d'enseignement supérieur en général.—II. Facultés de théologie.— III. Facultés de droit. — IV. Facultés de médecine. — V. Écoles supérieures de pharmacie et Écoles préparatoires de médecine et de pharmacie.—VI. Facultés des sciences et des lettres.

I

Les établissements d'enseignement supérieur que possède la France peuvent se partager en deux groupes : les établissements universitaires, comme les Facultés et les Écoles supérieures de pharmacie, et les établissements qui sont en dehors de l'Université, comme le collége de France, le Muséum d'histoire naturelle et l'École des langues orientales Ce qui caractérise les premiers, c'est d'exiger de leurs élèves certains grades à l'entrée de la carrière, et de les mettre en état d'acquérir d'autres grades plus élevés, qui ouvrent l'accès, sinon de toutes les professions libérales, au moins des plus importantes et des plus nombreuses, telles que le barreau, la magistrature, l'enseignement public, la profession médicale, et même, à certains égards, le sacerdoce. Il est à remarquer aussi que les Facultés ont pour but principal l'enseignement des vérités acquises, déjà consacrées en quelque sorte par le suffrage de tous, tandis que la mission propre du collége de France et du Muséum est plutôt d'exciter l'esprit d'invention, et de propager les découvertes nouvelles qui ne sont pas encore pleinement vérifiées. L'histoire de ces écoles célèbres, qui ont exercé en tous temps une action si profonde sur la marche des connaissances humaines, se confond, pour ainsi dire, avec l'histoire des sciences elles-mêmes. Nous n'avons pas à la retracer ici; et, en tout cas, nous reculerions devant cette tâche, au-dessus de nos forces. Les seuls établissements que nous nous proposions de faire connaître, ce sont les établissements à proprement parler universitaires. Ils composent un domaine qui paraît circonscrit, et qui cependant est encore assez vaste pour que son étendue et la variété de ses aspects aient effrayé plus d'une fois notre faiblesse.

Les établissements universitaires d'enseignement supérieur sont aujourd'hui à la charge exclusive de l'État. Pour se couvrir, le trésor public encaisse leurs recettes, lesquelles consistent dans les droits d'inscription, d'examen et de diplôme, payés par les étudiants. Il convient d'ajouter que, dans ces dernières années, la recette a égalé, à peu de chose près, la dépense, de sorte que les sacrifices annuels du Trésor se sont réduits à quelques centaines de mille francs. Mais, avant d'arriver à cette situation régulière, les établissements d'enseignement supérieur ont passé par de nombreuses vicissitudes. Les facultés de droit et de médecine et les écoles supérieures de pharmacie formaient, à l'origine, autant de corps séparés, qui avaient leur budget propre, distinct non-seulement du budget de l'État, mais du budget même de l'Université[1]. Peu à peu ces petites individualités sont venues se perdre dans les cadres de la corporation universitaire, qui fut rattachée elle-même, en 1835, aux autres services dénués de ressources propres et entretenus directement par le trésor public. Ce mouvement de concentration s'est opéré d'une manière plus ou moins rapide selon les établissements; mais il a fini par les entraîner tous. Les écoles de pharmacie, qui avaient réussi à garder une certaine indépendance, la perdirent en 1840. Dès lors l'instruction supérieure se trouva régie tout entière par la loi commune, et n'eut à former d'autre vœu que de voir s'élever, dans une juste proportion, les crédits affectés à son entretien. Nul indice ne pouvait faire sup-

[1] Nous avons retracé ces fluctuations financières des établissements d'instruction supérieure dans notre livre sur *Le budget de l'instruction publique*, p. 107 et suiv.

poser que cet ordre de choses, lentement amené par le progrès de la comptabilité publique, fût destiné à de nouvelles vicissitudes, même passagères. Toutefois, en 1854, il subit tout à coup une transformation complète. Le gouvernement se proposait alors de donner la plus vive impulsion aux parties élevées de l'enseignement; il annonçait l'intention de créer de nouvelles Facultés, d'agrandir les laboratoires de physique et de chimie, d'en renouveler le matériel scientifique, enfin de reconstruire la Sorbonne. Afin de ne pas grever les contribuables, il augmenta les rétributions à la charge des familles; et, pour profiter de la plus-value, il demanda que les établissements d'instruction supérieure eussent la libre disposition de leurs ressources propres, ce qui revenait à former de ces établissements un service spécial, dont le budget serait détaché de celui de l'État. Une pareille dérogation aux principes qui régissaient la comptabilité française depuis un demi-siècle excita des scrupules, et même des répugnances, chez un grand nombre d'esprits. Néanmoins, elle réunit la majorité des suffrages, soit au Conseil d'État, soit devant le Corps législatif, et fut consacrée par la loi du 14 juin 1854. Mais l'événement ne répondit pas aux espérances que l'administration de l'instruction publique avait fondées sur cette innovation. L'accroissement des recettes fut moins considérable et les difficultés pratiques du nouveau système plus sérieuses qu'on ne l'avait cru. Après une courte expérience, la loi du 14 juin 1854 fut abrogée dans sa partie financière, sur la proposition même de Son Exc. M. Rouland. A dater de 1863, les établissements d'instruction supérieure ont cessé de former un service spécial; leurs dépenses ont de nouveau figuré au budget des dépenses publiques; leurs recettes ont été recouvrées au profit de l'État. Telle est encore la situation présente. Peut-être ne suffisait-il pas de la caractériser, et convenait-il d'en montrer rapidement les origines et le progrès.

Laissant de côté ces aperçus généraux, nous nous hâtons d'entrer dans l'examen particulier des différents ordres d'établissements : 1° facultés de théologie; 2° facultés de droit; 3° facultés de médecine et écoles supérieures de pharmacie; 4° facultés des sciences et des lettres.

II

Les facultés de théologie, dont nous parlerons en premier lieu, ne sont pas cependant les plus anciennes : elles datent seulement du décret du 17 mars 1808. L'article 8 de ce décret célèbre veut qu'il y ait autant de facultés de théologie que d'églises métropolitaines; — qu'il y en ait une à Strasbourg et une à Genève pour la religion réformée; — que chaque faculté soit composée de trois professeurs au moins; que ce nombre puisse être augmenté, si celui des élèves paraît l'exiger; que des trois professeurs, l'un enseigne l'histoire ecclésiastique, l'autre le dogme et le troisième la morale évangélique; — qu'enfin chaque faculté de théologie ait à sa tête un doyen, choisi parmi les professeurs.

Dès l'origine, ces dispositions ne furent observées que très-imparfaitement, du moins en ce qui concerne le culte catholique; aujourd'hui même, elles n'ont pas encore reçu leur complète exécution. Sous le premier Empire, les départements qui forment le territoire actuel de la France comprenaient neuf églises métropolitaines; il en existe présentement dix-huit, y compris l'archevêché d'Alger. Cependant, malgré les solennelles prescriptions du décret de 1808, la France ne possède que six facultés de théologie catholique, établies dans les villes de Bordeaux, de Lyon, d'Aix, de Rouen, de Toulouse et de Paris.

Si le nombre de ces établissements est resté stationnaire, il n'en a pas été de même de l'enseignement, qui s'est peu à peu développé d'une manière très-sensible. Outre le dogme, la morale et l'histoire ecclésiastique, il embrasse, depuis plusieurs années déjà, le droit canon, l'Écriture sainte, la langue hébraïque, et, à Paris, l'éloquence sacrée.

L'article 7 du décret de 1808 porte que «l'évêque ou l'archevêque du chef-lieu de l'académie présentera au grand maître de l'Université les docteurs en théologie, parmi lesquels les professeurs seront nommés. Chaque présentation sera de trois sujets au moins, entre lesquels sera établi le concours sur lequel il sera prononcé par les membres de la faculté de théologie. » Cette dernière clause n'a jamais été suivie, à notre connaissance du moins : en tout cas, elle est tombée en désuétude. Les professeurs des facultés de théologie catholique sont nommés directement par l'Empereur, sur la proposition de l'archevêque diocésain.

Il était permis d'espérer que l'enseignement public de la théologie chrétienne et des sciences qui se rattachent le plus étroitement à l'étude de la religion serait accueilli avec faveur par le clergé, et notamment par l'épiscopat. Quels services en effet cet enseignement n'était-il pas appelé à rendre à l'Église de France, en contribuant à renouer pour le sacerdoce la tradition des plus fortes études! Quelle heureuse influence ne pouvait-il pas exercer sur la jeunesse laïque elle-même, en éclairant son ignorance et en la prémunissant contre les sophismes de l'impiété! Toutefois, malgré ces incontestables avantages, l'institution des facultés de théologie catholique a excité dans les rangs de ceux qu'on devait regarder comme ses défenseurs naturels moins de reconnaissance et de sympathie que d'indifférence et même d'ombrage. Diverses causes ont contribué à ce fâcheux résultat. La première, mais non pas la plus profonde, c'est l'existence même, dans chaque diocèse, d'un grand séminaire, véritable école de théologie, dans laquelle les jeunes gens qui se destinent au ministère ecclésiastique consacrent trois et même quatre années à étudier toutes les parties de la science sacrée et quelques-unes des sciences profanes qui pourront leur être utiles un jour. Aux yeux de plus d'un juge, l'enseignement des grands séminaires rend superflu pour le clergé celui des facultés de théologie. Une autre cause de discrédit pour celles-ci, cause plus grave que la précédente, c'est qu'elles n'ont jamais reçu du souverain pontife cette consécration suprême qui s'appelle l'*institution canonique;* d'où il suit que leurs adversaires se trouvent autorisés à les dénoncer comme des écoles purement civiles, auxquelles l'Église n'a jamais donné le droit d'enseigner en son nom, et qui sont incapables de conférer des grades, ayant aucune valeur dans l'ordre ecclésiastique.

Sous l'empire de ces deux causes, les facultés de théologie ont vu trop souvent s'éloigner d'elles, avec la protection des évêques, les auditeurs qu'elles auraient dû trouver en grand nombre dans les rangs du clergé. Le gouvernement, qui jugeait leur institution utile au pays, a usé tour à tour de moyens divers pour les relever et pour les soutenir. Tantôt il a essayé de rendre les grades en théologie obligatoires pour les curés, les chanoines, les vicaires généraux, et même, chose plus remarquable, pour les évêques et les archevêques[1]. Tantôt il a fondé de nouvelles chaires, élevé les traitements des professeurs, encouragé leur zèle et celui des étudiants par des témoignages de bienveillante largesse. Ainsi, de 1839 à 1848, les soins persévérants de M. de Salvandy ont porté successivement le budget des facultés de théologie de 64,000 à 148,000 francs.

Mais ni la générosité des pouvoirs publics non plus que leur rigueur, ni le savoir exact, et quelquefois éloquent, des nouveaux maîtres, ni enfin l'appui d'une partie du clergé, ne purent triompher des influences qui arrêtaient l'essor des études théologiques. Si les efforts qui furent tentés ne restèrent pas tout à fait infructueux, ils n'aboutirent cependant qu'à des succès partiels et éphémères. Aussi, après les événements de 1848, les esprits furent-ils médiocrement émus, lorsque la commission de l'Assemblée constituante, chargée de l'examen du budget de 1849, proposa de supprimer les facultés de théologie, en laissant provisoirement aux professeurs, au lieu d'un traitement proprement dit, de simples indemnités de 3,000 francs à Paris, et de 2,000 francs dans les départements. « Convient-il que l'enseignement de la théologie continue à être compris au nombre des services universitaires?

[1] Ordonnance du 25 décembre 1830. (*Bull. univ.* t. II, p. 208.)

demandait M. Corne au nom de la commission[1]. L'institution des facultés de théologie est-elle favorable au développement des hautes études? Est-elle dans l'intérêt de la religion et du culte?... La commission, continuait M. Corne, reconnaît la nécessité de ne pas laisser tomber en France l'enseignement théologique, qui a puissamment contribué aux progrès de l'esprit humain; mais elle est convaincue que le meilleur moyen de rendre à cet enseignement son utilité, c'est de l'affranchir de la dépendance où il est aujourd'hui placé; c'est de le laisser, avec la surveillance et la protection de l'État, sous la direction et la discipline du clergé, au lieu d'entretenir dispendieusement des facultés qui sont loin de répondre aux besoins de la science et du culte. » Ces conclusions furent adoptées par l'immense majorité de l'Assemblée, et le budget des facultés de théologie se trouva ramené au chiffre de 115,660 francs. L'organisation de la faculté de Toulouse, qui était en suspens depuis plusieurs années, fut ajournée indéfiniment. A Paris, de simples chargés de cours occupèrent la plupart des chaires vacantes.

Cependant, pour se conformer au vœu de l'Assemblée constituante, l'administration de l'instruction publique, alors dirigée par M. de Falloux, s'était sans relâche occupée des questions complexes et délicates que l'enseignement ecclésiastique soulevait chez tous les bons esprits. Il ne s'agissait pas de le détruire, mais de l'asseoir sur des bases nouvelles, conformes à la tradition catholique, de telle sorte qu'étant accepté par l'Église, il pût lui profiter, et par là même rendre au pays les services que le pays en attendait. Une commission, composée de laïques et de membres du clergé, fut chargée de rédiger un projet, qui devait être communiqué à l'épiscopat français, et ensuite envoyé à Rome. Cette commission comptait dans ses rangs et choisit pour rapporteur M. Jean Reynaud, si

[1] Séance de l'Assemblée nationale du 27 mars 1489. Voyez aussi, sur l'organisation des facultés de théologie, les procès-verbaux des délibérations du Comité des cultes, dans l'ouvrage de M. Pradier : *La question religieuse en 1682, 1790, 1802 et 1848*, Paris, 1849, in-8°, p. 204 et suiv.

connu par ses opinions démocratiques et par d'importants travaux de philosophie, que recommande une teinte grandiose de spiritualisme, mais non pas de spiritualisme chrétien. Quelles qu'aient été ses doctrines, l'esprit élevé de M. Jean Reynaud goûtait l'enseignement théologique, et, afin de le rendre prospère, il le voulait affranchi de toute tutelle administrative. Sur l'avis de la commission, le rapporteur dressa un projet, qui consistait à créer trois grandes écoles de théologie à Paris, à Lyon et à Toulouse. Chaque école avait sa circonscription propre, embrassant un certain nombre de provinces ecclésiastiques. Les archevêques et les évêques de ces provinces auraient formé le haut conseil de l'école, que devait présider l'évêque diocésain, sous le titre de chancelier. Ce conseil était investi des pouvoirs les plus étendus : il dressait des règlements généraux, approuvait les programmes des cours, nommait, suspendait et révoquait les professeurs. Le gouvernement de l'école était entre ses mains, et l'autorité civile n'y conservait aucune part.

Il est difficile de dire quel accueil le Saint-Siége et, en France, l'opinion du pays auraient fait à ce projet, si les événements eussent permis qu'il y fût donné suite. Des négociations furent à la veille de s'engager avec la cour de Rome, ainsi que le Président de la République l'annonçait dans son message du 6 juin 1849. Mais bientôt d'autres questions d'un intérêt plus urgent tournèrent ailleurs l'attention et les soins des ministres qui se succédèrent au département de l'instruction publique. Les facultés de théologie, très-ébranlées par le vote de l'Assemblée constituante, restèrent ainsi sous le coup d'une réforme que leurs maîtres les plus éminents jugeaient nécessaire, mais dont les conditions étaient incertaines, et qui se trouvait au reste ajournée indéfiniment. Sous le ministère de M. Fortoul, le plan élaboré en 1849 fut repris en sous-œuvre; on y fit entrer les six facultés de théologie qui existent en France, avec des dispositions nouvelles qui consacraient l'intervention du gouvernement dans la nomination des professeurs, dans leur révocation et dans la délivrance des grades. Le projet, ainsi amendé, fut l'objet de plusieurs communications entre le gouvernement impérial et le Saint-Siége. Mais la mort soudaine de M. Fortoul ajourna une fois encore la conclusion définitive de cette affaire délicate.

Il importait que le personnel des facultés de théologie n'eût point à souffrir des délais répétés que subissait leur réorganisation. Aussi, dès que la sécurité eût commencé à renaître dans le pays, le gouvernement s'empressa d'inscrire au budget quelques augmentations, qui permirent de réparer le tort fait aux professeurs en 1848, et de reporter leur traitement à 4,000 francs dans la faculté de Paris, et à 3,000 francs dans les facultés des départements.

En même temps, le décret du 22 mars 1852 instituait dans l'église Sainte-Geneviève une communauté de six chapelains, nommés au concours pour trois ans, durant lesquels ils devaient se former à l'art de la prédication[1]. L'institution n'a conservé que peu d'années son organisation primitive; mais six traitements de 2,400 francs et d'autres crédits qui lui étaient attribués ont été transportés, sous forme de bourses, à l'école ecclésiastique des Carmes, où ils servent à entretenir un certain nombre de jeunes prêtres, envoyés à Paris par leurs évêques pour y perfectionner leur instruction et se rendre capables d'obtenir les grades en théologie ou dans les autres facultés.

Ces différentes mesures sont le gage de l'intérêt des pouvoirs publics pour le haut enseignement religieux. Nous devons ajouter qu'elles ont porté quelques fruits. Si le nombre des examens n'a pas augmenté d'une manière sensible dans les écoles de théologie, les cours du moins sont faits régulièrement; quelques-uns ont jeté un vif éclat. L'affluence des auditeurs, à Paris surtout, est plus considérable qu'elle ne l'a été à aucune autre époque.

Quant aux facultés de théologie protestante, nous en parlerons très-succinctement. En effet, elles n'ont pas subi les mêmes vicis-

[1] *Lois, décrets et règlements relatifs à l'administration des cultes*, Paris, 1854, in-8°, p. 46 et suiv.

situdes que les facultés catholiques, et leur constitution, ni surtout leur existence, n'ont jamais été mises en doute.

Le décret du 17 mars 1808 porte, comme on l'a vu, qu'il y aura deux facultés de théologie protestante, l'une à Strasbourg et l'autre à Genève.

Strasbourg possédait un séminaire luthérien, richement doté, dont la fondation remontait au XVIe siècle. Le séminaire tint lieu durant quelques années de la faculté protestante, qui ne fut pas organisée, comme établissement distinct, avant les derniers mois de 1818[1].

Une autre faculté que l'organisation primitive de l'Université ne comprenait pas, mais que mentionne un décret subséquent[2], avait été fondée en 1809 à Montauban pour les calvinistes. Elle remplaça, pour leur communion, la faculté de Genève, lorsque cette ville eut cessé de faire partie du territoire de la France.

L'organisation des deux facultés de Strasbourg et de Montauban a présenté dès l'origine quelques différences qui subsistent encore aujourd'hui. Ainsi l'enseignement de l'une et l'autre embrasse le dogme, la morale, l'histoire ecclésiastique et l'exégèse biblique. Mais il existe à Strasbourg une chaire d'éloquence sacrée qui manque à Montauban; et de son côté, Montauban possède des cours préparatoires qu'on n'a pas à Strasbourg, parce que ceux du séminaire les rendent inutiles; ce sont les cours d'hébreu, de littérature grecque et de philosophie morale, que les étudiants sont tenus de suivre, avant d'aborder la théologie proprement dite[3].

[1] Arrêté du 27 décembre 1818. (*Recueil des lois et règlements relatifs à l'instruction publique,* t. VI, p. 257.) Nous avons avancé à tort, dans notre ouvrage sur *Le budget de l'instruction publique,* p. 130, que la faculté de théologie de Strasbourg avait existé sous l'Empire, et que celle de Montauban n'avait été organisée que sous la Restauration. Cette erreur se trouve déjà rectifiée dans le travail que nous avons publié sur *Le budget des cultes,* Paris, 1859, in-8°, p. 230 et 231.

[2] Décret du 17 septembre 1808, art. 6. (*Recueil,* etc. t. IV, p. 35.)

[3] Voyez les règlements d'études et de discipline de la faculté de théologie de Strasbourg et de celle de Montauban. Ces règlements se trouvent textuellement reproduits dans la troisième édition du *Code universitaire,* de M. Rendu; Paris, 1846, in-8°, p. 518 et suiv.

Trente-six bourses, payées par le trésor public, étaient affectées primitivement à l'entretien des étudiants. En 1822, le nombre en a été porté à soixante, dont la moitié est partagée en demi-bourses. Primitivement aussi, les jeunes gens qui fréquentaient la faculté de Montauban n'avaient pas de résidence fixe, et habitaient, comme les étudiants du moyen âge, un domicile de leur choix, où ils échappaient en grande partie à la surveillance de leurs maîtres. Cet état de choses a cessé en 1847. A dater de cette année, une ordonnance royale[1] a imposé à tous les élèves boursiers ou pensionnaires libres l'obligation de venir demeurer sous l'autorité d'un directeur, dans les bâtiments qui venaient d'être construits pour les recevoir.

Le traitement des professeurs était, à l'origine, de 3,000 francs seulement; il n'arrivait pas même à ce chiffre pour quelques chaires. En 1860, il a été porté à 4,000 francs pour les professeurs de la faculté de Montauban.

La nomination aux chaires vacantes a lieu par décret de l'Empereur, sur deux listes de candidats, dressées, l'une par la faculté où la vacance existe, et l'autre par le conseil académique du ressort.

Ce qu'il importe de remarquer, et nous terminerons par là cet aperçu historique de l'enseignement de la théologie en France depuis le premier Empire, c'est que le gouvernement apporte dans ses choix la tolérance la plus large, et se garde d'intervenir dans les controverses religieuses qui partagent quelquefois les communions protestantes. La faculté de Strasbourg a eu, il y a peu d'années, une preuve signalée de cette tolérance, lorsque la chaire d'éloquence sacrée étant devenue vacante dans son sein, ses suffrages et ceux du conseil académique y appelèrent M. Colani, contre lequel des reproches d'incrédulité s'étaient élevés, mais que recommandait le directoire général de la confession d'Augsbourg. Le ministre accueillit cette double présentation et la fit agréer par l'Empereur. Il fit con-

[1] Ordonnance du 15 janvier 1847. Cette ordonnance n'a pas été insérée au *Bulletin des lois;* nous l'avons trouvée aux archives de l'administration des cultes.

naître en même temps, dans une lettre au recteur de l'académie de Strasbourg[1], la règle que le gouvernement s'était tracée, et dont il entendait ne pas se départir dans ces sortes d'affaires. « Le gouvernement, disait M. Duruy, tient trop à respecter la liberté religieuse des Églises pour intervenir dans des discussions dogmatiques. Il ne mettrait certainement pas un pur philosophe dans une place réservée à un théologien, pas plus qu'il n'aurait le droit de faire monter un protestant ou un juif dans une chaire de théologie catholique. Mais du moment que les autorités légalement constituées se déclarent pleinement satisfaites des principes théologiques d'un candidat, la tâche de l'administration est singulièrement facilitée. Son principal devoir, en pareil cas, n'est plus que de rechercher si le candidat a toutes les qualités requises pour le professorat. »

III

Les facultés de théologie, qui occupent la première place dans la hiérarchie des institutions de l'Université de France, avaient été précédées, selon l'ordre des temps, par les écoles de droit et par les écoles de médecine.

Le rétablissement des écoles de droit date de la loi du 12 ventôse an XII (13 mars 1804)[2]. En 1808, elles furent incorporées à l'Université impériale sous le nom de *facultés*, qu'un usage séculaire avait consacré.

Les premières facultés de droit furent établies dans les villes de Paris, Dijon, Turin, Grenoble, Aix, Toulouse, Poitiers, Rennes, Caen, Bruxelles, Coblentz et Strasbourg. Chaque faculté avait

[1] Lettre du 6 juin 1864. (*Bull. admin. de l'instruction publique*, nouv. série, t. I, p. 423 et suiv.)

[2] *Recueil des lois et règlements*, etc. t. III, p. 42 et suiv. Tous les documents relatifs aux facultés de droit, depuis leur établissement jusqu'en 1838, ont été rassemblés par les soins, je crois, de M. Ravaisson, dans un volume intitulé : *Recueil des lois, décrets, ordonnances, arrêtés et circulaires, etc. concernant l'enseignement du droit.* Paris, Imprimerie royale, 1838, 1 vol. in-8°. Toutefois nous continuerons de renvoyer à l'ancien *Recueil des lois et règlements sur l'instruction publique*, et au *Bulletin universitaire.*

cinq professeurs, au traitement fixe de 3,000 francs, et deux suppléants, qui recevaient 1,000 francs. Les uns et les autres étaient nommés au concours. La surveillance devait être exercée primitivement par cinq inspecteurs généraux, que le décret du 17 mars 1808 réduisit à deux, et qui bientôt disparurent des cadres. L'enseignement comprenait, dans une mesure plus ou moins large selon les localités, le droit civil français, le droit romain, la procédure civile et criminelle, le code pénal. On ne tarda pas à y joindre le droit commercial. Le cours d'études durait deux ans pour le baccalauréat, trois ans pour la licence, quatre ans pour le doctorat, une année seulement pour le certificat de capacité que les avoués sont tenus de produire. Diverses rétributions, dont le taux n'a pas varié durant un demi-siècle, étaient exigées des étudiants, savoir[1] :

Frais d'inscription :	Par chaque inscription	15f
Frais d'examen :	Pour le certificat de capacité	30
	Pour le baccalauréat et la licence	60
	Pour le doctorat	90
	Pour la thèse	120
Frais de certificat et de diplôme :		
	Pour le certificat de capacité	40
	Pour le diplôme de bachelier	50
	Pour le diplôme de licencié	80
	Pour le diplôme de docteur	100

Sous la Restauration, les études juridiques prirent un rapide essor. La faculté de Paris fut partagée en deux sections, qui devaient comprendre les cours suivants : 1° six cours de droit civil, que la faculté a toujours conservés depuis; 2° des cours de droit des gens, de droit romain, de procédure civile et criminelle, de code de commerce, de droit administratif, d'histoire philosophique

[1] Décret du 4e jour complémentaire an XII, art. 1er. (*Recueil*, etc. t. III, p. 85 et suiv.)

du droit, et même un cours d'économie politique, supprimé peu de temps après sa fondation. Le traitement fixe des professeurs fut élevé de 3,000 francs à 5,400 francs[1].

Dans quelques autres facultés, le gouvernement établit de nouvelles chaires de droit romain, ainsi que des chaires de droit commercial et de droit administratif[2].

Ce progrès heureux continua sous la monarchie de Juillet. Des cours de droit constitutionnel, de législation pénale comparée et d'introduction générale à l'étude du droit furent successivement ouverts à Paris[3]; des cours de droit commercial, à Rennes, Dijon, Aix et Grenoble[4]; des cours de droit administratif, à Poitiers, Aix, Dijon, Grenoble, Rennes, Strasbourg et Toulouse[5]. Afin de stimuler l'ardeur de la jeunesse et de récompenser le travail, des prix furent fondés en 1840, sur la proposition de M. Cousin, alors ministre de l'instruction publique, en faveur des étudiants de troisième et de quatrième année et des jeunes docteurs reçus depuis un an[6]. On comptait alors 4,000 à 5,000 élèves inscrits dans les facultés de droit; environ 2,400 diplômes de tout grade étaient délivrés chaque année.

Bientôt le gouvernement jugea que des améliorations partielles ne suffisaient pas, et il conçut le projet d'une réorganisation générale qui comblerait, d'un seul coup, toutes les lacunes, tous les *desiderata* de l'enseignement juridique. Dès 1838[7], M. de Salvandy

[1] Ordonnance du 24 mars 1819. (*Recueil des lois et règlements sur l'instruction publique*, t. VI, p. 263.)

[2] Ordonnances des 6 septembre 1822, 10 décembre 1823, 27 septembre, 11 novembre et 16 décembre 1829, 9 et 29 mai 1830. (*Bull. univ.* t. I, p. 386 et 617; t. II, p. 130.)

[3] Ordonnances des 22 août 1834, 12 décembre 1837, 25 juin 1840. (*Bulletin universitaire*, t. IV, p. 53; t. VI, p. 364; t. IX, p. 69.)

[4] Ordonnances des 16 février 1831 et 9 janvier 1832. (*Bulletin univ.* t. II, p. 229; t. III, p. 2.)

[5] Ordonnances des 2 septembre 1832, 1er décembre 1835, 12 décembre 1837. (*Bull. univ.* t. III, p. 65; t. IV, p. 409; t. VI, p. 364.)

[6] Ordonn. et arrêté du 17 mars 1840. (*Bull. univ.* t. IX, p. 11 et suiv.)

[7] Voyez le rapport, suivi de l'approbation royale, en date du 29 juin 1838. (*Bull. univ.* t. VII, p. 279 et suiv.)

avait institué une commission des hautes études de droit. En 1845[1], lors de son second ministère, il fit confirmer par le roi les pouvoirs de cette commission; il la compléta par des adjonctions importantes, et il la saisit de toutes les questions en litige sur la répartition des matières de l'enseignement, sur la création de nouvelles chaires, sur la collation des grades, enfin sur le recrutement du professorat. Tandis que ces différents points étaient débattus, à Paris, devant les juges les plus capables de les apprécier, d'habiles jurisconsultes, envoyés au delà du Rhin pour étudier les règlements et l'état des universités allemandes, rapportaient de précieuses indications sur les emprunts que la France pouvait faire à l'étranger[2].

Les facultés de droit furent appelées elles-mêmes à donner leur avis; et elles adressèrent au ministre des délibérations fortement motivées[3]. De ces travaux préparatoires sortit un projet de loi qui fut présenté en 1847 à la Chambre des pairs[4]. Aux termes de l'article 1er de ce projet, l'enseignement des facultés de droit devrait s'appliquer à toutes les branches de la science du droit et de l'étude des lois. Il comprenait deux sortes de cours : 1° des cours fondamentaux, savoir : l'introduction générale à l'étude du droit, ou droit naturel; le code civil, le code de procédure civile, le code d'instruction criminelle et le code pénal, le code de commerce, le code administratif, le droit romain, particulièrement les *Institutes* de Justinien; 2° des cours spéciaux, savoir : l'histoire du droit ancien et moderne, les *Pandectes*, le droit des gens, le droit mari-

[1] Rapport au roi, du 20 février 1845. (*Bull. univ.* t. XIV, p. 21 et suiv.)

[2] Nous citerons entre autres le remarquable *Rapport adressé à M. le Ministre de l'instruction publique sur l'organisation de l'enseignement du droit et des sciences politiques et administratives dans quelques parties de l'Allemagne, et particulièrement en Prusse et en Wurtemberg*, par M. Charles Vergé, 1846, in-4° de 104 pages.

[3] Voyez le recueil, devenu assez rare, qui a pour titre : *Délibérations des Facultés de droit sur les questions proposées à la haute commission par M. le Ministre de l'instruction publique, précédées du Rapport au roi de M. le Ministre, et suivies de documents statistiques sur les Facultés de droit*, 1845, in-4°.

[4] Séance de la Chambre des pairs du 9 mars 1847.

time, le droit constitutionnel, l'économie politique, l'histoire des traités, les législations comparées.

Les esprits les moins disposés à l'indulgence ne sauraient méconnaître ce qu'il y avait de large et d'élevé dans cette manière de comprendre et de définir l'enseignement juridique. Si le temps n'eût pas manqué à M. de Salvandy pour faire triompher ses propositions, peut-être eussent-elles régénéré complétement nos facultés de droit. Elles auraient contribué tout au moins à les prémunir contre une tendance qui leur a été souvent reprochée avec plus ou moins de raison, et qui consiste à se préoccuper trop exclusivement, dans l'explication de la loi, des décisions souvent contradictoires des tribunaux, en désertant le terrain des principes, où réside la source de toute interprétation vraiment scientifique et doctrinale du Code. Mais là, comme ailleurs, les événements de 1848 firent ajourner les solutions que de longues années d'études avaient mûries, et qui paraissaient à la veille d'être adoptées. Après la chute de la monarchie de Juillet, il ne fut plus question du projet de M. de Salvandy; et cependant jamais la réforme de l'enseignement juridique, jamais son développement et sa diffusion n'eussent offert plus d'opportunité que sous l'empire d'une constitution purement démocratique, appelant le pays à se gouverner lui-même.

La seule mesure que la situation permit ou inspira au gouvernement républicain, ce fut l'établissement d'une École d'administration, qu'il rattacha au collége de France[1]. On devait enseigner dans cette école le droit politique français et le droit politique comparé, le droit international et l'histoire des traités, le droit privé, le droit administratif, l'histoire des institutions administratives françaises et étrangères. Mais la statistique et l'économie générale étaient les branches les plus favorisées. Elles faisaient l'objet de cinq cours, confiés à autant de professeurs, qui avaient pour mission spéciale, non pas d'enseigner de pures théories, mais d'exposer l'état de la

[1] Arrêté du 8 mars 1848. (*Bulletin des lois*, x^e série, n° 7. — *Bull. univ.* t. XVII, p. 68 et 91.)

population, celui de l'agriculture et de l'industrie, le développement des travaux publics, l'économie des finances et du commerce, en un mot, tous les faits positifs et constants de la vie sociale.

Les cours de l'École d'administration réalisèrent, en dehors des facultés de droit, une partie des améliorations que M. de Salvandy s'était proposé d'introduire dans l'enseignement de celles-ci. Mais la nouvelle école avait-elle une raison d'être suffisante? Le but avoué et généreux de ses fondateurs était de préparer pour les différents services publics des fonctionnaires éclairés. Or le sérieux apprentissage des fonctions administratives peut-il se faire dans l'enceinte d'une école et au bas d'une chaire? Beaucoup d'esprits sages ne le pensaient pas, et soutenaient que, pour acquérir l'intelligence des affaires, pour apprendre à les bien conduire, les meilleurs des maîtres sont l'expérience et la pratique. Des craintes s'élevaient d'ailleurs sur les mécomptes réservés à la plupart de ces jeunes gens, dont le gouvernement aurait stimulé les désirs ambitieux par les soins mêmes donnés à leur instruction, et auxquels il ne pouvait offrir, après leur noviciat, que des emplois obscurs et peu rémunérés. Ces objections, que nous avons relevées entre plusieurs autres, amenèrent la chute de l'École d'administration, dix-huit mois après son établissement[1]. Nous sera-t-il permis d'ajouter, en nous écartant un peu de notre sujet, que le but d'utilité qu'elle présentait se trouve aujourd'hui rempli par les réformes apportées à l'institution des auditeurs près le Conseil d'État? Quatre-vingts jeunes gens, qui ont justifié de leur aptitude et de leur savoir dans un concours très-sérieux, sont admis à participer, durant cinq ans, aux travaux du Conseil. Ce temps expiré, ils laissent la place à d'autres, et vont reporter, soit dans la vie civile, soit dans l'administration, les connaissances pratiques, le sentiment des droits et des devoirs de l'autorité, quelques-uns même le tact politique, don naturel mais perfectible, qu'ont développés en eux les paroles, les exemples et le

[1] Loi du 9 août 1849. (*Bull. des lois*, x^e série, n° 187. — *Bull. univ.* t. XVIII, p. 173.)

commerce des administrateurs et des hommes d'État les plus éminents du pays. N'est-ce pas là une école excellente pour ceux qui se destinent aux fonctions publiques?

Revenons aux facultés de droit. En 1852, la constitution de leur professorat subit une modification grave; les chaires, qui étaient données jusque-là au concours, le furent désormais, sur une double présentation de candidats, l'une par la faculté où s'était produite la vacance, l'autre par le conseil académique[1].

En 1854, les professeurs suppléants, qui dataient de la fondation des écoles de droit, furent remplacés par des agrégés[2]. Ceux-ci, sous un autre titre, exercent les mêmes fonctions que les suppléants, et sont, comme eux, nommés au concours; seulement, en vertu du décret organique, ils demeurent à la disposition du ministre, qui peut les attacher temporairement aux diverses facultés de l'Empire, selon les besoins du service.

Le nombre des élèves avait fléchi. Ce mouvement de décroissance dans la population scolaire datait des dernières années de la monarchie de Juillet. Au lieu de 4,900 élèves, comme en 1835 et en 1836, on n'en comptait déjà plus, deux ans après, que 4,100 et 4,200. En 1849, le chiffre des inscriptions descendit jusqu'à 3,863. Il est vrai qu'il se releva presque aussitôt, mais pour retomber, en 1853, à 3,944, en 1854, à 3,585, en 1855, à 3,231[3]. Le gouvernement venait alors d'imposer aux étudiants en droit une obligation nouvelle, celle de suivre deux cours au moins de la faculté des lettres[4]. Cette sage et salutaire innovation aurait-elle eu pour effet de détourner des études juridiques une partie de la jeunesse? Nous ne le pensons pas, et nous inclinons à croire

[1] Décret du 9 mars 1852, art. 1 et 2. (*Bull. admin.* t. III.)

[2] Décret du 22 août 1854, art. 9. (*Bull. admin.* t. V, p. 196 et suiv.)

[3] Dans notre livre sur *Le budget de l'instruction publique*, p. 309, nous avons donné, d'après les documents officiels, le tableau des élèves inscrits et des diplômes délivrés dans les facultés de droit, de 1835 à 1855.

[4] Décret du 10 avril 1852, art. 13. (*Bull. admin.* t. III.)

que l'abandon passager de ces études, naguère si cultivées, eut pour cause principale le puissant attrait des carrières industrielles et l'ambition des bénéfices qu'elles procurent. Quoi qu'il en soit, le gouvernement fut si peu effrayé de la désertion de l'École de droit, qu'il n'hésita pas à y relever de plus de moitié les rétributions scolaires. Par le décret du 22 août 1854[1], le taux des inscriptions fut porté de 30 francs à 60 francs; celui des examens, de 30 francs à 60 francs pour les uns, et de 60 francs à 90 francs pour les autres; celui des diplômes, de 36 francs et de 48 francs à 100 francs. En un mot, sous l'empire du règlement de l'an XII, le baccalauréat et la licence en droit coûtaient, réunis, 814 francs; la nouvelle législation porta la dépense à 1,240 francs, y compris les frais des inscriptions que les étudiants devaient prendre aux cours de la faculté des lettres. Cette élévation de taxe ajourna l'heureuse influence que la prospérité publique aurait dû exercer sur l'augmentation du nombre des élèves. Toutefois, le chiffre des inscriptions ne tarda pas à se relever par une progression d'abord très-lente, mais bientôt plus rapide. S'il tomba, en 1856, à 3,112, il remonta, en 1858, à 3,199; en 1860, à 3,215; en 1862, à 3,684; en 1864, à 4,481; en 1865, à 4,913. Ainsi, malgré un tarif beaucoup plus dispendieux pour les familles, les écoles de droit ont retrouvé aujourd'hui la clientèle scolaire la plus nombreuse qu'elles aient eue sous la monarchie de Juillet.

Les mesures fiscales que nous rappelions plus haut avaient pour objet de créer des ressources financières que le ministre de l'instruction publique devait appliquer à l'amélioration de l'enseignement supérieur. Ces ressources ont moins profité, il faut le reconnaître, aux facultés de droit qu'aux facultés des sciences et des lettres; cependant les premières ont vu s'accomplir depuis quinze ans des progrès qui ne sont pas sans importance.

Un décret du 8 décembre 1852, développé par un arrêté

[1] *Bull. admin.* t. V, p. 226 et suiv.

ministériel du 4 février 1853[1], a fait à l'enseignement du droit romain une part plus large que celle qui lui était accordée jusque-là. A Paris, une chaire nouvelle a été fondée. Dans toutes les facultés, le cours embrasse deux années au lieu d'une seule, et cette durée plus longue permet aux professeurs de compléter l'explication des *Institutes* par des textes choisis dans le *Digeste*, dans le *Code* et dans les *Novelles*.

La chaire de droit romain, créée à Paris, avait remplacé l'ancienne chaire de droit constitutionnel, que les changements survenus dans l'état politique de la France avaient conduit à retrancher, mais dont l'absence n'était pas moins très-regrettable. Le vide qu'elle avait laissé en disparaissant se trouva en grande partie comblé par l'extension qui fut donnée à l'enseignement du droit administratif. Dès la fin de 1856, M. Rouland, depuis peu ministre de l'instruction publique, avait consulté le Conseil impérial sur les moyens d'assurer plus de consistance et d'uniformité à cette partie si importante des cours. En 1862, un arrêté ministériel[2] en a fixé le programme définitif. Ce programme comprend des notions générales et sommaires sur l'organisation et les attributions de l'autorité administrative, sur la hiérarchie de ses agents, de ses conseils et de ses juridictions; sur les différentes natures de contributions publiques, sur leur assiette et leur recouvrement. Il est prescrit aux professeurs d'approfondir tout ce qui touche à la séparation des pouvoirs, aux conflits, aux appels comme d'abus, aux mises en jugement.

Au mois de mars 1859, une chaire de droit français étudié dans ses origines féodales et coutumières a été créée à Toulouse. Quelques mois après, une chaire semblable a été substituée dans l'école de Paris à la chaire d'introduction générale à l'étude du droit[3]. C'est la première fois, depuis 1789, que la législation

[1] *Bull. admin.* t. IV, p. 50.

[2] Arrêté du 31 décembre 1862. (*Bull. admin.* t. XIII, p. 258.)

[3] Décrets des 10 mars et 18 octobre 1859. (*Bulletin admin.* t. X, p. 68 et 207.)

actuelle de la France a été rattachée dans l'enseignement officiel aux coutumes qui l'ont précédée et, à certains égards, préparée.

La faculté de Paris, comme nous l'avons vu, avait été dotée en 1819 d'un cours d'économie politique, supprimé presque aussitôt après. En 1864, ce cours lui a été rendu par les soins de Son Exc. M. Duruy[1]; et, cette fois, il a été constitué d'une manière sérieuse et durable, avec un programme nettement défini. Tel est le succès qu'il a obtenu dès l'ouverture, que des cartes ont dû être exigées des étudiants qui se proposaient de le suivre[2]. L'enseignement de l'économie politique est exclusivement réservé aux élèves de deuxième et de troisième année; il se relie tout à la fois au cours de droit administratif et à la connaissance des événements principaux de l'histoire contemporaine avec laquelle les étudiants se sont familiarisés au lycée même, durant l'année de philosophie.

Enfin deux nouvelles facultés de droit ont été créées, l'une à Nancy, l'autre à Douai[3]. Chacune comprend sept chaires, savoir: trois chaires de code Napoléon, une chaire de droit romain, une chaire de procédure civile et de législation criminelle, une chaire de droit commercial, et une chaire de droit administratif. La constitution de ces deux facultés a offert cela de particulier qu'elles ne coûtent rien à l'État. Les dépenses annuelles, qui sont les mêmes que dans les établissements analogues, sont compensées par les rétributions scolaires exigées des étudiants; et, dans le cas où ces rétributions ne seraient pas suffisantes pour les couvrir, les villes ont pris l'engagement de verser au Trésor une somme égale au montant de la différence. Ce sont les villes, d'ailleurs, qui ont fourni les bâtiments, qui les ont appropriés aux besoins de l'instruction publique et qui les ont pourvus du mobilier nécessaire,

[1] Décret du 17 septembre 1864. (*Bull. admin.* nouv. série, t. II, p. 267.)

[2] Décision du 3 décembre 1864. (*Ibid.* p. 610.)

[3] Décrets des 9 janvier 1864 et 28 avril 1865. (*Bull. admin.* t. I, p. 26, et t. III, p. 495.) Voyez aussi le décret du 17 septembre 1864. (*Bull.* t. II, p. 293.)

prenant à leur charge tous les frais de réparation et d'entretien. 150 élèves, inscrits en octobre dernier à la faculté de Nancy, 200 à celle de Douai, ont démontré d'une manière surabondante l'utilité de cette double création.

Nous sommes loin de méconnaître les lacunes que présente l'organisation actuelle des facultés de droit, et les perfectionnements qu'elles réclament; mais les mesures dont elles ont été l'objet prouvent du moins que la sollicitude du gouvernement impérial est éveillée, et qu'il ne négligera aucun effort pour asseoir dans notre pays, sur les bases les plus solides et les plus larges, l'enseignement juridique, cet enseignement lié d'une manière si étroite aux destinées de la législation et de la jurisprudence françaises.

IV

Nous passons maintenant aux facultés de médecine.

La loi du 14 frimaire an III[1] avait établi, à Paris, à Montpellier et à Strasbourg, trois écoles de santé, dont l'enseignement devait embrasser « l'organisation et le physique de l'homme, les signes et les caractères de ses maladies d'après l'observation, les moyens curatifs connus, les propriétés des plantes et des drogues usuelles, la médecine médicinale, les procédés des opérations, l'application des appareils et l'usage des instruments, enfin les devoirs publics des officiers de santé. » Six professeurs et autant d'adjoints étaient attachés à l'école de Strasbourg, huit à celle de Montpellier, douze à celle de Paris. Chaque école avait un directeur chargé de tous les détails de la partie administrative et de tous ceux de la comptabilité, sous l'autorité de l'assemblée des professeurs, formant le conseil de l'école.

Les écoles de santé, qui succédaient aux facultés et colléges de médecine et de chirurgie de l'ancienne Université, furent elles-mêmes le point de départ et la première ébauche de la nouvelle

[1] *Recueil des lois*, etc. t. I, p. 33. — *Le budget de l'instruction publique*, p. 117 et suivantes.

organisation de l'enseignement médical. Les lois du 11 floréal an x et du 19 ventôse an xi[1] les rangèrent parmi les écoles spéciales, en attendant que le décret du 17 mars 1808 leur restituât le titre de *facultés*, qu'elles ont conservé depuis.

Il existait à cette époque, comme il y a encore aujourd'hui, deux sortes de praticiens : les docteurs en médecine et les officiers de santé.

Le cours d'études pour les docteurs en médecine embrassait quatre années : les examens étaient au nombre de cinq, sans compter la thèse.

Le premier examen portait sur l'anatomie et la physiologie ; le deuxième, sur la pathologie et la nosologie ; le troisième, sur la matière médicale, la chimie et la pharmacie ; le quatrième, sur l'hygiène et la médecine légale ; le cinquième, sur la clinique. Deux de ces examens devaient être soutenus en latin : garantie remarquable en faveur des études classiques, alors si délaissées.

Les officiers de santé n'étaient tenus de fréquenter aucune école ; il suffisait qu'ils eussent été attachés, pendant six années, comme élèves, à des docteurs, ou qu'ils eussent suivi, pendant cinq années consécutives, la pratique des hôpitaux civils ou militaires. Cette condition remplie, ils étaient admis à justifier de leur savoir médical devant un jury nommé par le gouvernement, et composé de deux docteurs et d'un professeur de l'une des écoles de médecine. Chaque département avait son jury. Il y avait trois examens, l'un sur l'anatomie, l'autre sur les éléments de la médecine, le troisième sur la chirurgie et sur les notions les plus usuelles de la pharmacie ; ils se faisaient en français et publiquement.

La loi avait établi cette différence entre les docteurs et les officiers de santé, que les premiers pouvaient exercer leur profession dans toute l'étendue du territoire de la France, et que les seconds, au contraire, ne pouvaient s'établir que dans le département où siégeait le jury qui les avait examinés.

[1] *Recueil des lois et règlements*, etc. t. II, p. 433 et suiv.

Lors de la fondation des écoles de santé sous la République, leurs dépenses avaient été laissées à la charge du trésor national; mais on sentit bientôt la nécessité d'alléger les sacrifices du Trésor en exigeant des étudiants une rétribution pour droits d'incription et d'examen.

Les droits d'inscription furent fixés : pour la première année, à 100 francs; pour la deuxième année, à 120 francs; pour la troisième année, à 140 francs; pour la quatrième année, à la même somme.

Les droits d'examen furent ainsi réglés : pour le premier examen, 60 francs; pour le deuxième examen, 70 francs; pour le troisième examen, 70 francs; pour le quatrième examen, 80 francs; pour le cinquième examen, 100 francs; pour la thèse, 120 francs.

Les candidats au titre d'officier de santé ne devaient en tous cas verser que 200 francs[1].

A ces rétributions, et malgré le texte précis des articles 9 et 19 de la loi de ventôse, le décret du 17 février 1809 ajouta pour droit de sceau une somme de 100 francs, ce qui porta la totalité des frais d'étude à 1,100 francs pour les docteurs en médecine, et à 300 francs pour les officiers de santé.

En vertu de l'article 52 du décret du 17 mars 1809, les professeurs étaient nommés au concours. Ils recevaient un traitement fixe de 3,000 francs, inscrit au budget de l'État, et un traitement éventuel prélevé sur le produit des droits d'inscription, d'examen et de réception[2].

L'organisation que la loi du 19 ventôse an XI et le décret du 17 mars 1808 avaient fondée subsista durant plusieurs années sans autre changement que l'augmentation du nombre des chaires. Lors de la chute de l'Empire, la faculté de Paris comptait vingt-quatre professeurs, entre lesquels l'enseignement était réparti.

[1] Arrêté du 20 prairial an XI (9 juin 1803), art. 21 et suiv. (*Recueil,* etc. t. II, p. 406 et suiv.)

[2] Arrêté du 13 vendémiaire an XII (6 octobre 1803). (*Recueil,* etc. t. III, p. 1 et suiv.)

L'ordonnance du 2 février 1823[1] n'en conserva que vingt-deux, et modifia le titre et, par conséquent, la destination apparente de plusieurs chaires, moins pour opérer une réforme sérieuse dans le fond des choses que des mutations arbitraires dans les cadres du personnel. La même ordonnance attacha à la faculté trente-six agrégés, nommés au concours pour neuf ans et par tiers, de sorte qu'il y en eût douze qui fissent un stage de trois ans, et vingt-quatre qui fussent en exercice pendant six années. Le concours n'existait plus depuis 1815 pour la nomination aux chaires; il avait été remplacé, et il continua de l'être par une double présentation de sujets que la faculté et le conseil académique proposaient au choix du grand maître, mais qui devaient être choisis exclusivement parmi les agrégés. Ceux-ci avaient un autre privilége, c'était de pouvoir être seuls autorisés à ouvrir des cours particuliers.

Un des premiers actes de la monarchie de Juillet fut de rétablir le concours, de réintégrer dans leurs chaires les professeurs que la Restauration avait éliminés, d'écarter ceux qui avaient été nommés à leur place, enfin de restreindre le privilége accordé aux agrégés, en bornant ce privilége à la suppléance des professeurs empêchés et à l'assistance aux examens. L'agrégation, toutefois, fut maintenue comme très-utile en elle-même, soit pour prévenir dans les facultés le relâchement, soit pour entretenir l'émulation parmi les jeunes médecins[2].

Les cours de la faculté de Paris, accrus de quelques chaires nouvelles, qui en portaient le nombre à vingt-cinq, embrassaient alors l'anatomie, la physiologie, la chimie médicale, la physique médicale, l'histoire naturelle médicale, la pharmacologie, l'hygiène, la pathologie interne, la pathologie externe, la pathologie générale, les opérations et appareils, la matière médicale et la thérapeutique, la médecine légale, la clinique interne et externe,

[1] *Recueil des lois et règlements*, etc. t. VII, p. 228 et suiv.

[2] Ordonnance du 5 octobre 1830. Cette ordonnance fut rendue sur le rapport de M. le duc de Broglie. (*Bull. univ.* t. II, p. 155 et suiv.)

enfin les accouchements ainsi que les maladies des femmes en couches et des enfants nouveau-nés.

A Montpellier il y avait treize chaires, et douze à Strasbourg.

Parmi les professeurs figuraient Dupuytren, Desgenettes, Orfila, Duméril, Alibert, Richerand, Broussais, M. Andral, M. Bouillaud, M. Jules Cloquet.

Entre les agrégés la voix publique avait distingué MM. Velpeau, Blandin, Gerdy, Trousseau, Paul Dubois, Laugier, Jobert de Lamballe. A la même époque, la faculté de Montpellier s'honorait de compter au nombre de ses maîtres M. Lordat et M. Lallemand.

Aux leçons orales des professeurs s'ajoutaient une heureuse variété d'exercices pratiques, et surtout des dissections fréquentes. A Paris, ce dernier genre de travaux agrandit et développa la connaissance de l'anatomie à un degré qui n'avait pas encore été atteint. A Montpellier, au contraire, suivant la tradition des anciens maîtres, on attachait moins d'importance à l'observation des organes qu'à celle des fonctions et du principe de la vie. Mais ces dissidences mêmes contribuaient à l'aspect florissant des études. Rarement, dans les écoles françaises, l'enseignement médical a compté d'aussi beaux jours. Maîtres et étudiants étaient animés d'une égale ardeur, les uns pour frayer à la science des sentiers nouveaux, pour procurer à l'humanité souffrante des moyens de guérison efficaces, les autres pour acquérir les connaissances nécessaires au meilleur exercice de leur profession.

Le nombre des docteurs en médecine s'accrut sensiblement. Il fut délivré 367 diplômes en 1826, 401 en 1828, 444 en 1830, 514 en 1833, 560 en 1836.

Les réceptions annuelles des officiers de santé ne suivirent pas la même progression. On en avait compté 331 en 1825; elles descendirent l'année suivante à 269, puis à 215, et remontèrent lentement jusqu'à 305 en 1836.

Cependant l'accès des facultés de médecine n'était pas resté longtemps aussi facile que la loi de ventôse an XI l'avait laissé. On exigea tout d'abord des candidats la preuve qu'ils avaient fait des études classiques; puis, en vertu de l'ordonnance du 5 juillet 1820, qui confirmait en cela une disposition du décret de 1808 [1], on leur imposa l'obligation de produire le diplôme de bachelier ès lettres pour être admis à prendre leur première inscription. En 1836 on fit un pas de plus dans la même voie. Outre le baccalauréat ès lettres, on demanda aux étudiants en médecine le baccalauréat ès sciences. Il est vrai qu'on tempéra pour eux la rigueur de l'examen, et que le Conseil de l'instruction publique dressa en leur faveur un programme spécial, qui comprenait moins d'algèbre et de géométrie que le programme ordinaire [2]. Néanmoins ce surcroît de conditions établies à l'entrée des carrières médicales eut pour résultat immédiat d'en détourner la jeunesse.

En 1836 on avait compté 2,500 élèves inscrits dans les trois facultés de Paris, de Montpellier et de Strasbourg. Il y eut encore 2,334 inscriptions en 1837; mais il n'en restait plus que 1,526 en 1839; que 983 en 1841; que 877 en 1843.

A dater de 1844, le nombre des inscriptions se releva peu à peu, sans remonter cependant au chiffre qu'elles avaient atteint dans les premières années du gouvernement de Juillet.

Ce n'est pas que la protection de l'État fît défaut aux facultés de médecine. De nouvelles chaires furent créées [3]; des crédits furent ouverts afin d'accroître le matériel scientifique, d'acquérir d'importantes collections, et de construire, à Paris et à Montpellier, de nouvelles galeries assez spacieuses pour les recevoir [4]. En même temps l'administration de l'instruction publique, cédant aux justes

[1] Décret du 17 mars 1808, art. 26 : «A compter du 1er octobre 1815, on ne pourra être admis au baccalauréat dans les facultés de droit et de médecine, sans avoir au moins le grade de bachelier dans celle des lettres.»

[2] Ordonnance du 9 août 1836. (*Bull. univ.* t. V, p. 197.)

[3] Ordonnances des 16 février 1831, 19 juin 1834, 13 mai et 20 juillet 1835, 25 octobre 1836, 10 août 1838, 20 septembre 1844. (*Bull. univ.* t. IV, p. 230 et 258; t. V, p. 278; t. VII, p. 343; t. XIII, p. 53.)

[4] Lois des 20 juin et 8 août 1847. (*Bull. des lois*, IXe série, nos 1400 et 1418.)

vœux du corps médical, élaborait un projet de loi destiné à remplacer la législation incomplète et vieillie de l'an XI.

Une des clauses les plus importantes de ce projet était la suppression des officiers de santé. A la Chambre des pairs, qui fut la première appelée à discuter le plan du gouvernement, cette clause souleva des débats non moins mémorables par l'éminente renommée des orateurs que par la gravité sociale de la question. «Personne, disait le ministre[1], personne ne conseillera de dire, personne ne consentira à écrire dans la loi qu'il y a deux sortes de santé et de vie humaine; qu'il y a des classes de la population dont les maladies, dont les infirmités et les misères doivent se passer de secours expérimentés et instruits; que pour le pauvre des villes, que pour l'habitant des campagnes, il suffit d'un médecin qui ne sait pas, qui n'a pas étudié, qui ne s'est pas préparé, par la connaissance théorique et pratique de la science, à l'exercice d'un ministère qui dispose de la vie des hommes. On veut donc des études, de l'instruction, un enseignement sérieux.» — «A côté du maître d'école, répondait M. Cousin[2], à côté d'un bon curé de campagne, j'aime à placer un officier de santé, né de parents trop peu riches pour aspirer à la haute et coûteuse instruction des facultés, dont tous les frais d'études n'ont pas excédé 200 francs, qui a vécu quelques années dans une ville de province, d'une vie assez peu différente de celle qui l'attend; un officier de santé qui n'est, il est vrai, ni bachelier ès lettres ni bachelier ès sciences; qui ne sait ni les mathématiques, ni le grec, ni la métaphysique; qui n'est pas en état de lire Hippocrate et Galien dans leur langue pas plus que Thucydide, Démosthène ou Platon; qui ne connaît point les parties fines et un peu romanesques de la physiologie la plus récente; qui n'est versé ni dans l'histoire, ni dans la philosophie de la médecine; qui n'a appris que ce qu'on n'a pas besoin de

[1] Exposé des motifs du projet de loi sur l'enseignement et l'exercice de la médecine et de la pharmacie. (Séance de la Chambre des pairs du 15 février 1847.)

[2] Séance de la Chambre des pairs du 4 juin 1847.

jamais désapprendre, non l'incertain et l'hypothétique, mais l'incontesté et l'indispensable : voilà le vrai médecin de campagne. Il est aisément le confident, le conseiller, le consolateur du pauvre, parce qu'il en est presque le compagnon. »

L'éloquence de leur défenseur ne put sauver les officiers de santé. L'amendement qui tendait à maintenir deux ordres de praticiens fut repoussé par une forte majorité[1]. Mais le projet de loi si mûrement délibéré par la Chambre des pairs ne devait point aboutir. Comme il venait d'être soumis à la Chambre des députés, la révolution de Février s'accomplit. Elle n'eut d'autre influence sur les facultés de médecine, que de ramener à 6,000 francs le traitement fixe des professeurs de la faculté de Paris, qui s'était élevé progressivement jusqu'à 7,000. Mais cette économie rigoureuse dura peu. Dès 1855, le taux de 7,000 francs avait été reconquis.

Nous voici arrivé à la période dans laquelle nous avons spécialement à suivre et à retracer les vicissitudes de l'enseignement public. Celles que les études médicales ont présentées depuis quinze ans sont, comme on le verra, en très-petit nombre.

La première en date est l'abolition du concours pour la nomination aux chaires. Dans les récentes discussions de la Chambre des pairs, le concours venait de trouver d'éloquents adversaires, entre autres M. Cousin et M. Thénard. Contre l'avis du ministre, la majorité s'était prononcée pour sa suppression[2]. Personne ne pouvait s'attendre qu'il fût maintenu par les nouveaux règlements donnés à l'instruction publique en 1852. On revint alors à l'ancien système, savoir : une double présentation de candidats, l'une par la faculté, l'autre par le conseil académique. Toutefois le gouvernement ne voulut pas que cette présentation enchaînât la liberté de ses choix, et il se réserva de les faire porter sur des candidats, docteurs en médecine, qui n'auraient pas été présentés[3]. Cet état de choses subsiste encore.

[1] Séance du 11 juin 1847. — [2] Séance du 17 juin 1847. — [3] Décret du 9 mars 1852, art. 1 et 2.

En 1854 s'accomplit une autre réforme : les jurys médicaux que la loi de ventôse chargeait de l'examen des officiers de santé furent supprimés. Leur utilité se trouvait depuis longtemps fort contestée, surtout dans les rangs du corps médical. M. de Salvandy avait proposé à la Chambre des pairs de les détruire, et nulle voix ne s'était élevée pour prendre leur défense. La mission que ces jurys remplissaient fut très-sagement dévolue aux professeurs des écoles préparatoires de médecine et de pharmacie, sous la présidence d'un professeur de la faculté de médecine dans le ressort de laquelle l'école était établie. A cette occasion, il fallut déterminer le territoire de chaque faculté et même celui de chaque école, afin qu'aucun doute ne pût s'élever sur le tribunal auquel les candidats des différentes localités auraient à demander leurs diplômes. L'incertitude en pareille matière aurait eu d'autant plus d'inconvénients, que les nouvelles commissions allaient avoir à examiner, comme les anciens jurys, les herboristes et les sages-femmes aussi bien que les officiers de santé [1].

L'article 21 du décret qui supprima les jurys médicaux éleva les rétributions scolaires de 1,100 à 1,260 francs pour les docteurs en médecine. Le même article les porta, pour les officiers de santé, de 460 francs dans Paris, et de 410 dans les départements, à 580 francs.

Cependant un débat fort grave s'était élevé sur les garanties d'aptitude et d'instruction qui doivent être exigées des étudiants en médecine. La profession de médecin, si honorée dans tous les pays, suppose une éducation à la fois scientifique et littéraire. En effet, le médecin n'a pas seulement à soigner les souffrances du corps, mais celles de l'âme. Il embrasse l'homme tout entier, dans sa double nature physique et morale. Tandis qu'il observe les lésions apparentes des organes, il doit pénétrer les pensées les plus secrètes, les sentiments les plus cachés, causes fréquentes et invisibles

[1] Décret du 22 août 1854, art. 10; règlement du 23 décembre 1854; arrêté du 25 avril 1857. (*Bull. admin.* t. V, p. 228 et 488; t. VIII, p. 73.)

des maladies. Or ne remplira-t-il pas d'autant mieux tous les devoirs de son état qu'il aura joint à l'étude des sciences la culture que donne le commerce des lettres? C'est à cette situation que répondait la garantie du double baccalauréat, établie en 1836. Mais en présence des réformes opérées ou annoncées par M. Fortoul, lorsque les nouveaux règlements, ainsi que nous dirons bientôt, eurent introduit quelques épreuves de littérature, d'histoire et de logique dans les examens pour le baccalauréat ès sciences, ce dernier grade fut le seul qu'on exigea des étudiants en médecine. Telle est la disposition formelle de l'article 12 du décret du 10 avril 1852 sur le plan d'études. Comme l'accès des carrières médicales se trouvait par là rendu beaucoup moins rude, il semblait que la jeunesse, les familles, les facultés elles-mêmes, dussent applaudir au changement qui venait de s'opérer. Mais le sentiment de la dignité froissée l'emporta, chez les médecins, sur tout autre intérêt. Ils se plaignirent avec amertume que leur profession fût rabaissée, qu'ils fussent en quelque sorte bannis de la république des lettres par la décision même qui dispensait les futurs praticiens d'avoir fait des études classiques, et ils insistèrent pour que l'obligation du baccalauréat ès lettres leur fût de nouveau imposée. Après un mûr examen de la part du gouvernement et plusieurs délibérations tant du comité des inspecteurs généraux que du Conseil impérial de l'instruction publique, ce vœu a été rempli, durant le ministère de M. Rouland et sur sa proposition, par le décret du 22 août 1858.

Toutefois la garantie du double baccalauréat ne fut rétablie qu'avec de sages tempéraments. Ainsi les étudiants en médecine n'ont à produire le diplôme de bachelier ès sciences qu'au moment où ils prennent leur troisième inscription, c'est-à-dire après six mois d'études médicales, les deux premières inscriptions pouvant être prises par eux avant l'accomplissement de cette condition. De plus, comme on l'avait déjà décidé en 1837, l'examen qu'ils ont à subir porte sur quelques-unes seulement des questions de mathématiques et de physique énoncées dans le programme ordinaire des épreuves[1].

Même réduite à ces termes, la réforme n'était pas sans quelque péril. Ne ralentirait-elle pas le mouvement qui commençait à ramener la jeunesse dans les facultés de médecine? Le ministre en éprouvait la crainte et ne l'avait pas cachée dans les notes qui furent soumises en son nom au Conseil de l'instruction publique. Heureusement, ces appréhensions ne se sont pas réalisées. La désertion qu'on avait vue se produire en 1837 et dans les années suivantes ne s'est pas renouvelée en 1859; loin de là, le nombre des jeunes gens qui se destinent à la carrière médicale s'est augmenté d'une manière sensible. Il s'est élevé progressivement :

En 1859, à	1,439 élèves.
1860	1,565
1862	1,754
1864	1,799
1866	1,782

Parmi les causes de l'augmentation du nombre des étudiants inscrits dans les facultés de médecine, nous ne saurions omettre les décrets du 12 juin 1856 et du 28 juillet 1860[2], qui ont rattaché à la faculté de médecine de Strasbourg les élèves du service militaire de santé. Ces jeunes gens, qui sont au nombre de cent environ, vivent casernés dans l'hôpital militaire de Strasbourg. En vertu de dispositions concertées entre le ministre de la guerre et celui de l'instruction publique, ils suivent les cours de la faculté et se présentent à ses examens. Mais les besoins du service ont fait établir en leur faveur quelques règles particulières. Ainsi, à la fin de chaque année, ils subissent une épreuve qui leur est comptée au terme de leurs études pour l'admission au doctorat, sans qu'ils soient assujettis alors, comme le sont les étudiants ordinaires, à un

[1] Arrêté du 24 janvier 1859. (*Bull. admin.* t. X, p. 18 et suiv.)

[2] *Bull. admin.* t. VII, p. 97, et t. XI, p. 209 et suiv.

nouvel examen sur les mêmes matières. On a pensé que, soumis dans l'hôpital à un régime tout militaire, qui favorisait le travail et prévenait la dissipation, ils étaient moins exposés que d'autres à perdre le fruit des leçons de leurs maîtres, et pouvaient être dispensés de quelques-unes des garanties exigées des candidats qui sont livrés à eux-mêmes, et qui trop souvent oublient, le lendemain d'une épreuve, le peu qu'ils savaient la veille.

Comme conséquence de la mission qui venait d'être donnée à la faculté de médecine de Strasbourg, de nouvelles chaires y furent créées; quelques chaires anciennes furent modifiées. La faculté possède aujourd'hui 16 cours, dont 2 de clinique médicale, 2 de clinique chirurgicale, 1 de médecine opératoire, 1 de thérapeutique générale, 2 de pathologie interne et externe. L'enseignement est complété par des cours accessoires, confiés à des agrégés ou même à des professeurs, sur diverses branches de l'art de guérir.

A la faculté de Paris, un règlement du 4 août 1859 a réorganisé l'école de dissection, qui a existé de tous temps près de la faculté[1].

En 1862 furent aussi créées à Paris deux nouvelles chaires, l'une de médecine comparée, l'autre d'anatomie générale ou histologie[2]. La première, occupée d'abord par M. Rayer, est restée vacante depuis la retraite volontaire du professeur; la seconde, confiée à M. le docteur Charles Robin, a inauguré en France, dans l'enseignement officiel, une branche toute nouvelle, cultivée avec succès à l'étranger, et dont le développement se trouve lié aujourd'hui de la manière la plus directe aux progrès de l'art de guérir.

Quelques changements se sont opérés à la même époque dans l'organisation administrative de la faculté de Paris[3]; ils ont eu pour objet de mieux définir les fonctions du doyen et de restreindre les pouvoirs de l'assemblée des professeurs. Celle-ci désormais ne se

[1] *Bull. admin.* t. X, p. 130 et suiv.

[2] Décret du 19 avril 1862 (*Bulletin admin.* t. XIII, p. 72.)

[3] Décret du 19 avril 1862. (*Bull. admin.* p. 68. Cf. *Recueil des lois et règlements,* etc. t. VII, p. 230.)

réunit qu'en vertu d'une autorisation spéciale du ministre, et ne délibère valablement que sur les affaires pour lesquelles elle a été convoquée. Elle avait anciennement des attributions à la fois plus indépendantes et plus étendues. C'est ainsi qu'elle désignait elle-même, en vertu de l'article 6 de l'ordonnance du 2 février 1823, les deux professeurs chargés d'assister le doyen, de le remplacer en cas d'empêchement et de l'éclairer de leurs avis. Elle délibérait sur les mesures à prendre ou à proposer concernant l'enseignement et la discipline, sur la formation du budget, sur les dépenses extraordinaires, ainsi que sur les comptes rendus par le doyen et par l'agent comptable. Il n'a pas semblé au gouvernement que de telles prérogatives fussent compatibles avec l'organisation actuelle de l'instruction publique, et il a effacé ce faible reste des libertés, souvent incommodes, qui appartenaient aux universités d'autrefois.

Les dernières années ont vu se produire à Paris d'heureuses innovations, qui tourneront, il faut l'espérer, au profit des sciences médicales. On a ménagé aux étudiants les moyens de compléter eux-mêmes, par des manipulations et autres exercices, leur éducation scientifique. En suivant un cours de clinique, ils apprennent sans doute au lit du malade la pratique de leur art; mais il a semblé qu'il fallait quelque chose de plus pour leur communiquer, avec la connaissance des vérités acquises, le goût de chercher et le talent de découvrir des vérités nouvelles. Le doyen de la faculté, M. Wurtz, a ouvert un laboratoire de chimie, dans lequel ceux qui le fréquentent acquièrent, sous la direction d'un maître expérimenté, l'intelligence et la pratique des meilleures méthodes. Des mesures ont été prises par l'administration supérieure, et, selon toute apparence, des crédits spéciaux seront alloués au prochain budget, pour que des moyens analogues de travail et d'instruction soient mis à la disposition des jeunes gens qui voudraient assister ou prendre part à des expériences de physiologie et d'histoire naturelle.

V

Nous avons vu que chaque faculté de médecine possédait une chaire au moins de pharmacologie et une autre de botanique médicale. Ce double enseignement ne suffisait pas sans doute pour donner à ceux qui le suivaient cette connaissance exacte des médicaments que doit posséder le pharmacien. Aussi la loi du 21 germinal an XI a-t-elle créé trois écoles supérieures de pharmacie, établies au siége même des facultés de médecine à Paris, à Montpellier et à Strasbourg. Ces écoles ne furent pas rattachées à l'Université par le décret du 17 mars 1808; et, tout en étant soumises au ministre de l'instruction publique, elles conservèrent durant plusieurs années une existence à part et un budget indépendant du budget général. En 1840, sous le ministère de M. Cousin, une ordonnance royale les fit rentrer sous la règle commune[1]; leurs dépenses furent inscrites au budget de l'État, leurs recettes furent versées dans ses caisses. En vertu de la même ordonnance, l'école de Paris devait se composer de cinq professeurs titulaires et de trois professeurs adjoints; les écoles de Strasbourg et de Montpellier, de trois titulaires et de deux adjoints, outre un corps d'agrégés, seuls aptes à suppléer les professeurs et à participer aux examens. Les professeurs étaient choisis sur deux listes de présentation, dressées, l'une par l'école de pharmacie, l'autre par la faculté de médecine établie dans la même ville. Les agrégés étaient nommés au concours. Le traitement fixe des professeurs était de 4,000 francs à Paris, de 3,000 francs à Strasbourg et à Montpellier. A ce traitement s'ajoutait une rétribution éventuelle pour droits de présence aux examens. L'enseignement, réparti en trois années, comprenait : durant la première année, la physique, la chimie et l'histoire naturelle médicale; durant la deuxième année, l'histoire naturelle médicale, la matière médicale et la pharmacie proprement dite; durant la troi-

[1] Ordonnance du 27 septembre 1840. (*Bull. univ.* t. IX, p. 137 et suiv.)

sième année, la toxicologie, sans parler des manipulations chimiques et pharmaceutiques. Nul candidat n'était admis aux examens s'il ne justifiait du grade de bachelier; nul n'était reçu pharmacien s'il n'avait fait un stage de trois ans dans une officine. La durée du stage était portée à huit années pour ceux qui n'avaient pas fréquenté les cours d'une école supérieure de pharmacie. Les rétributions scolaires s'élevaient, pour les trois années d'études, y compris les droits de diplôme, à 1,308 francs à Paris, et à 1,208 francs dans les départements.

Depuis 1840, cette organisation a peu varié. Voici les seuls changements de quelque importance que nous croyons avoir à signaler :

1° En cas de vacance d'une chaire, le droit de présentation, attribué par l'ordonnance de 1840 à la faculté de médecine du lieu où était établie l'école de pharmacie, a été dévolu par le décret du 9 mars 1852 au conseil académique.

2° Les rétributions scolaires à la charge des étudiants ont été portées par le décret du 22 août 1854, de 1,308 francs pour Paris, et de 1,208 francs pour les départements, au taux uniforme de 1,390 francs.

3° La distinction entre les professeurs titulaires et les professeurs adjoints s'est effacée au profit de quelques-uns de ces derniers, et la destination spéciale des différentes chaires s'est un peu modifiée en même temps que leur nombre s'est accru. Ainsi l'école de Paris compte aujourd'hui huit chaires, dont une chaire de zoologie, fondée en 1856[1], et une chaire de chimie organique, fondée en 1859[2]. Cette chaire est occupée par M. Berthelot, que recommandaient au choix du gouvernement de remarquables travaux sur la synthèse de quelques substances organiques.

En faisant la revue des changements qui se sont accomplis dans l'organisation administrative des écoles de pharmacie, nous ne de-

[1] Décret du 1er juillet 1856. (*Bulletin admin.* t. VII, p. 125.)

[2] Décret du 2 décembre 1859. (*Bull. admin.* t. X, p. 247.)

vons pas omettre un événement qui les intéresse au plus haut point, et qui marquera dans leur histoire : la révision du *Codex medicamentarius*, ce formulaire officiel de toutes les préparations médicinales et pharmaceutiques qui doivent ou qui peuvent être tenues par les pharmaciens. Cette révision, que d'importantes découvertes dans le domaine de la chimie et de la thérapeutique avaient rendue nécessaire, a commencé en 1861 par les soins d'une commission que le ministre de l'instruction publique institua, de concert avec le ministre de l'agriculture et du commerce[1]. Les membres de la commission furent choisis, selon le vœu de la loi, parmi les professeurs de la faculté de médecine et de l'école de pharmacie de Paris. La présidence fut déférée à M. Dumas. Le travail de révision qu'il s'agissait d'accomplir était minutieux et délicat; il a duré plusieurs années; et c'est seulement en 1866 que la nouvelle édition du *Codex* a pu paraître. Approuvée par décret de l'Empereur[2], elle est devenue dès lors pour les médecins et pour les pharmaciens une règle obligatoire, et pour l'administration elle-même un moyen efficace de surveillance dans un service qui intéresse au plus haut point la santé publique.

L'enseignement de la médecine et de la pharmacie serait distribué d'une manière trop incomplète s'il ne l'était que dans trois grandes facultés de médecine et dans trois grandes écoles de pharmacie.

Il a donc été nécessaire, comme le législateur l'avait au reste pressenti, d'organiser sur quelques points du territoire d'autres écoles qui, sans avoir le rang de facultés, pussent offrir de suffisants moyens d'instruction aux jeunes gens destinés à la profession de médecin ou à celle de pharmacien.

En 1840, la France possédait dix-huit écoles de ce genre. Elles étaient situées dans les villes d'Amiens, d'Angers, d'Arras, de Besançon, de Bordeaux, de Caen, de Clermont, de Dijon, de Gre-

[1] Arrêté du 11 décembre 1861. (*Bull. admin.* t. XII, p. 264.)

[2] Décret du 5 décembre 1866. (*Bull. admin.* nouv. série, t. VI, p. 751.)

noble, de Lyon, de Marseille, de Nancy, de Nantes, de Poitiers, de Rennes, de Reims, de Rouen et de Toulouse.

Voici le déplorable tableau que M. Cousin, alors ministre de l'instruction publique, traçait de leur situation, dans un rapport au roi[1] :

« Ces écoles, ayant été fondées isolément et sans aucune règle commune, ne présentent aucun ensemble dans leur organisation. Quelques-unes possèdent des fondations qui pourvoient aux frais du matériel et aux traitements des professeurs; dans la plupart, c'est le conseil municipal, ou le conseil général du département, ou l'administration des hospices qui subvient aux dépenses : ce qui livre ces établissements au vice d'une perpétuelle mobilité; enfin, quelquefois elles n'ont d'autres ressources que le faible produit des inscriptions payées par les élèves. Le prix de ces inscriptions varie, suivant les localités, depuis 6 francs jusqu'à 30 francs; dans deux écoles on ne paye même aucune rétribution. Les traitements des professeurs présentent la même inégalité fâcheuse : quelques-uns ne touchent que 130 francs par an; d'autres reçoivent 1,000 francs, quelques-uns 1,500 francs; un assez grand nombre n'ont aucune espèce de traitement. Dans beaucoup de villes, les amphithéâtres de dissection sont insuffisants; dans d'autres, on s'oppose à l'établissement des cliniques dans l'intérieur des hôpitaux, et cependant sans clinique il ne peut exister de véritable enseignement médical. Pendant longtemps l'entrée des salles de maternité a été interdite aux étudiants; elle n'est pas encore complétement libre d'entraves. On refuse même souvent de livrer pour les études anatomiques les cadavres qui ne sont point réclamés par les familles. Enfin le nombre des chaires n'est pas partout le même : dans quelques écoles il y en a de superflues, et dans d'autres, les plus indispensables ne sont pas régulièrement constituées. »

Sur tous ces points, comme le remarquait M. Cousin, il impor-

[1] *Bull. univ.* t. IX, p. 182.

tait d'établir des règles fixes, afin que partout des ressources suffisantes fussent assurées aux établissements, les mêmes devoirs imposés aux professeurs, la même instruction offerte aux élèves. Tel fut l'objet de l'ordonnance du 13 octobre 1840.

L'article 1er de cette ordonnance changea l'ancien nom des *écoles secondaires de médecine et de pharmacie* en celui d'*écoles préparatoires*, sous lequel on les désigne encore aujourd'hui. L'article 2 dispose qu'on enseignera dans les écoles préparatoires la chimie et la pharmacie, l'histoire naturelle médicale et la matière médicale, l'anatomie et la physiologie, la clinique et la pathologie internes, la clinique et la pathologie externes, les accouchements, les maladies des femmes et celles des enfants. L'enseignement devait être confié à six professeurs et à deux adjoints, que nommerait le ministre sur deux listes de candidats, présentées, l'une par l'école où la chaire serait vacante, l'autre par la faculté de médecine à laquelle l'école ressortirait. Le traitement annuel des professeurs était fixé à 1,500 francs, celui des adjoints à 1,000 francs. Un chef des travaux anatomiques, un prosecteur et un préparateur étaient attachés à chaque établissement. La dépense restait à la charge des villes; mais les fonctionnaires de l'école, assimilés aux membres de l'Université, avaient droit comme eux à une pension de retraite. Quant aux étudiants, ils n'étaient tenus de produire ni le diplôme de bachelier ès lettres, ni celui de bachelier ès sciences. Le prix des inscriptions trimestrielles était fixé à 35 francs. Les inscriptions des deux premières années, en d'autres termes, celles des huit premiers trimestres de la scolarité, pouvaient être échangées, au gré de l'élève, contre autant d'inscriptions dans une faculté de médecine; mais, au delà de la deuxième année, les inscriptions prises dans une école préparatoire ne pouvaient être admises dans une faculté que pour les deux tiers de leur valeur.

A dater de 1841, les écoles préparatoires furent pour la plupart réorganisées, en vertu d'ordonnances royales, conformément aux bases que nous venons d'indiquer. A peine quelques changements, réclamés par le progrès même de la science, furent introduits dans le nombre et dans la répartition des objets de l'enseignement. De nouvelles écoles furent fondées, en 1841, à Limoges et à Tours; en 1843, à Orléans[1].

Le décret du 9 mars 1852 substitua, pour la nomination des professeurs, une liste de candidats dressée par le conseil académique à la présentation que l'ordonnance de 1840 demandait à la faculté de médecine du ressort.

En 1854, la suppression des jurys médicaux eut pour effet d'accroître l'autorité ainsi que les attributions des écoles préparatoires. Ce fut en effet à leurs professeurs, comme on l'a vu, que la nouvelle législation confia le soin d'examiner, sous la présidence d'un professeur de faculté, les candidats au titre d'officier de santé, au brevet de sage-femme et à celui d'herboriste.

Quelques années après l'enseignement fut l'objet lui-même de plusieurs arrêtés successifs qui contribuèrent à le rendre de plus en plus uniforme[2]. En vertu d'un règlement du 2 avril 1857, la durée des cours de pathologie fut portée à deux années; le nombre des leçons fut fixé à trois par semaine pour tous les cours, sauf celui d'anatomie, qui a lieu chaque jour durant le semestre d'hiver. L'étude de la physiologie, un peu sacrifiée jusqu'alors, fut sérieusement encouragée. Tout d'abord on dépassa même la mesure en portant la durée de cet enseignement à deux ans; en 1859, il fallut la restreindre à une seule année. Les programmes des cours furent revisés avec soin, sans subir toutefois aucune modification sérieuse. A la fin de la première année les candidats continuent à être interrogés, comme ils le furent de tout temps, sur les sciences accessoires, telles que la chimie et l'histoire naturelle, tandis que, parvenus au terme de leurs études, ils ont à justifier de connaissances pathologiques et de l'expérience clinique, indispensables aux médecins.

[1] Ordonnances des 31 mars et 22 juin 1841, et 15 janvier 1843. (*Bull. univ.* t. X, p. 38 et 77, et t. XIII, p. 2.)

[2] Arrêtés des 2 avril 1857 et 7 avril 1859. (*Bull. admin.* t. VIII, p. 57; t. X, p. 81.)

Depuis les règlements de 1857 et de 1859 les écoles préparatoires de médecine et de pharmacie ont éprouvé peu de changements dignes d'être mentionnés ici. En 1865 elles ont délivré 75 diplômes d'officier de santé, 175 diplômes de pharmacien de 2e classe, 288 brevets de sage-femme et 18 brevets d'herboriste. Leur population, année moyenne, est d'environ 1,000 élèves, dont un peu plus d'un tiers se destinent au doctorat; mais cette population est très-inégalement répartie. L'école de Toulouse et l'école de Lyon comptent annuellement plus de 100 élèves; Bordeaux et Marseille les suivent de près. Reims possède seulement 25 à 30 élèves, et Dijon encore moins.

La création de l'école d'Alger en 1856 a porté le nombre des écoles préparatoires de médecine et de pharmacie à vingt-deux.

VI

Les facultés des sciences et des lettres, les dernières dont il nous reste à parler, datent, comme les facultés de théologie, de l'organisation de l'Université impériale. Aux termes des articles 13 et 15 du décret du 17 mars 1808, il devait être établi auprès de chaque lycée, chef-lieu d'une académie, une faculté des sciences et une faculté des lettres, toutes deux composées des professeurs du lycée et de professeurs étrangers. Conformément à ces dispositions, les facultés des sciences et des lettres se multiplièrent sur le territoire de l'Empire, et il en fut établi autant qu'il y avait d'académies, c'est-à-dire beaucoup plus qu'il n'en a existé depuis à aucune autre époque[1].

En 1815, après la seconde restauration de la branche aînée des Bourbons, un des premiers actes de la Commission de l'instruction publique fut de supprimer les facultés qui n'avaient pas attiré un nombre d'étudiants «proportionné, dit l'arrêté, à l'appareil dispendieux de ces institutions,» savoir : les facultés des lettres d'Amiens,

[1] *Le budget de l'instruction publique*, p. 123 et suiv.

de Bordeaux, de Bourges, de Cahors, de Clermont, de Douai, de Grenoble, de Limoges, de Lyon, de Montpellier, de Nancy, de Nîmes, d'Orléans, de Pau, de Poitiers, de Rennes et de Rouen; et les facultés des sciences de Lyon, de Besançon et de Metz. Malgré le peu de succès qu'elles avaient obtenu, ces facultés présentaient pour les candidats au baccalauréat ès lettres l'avantage précieux d'être à leur portée et de leur faciliter les moyens d'obtenir, sans déplacement coûteux, le premier grade qui consacre l'éducation classique. Quand elles eurent été supprimées, il fallut aviser au moyen d'épargner le temps des élèves et l'argent des familles; et ce fut alors qu'on institua près d'un certain nombre de lycées des commissions composées de professeurs, qui furent chargées d'examiner les candidats au baccalauréat ès lettres, et de leur délivrer des certificats d'aptitude. Ces commissions ont subsisté jusqu'au 1er janvier 1847[1].

Les facultés que l'arrêté du 31 octobre 1815 laissa debout eurent, en général, sous la Restauration, le même nombre de chaires et la même organisation que sous l'Empire. La faculté de Paris, par exemple, conserva les onze chaires qu'elle avait déjà en 1813 et dont l'enseignement embrassait l'histoire de la philosophie ancienne, l'histoire de la philosophie moderne, la philosophie, l'histoire littéraire et la poésie française, l'éloquence française, la poésie latine, l'éloquence latine, l'histoire ancienne, l'histoire moderne, la géographie, la littérature grecque. A la faculté des sciences, les cours, au nombre de dix, avaient pour objet : la géométrie descriptive, le calcul différentiel et intégral, l'astronomie, la physique, la chimie, la minéralogie, la botanique et la physiologie végétale, la mécanique, l'algèbre supérieure, la zoologie. Quatre cours, ceux de physique, de chimie, de zoologie et de botanique, avaient été doublés, et la seconde chaire se trouvait confiée à des professeurs adjoints.

Le grand maître nommait les professeurs sur deux listes de can-

[1] Ordonnance du 1er janvier 1847. (*Bull. univ.* t. XVI, p. 1.)

didats, présentées, l'une par la faculté, l'autre par le conseil académique. A Paris, le traitement fixe était de 4,000 francs, et, dans les départements, de 3,000 francs.

Les candidats aux grades acquittaient des rétributions ainsi réglées :

Pour le baccalauréat....................	60 fr.
Pour la licence	72
Pour le doctorat........................	120

A aucune époque le haut enseignement des sciences et des lettres n'a jeté en France, et à Paris spécialement, un éclat plus vif que dans les dernières années de la Restauration.

Qu'est-il besoin de s'étendre ici sur les maîtres illustres qui attirèrent alors, comme autrefois, dit-on, Abélard, des milliers d'auditeurs au pied de leurs chaires? Leurs œuvres, reflet affaibli de leçons éloquentes, sont entre toutes les mains, et les nouvelles générations ne se lassent point de les étudier. C'est là que nous avons appris, pour la plupart, et que nos enfants apprennent à leur tour, la philosophie et l'histoire; c'est de là que s'est répandu, dans la critique littéraire, un courant d'idées originales qui l'ont renouvelée par des rapprochements ingénieux entre les littératures, sans faire fléchir les règles éternelles du beau.

Tandis que M. Cousin, M. Guizot et M. Villemain enseignaient à la faculté de lettres de Paris, les chaires de la faculté des sciences étaient occupées par des savants de premier ordre, qui s'étaient fait un nom en France et à l'étranger par des travaux supérieurs, par de mémorables découvertes en physique, en chimie, en histoire naturelle, en mathématiques: M. Biot, M. Thénard, M. Gay-Lussac, M. Geoffroy Saint-Hilaire, M. Dulong, M. Cauchy.

Ce concours de maîtres éminents illustra l'Université et disposa les pouvoirs publics à seconder par d'utiles créations, par l'ouverture de nouveaux crédits, le progrès des études scientifiques et littéraires.

En 1831, une chaire de littérature étrangère fut fondée à la faculté des lettres de Paris; en 1837, une chaire de mécanique expérimentale à la faculté des sciences. Mais ce n'était là que le prélude propice de mesures plus générales.

Une augmentation de 42,600 francs, accordée par la loi de finances de l'exercice 1839, permit non-seulement de porter le traitement fixe des professeurs de 4,000 à 5,000 francs à Paris, de 3,000 à 4,000 francs dans les départements, mais de créer de nouvelles facultés des lettres à Bordeaux, à Lyon, à Montpellier, à Rennes; une nouvelle faculté des sciences à Bordeaux, de nouvelles chaires à Caen, à Dijon, à Strasbourg, à Grenoble et à Toulouse[1].

« Des villes, disait M. de Salvandy dans son rapport au roi, des villes qui, en raison de leur population et de leur richesse, sont comptées parmi les plus importantes du royaume demeurent privées de toute instruction littéraire et scientifique; d'autres, qui possèdent des écoles de droit ou de médecine, voient avec regret ces écoles rester isolées, au grand préjudice de la jeunesse qui les fréquente. Des moyens d'étude plus variés et des occupations plus fortes seront aussi utiles sous le rapport moral que sous tous les autres points de vue. »

Chaque faculté des lettres devait se composer de cinq chaires, savoir : philosophie, histoire, littérature ancienne, littérature moderne, littérature étrangère. La nouvelle faculté des sciences de Bordeaux en obtint six, savoir : mathématiques pures; astronomie et mécanique rationnelle; physique; chimie; zoologie et physiologie animale; botanique, minéralogie et géologie.

Peu de temps après fut établie, sous le ministère de M. Cousin, l'agrégation aux facultés des sciences et des lettres[2]. Les agrégés étaient nommés au concours. Ils avaient le droit exclusif de suppléer les professeurs titulaires et d'être chargés provisoirement du service des chaires vacantes. Ils pouvaient être admis, avec l'agré-

[1] Ordonnance du 24 août 1838. (*Bull. univ.* t. VII, p. 364 et suiv.)

[2] Ordonnances des 24 et 28 mars 1840. (*Bull. univ.* t. IX, p. 24 et 29.)

ment de la faculté, à participer aux examens. Enfin, sur l'avis du doyen, le ministre pouvait les autoriser à ouvrir, dans le local même de la faculté, des cours libres sur les matières qui se rapporteraient à l'objet spécial de leurs études.

L'institution, déjà en vigueur pour les facultés de droit et de médecine, semblait appelée à vivifier aussi le haut enseignement scientifique et littéraire. Mais, par l'effet des circonstances, elle a été médiocrement utile; disons mieux, nonobstant les dispositions du décret du 22 août 1854[1], aucun concours n'a été annoncé depuis dix-sept ans pour l'agrégation aux facultés des sciences et des lettres.

De 1845 à 1848, une faculté des sciences fut fondée à Besançon, des facultés des lettres à Poitiers, Aix et Grenoble. Deux chaires, l'une de géométrie supérieure, l'autre de mécanique céleste, furent établies à la faculté des sciences de Paris, une chaire d'astronomie à la faculté des sciences de Toulouse[2].

Dans les années suivantes, la raison d'économie l'emporta sur les motifs qui auraient poussé, en des temps meilleurs, à multiplier les centres d'étude. Loin de songer à des créations toujours coûteuses, on se hâta d'opérer toutes les réductions qui ne compromettaient pas trop ouvertement le service. Mais déjà s'annonçait une ère nouvelle qui devait être marquée par des actes importants, que nous retracerons en peu de mots.

Il n'est personne dans l'Université de France qui ne sache qu'autrefois, pour être admis aux épreuves du baccalauréat ès lettres, les candidats devaient produire un certificat constatant qu'ils avaient fait deux années distinctes et complètes de rhétorique et de philosophie, soit dans un lycée ou un collége communal, soit sous les yeux de leur famille, soit dans une institution de plein exercice[3], ayant le privilége, alors très-recherché, de pouvoir préparer aux

[1] Art. 9 et 10. (*Bull. admin.* t. V, p. 199.)

[2] Ordonnances des 15 février et 8 octobre 1845, 11 juin et 9 novembre 1846, 2 avril 1847; arrêté du 19 juin 1848. (*Bull. univ.* t. XIV, p. 18 et 189; t. XV, p. 107, 198; t. XVI, p. 75; t. XVII, p. 210.)

[3] Voyez l'arrêté du 17 juillet 1835.

grades. Cette obligation, contre laquelle s'élevaient d'universelles plaintes, a été supprimée, sur l'avis, pour ainsi dire unanime, du Conseil de l'Université, et sur la proposition de M. de Parieu, alors ministre de l'instruction publique, par le décret du 16 novembre 1849[1]. Sa suppression inaugura en France la liberté de l'enseignement secondaire. Elle a été confirmée, dans les termes les plus explicites, par l'article 63 de la loi du 15 mars 1850, et par l'article 14 de la loi du 14 juin 1854.

Le baccalauréat est le couronnement des études secondaires et l'attestation officielle des connaissances qu'elles supposent chez un jeune homme. A l'origine, lorsque ces études avaient pour objet principal les humanités, le diplôme de bachelier ès lettres était exigé des candidats au baccalauréat ès sciences. Évidemment cette condition ne pouvait être maintenue après les réformes de M. Fortoul, sous l'empire de règlements qui faisaient marcher de front l'étude des lettres et l'étude des sciences, et qui plaçaient, pour ainsi dire, ces deux branches d'instruction sur un pied d'égalité. De plus, les programmes de la section scientifique faisant une assez large part à la littérature et à l'histoire, il était naturel que l'histoire et la littérature fussent aussi représentées dans les épreuves du baccalauréat ès sciences; autrement ces épreuves n'eussent pas été l'expression fidèle de la partie correspondante de l'enseignement secondaire. Enfin pourquoi distinguer, dans l'ordre des sciences, comme l'usage s'en était introduit, plusieurs espèces de baccalauréats, l'un pour les sciences mathématiques, et l'autre pour les sciences physiques? Il résultait de là que les programmes de l'examen se trouvaient surchargés de questions trop spéciales et, par conséquent, trop ardues, qui n'étaient pas nécessaires pour constater l'aptitude des candidats, et qui pouvaient être utilement reportées à l'examen pour le grade de licencié.

Ces divers motifs ont déterminé, sous le ministère de M. For-

[1] *Bull. univ.* t. XVIII, p. 285 et suiv.

toul, une réforme qui peut être ramenée aux trois points suivants : 1° au lieu du double baccalauréat ès sciences mathématiques et ès sciences physiques, un baccalauréat ès sciences unique a été constitué; 2° pour être admis au baccalauréat ès sciences, le baccalauréat ès lettres a cessé d'être exigé des candidats; 3° l'examen a compris pour la première fois quelques éléments littéraires, savoir, une version latine, et des interrogations sur les auteurs latins et français, sur la géographie, sur l'histoire et sur la logique[1]. Cette réforme était considérable sans doute; néanmoins, comme nous le verrons bientôt, elle pouvait être poussée encore plus avant, et étendue à des points auxquels n'ont touché ni le décret du 10 avril 1852, ni les arrêtés ministériels qui ont pourvu à son exécution.

La révision des règlements sur le baccalauréat conduisit, l'année suivante, à remanier ceux des trois licences ès sciences mathématiques, ès sciences physiques et ès sciences naturelles[2]. L'examen demeura divisé en trois sortes d'épreuves : épreuves écrites ou compositions; épreuves orales ou interrogations, et épreuves pratiques. Mais ce dernier genre d'épreuves acquit plus d'importance qu'il n'en avait eu jusqu'alors. Ainsi les candidats à la licence ès sciences mathématiques doivent justifier que l'usage des tables de logarithmes et des instruments ne leur est pas étranger; qu'ils sauraient au besoin tracer une épure, effectuer un levé sur le terrain ou dessiner le croquis d'une machine. Les candidats à la licence ès sciences physiques se livrent à des manipulations de physique et de chimie ou à des déterminations minéralogiques. Enfin les candidats à la licence ès sciences naturelles ont à faire des préparations de botanique et de zoologie, à reconnaître un fossile ou une roche, et à en décrire les caractères. Mais ce qui caractérise surtout les nouveaux programmes des deux premières licences, c'est de ne rien renfermer, ni dans leur partie théorique,

[1] Règlements sur le baccalauréat ès lettres et sur le baccalauréat ès sciences, des 5 et 7 septembre 1852. (*Bulletin administratif,* t. III, p. 244 et suivantes.)

[2] Règlement du 20 avril 1853. (*Ibid.* t. IV, p. 132 et suiv.)

ni dans les détails des épreuves pratiques, qui ne soit enseigné à l'École polytechnique. Il résulte de là que les jeunes gens de cette école ont la possibilité de prendre immédiatement deux diplômes qui leur ouvrent l'accès de l'agrégation ou celui du doctorat, c'est-à-dire la carrière de l'enseignement public.

L'esprit de réforme qui animait M. Fortoul, et qui lui avait inspiré ces innovations utiles, s'exerça aussi sur les facultés des lettres. Un règlement du 7 mars 1853 imposa aux professeurs de ces facultés l'obligation de distribuer leurs leçons de telle sorte que, tout en variant le choix du sujet, ils pussent parcourir en trois années le cercle entier de leur enseignement et présenter un tableau fidèle des monuments principaux qu'ils sont chargés d'expliquer à la jeunesse. En vertu de ce règlement, le professeur d'histoire avait à traiter, une année, des questions d'histoire ancienne; une autre année, des questions d'histoire du moyen âge; la troisième année, des questions d'histoire moderne. De même, le professeur de philosophie devait discourir périodiquement sur la psychologie ou la logique, sur la théodicée ou la morale, enfin sur des sujets empruntés à l'histoire des sciences philosophiques. L'obligation était nouvelle et en parut d'autant plus dure; elle fut acceptée toutefois très-docilement, et, depuis quatorze ans, elle n'a pas cessé d'être remplie avec fidélité. Il serait difficile d'apprécier d'une manière exacte l'influence que le nouveau règlement a exercée sur la direction des cours; cependant on ne saurait méconnaître qu'il a contribué à les rendre plus méthodiques, et à prémunir l'enseignement des facultés contre un double abus, celui d'une érudition exclusive, trop longtemps concentrée sur un même sujet, et celui d'une érudition capricieuse, passant d'un sujet à un autre, pour ainsi dire au hasard et sans règle fixe.

Mais les mesures administratives que nous venons de rappeler n'égalent pas en importance, pour le haut enseignement des sciences et des lettres, celles qui ont suivi la loi du 14 juin 1854 sur l'organisation académique.

La pensée fondamentale de cette loi, c'est que l'académie n'est pas une simple circonscription territoriale; c'est qu'elle est un ensemble et, en quelque sorte, une hiérarchie d'écoles primaires et secondaires, rattachées à un centre d'établissements d'instruction supérieure, lequel exerce une véritable juridiction scolaire. Après avoir réduit de quatre-vingt-six à seize le nombre des académies, le gouvernement se trouvait donc amené, par la force de la logique autant que par le vœu des populations, à doter uniformément, sinon de facultés de droit et de facultés de médecine, du moins de facultés des sciences et de facultés des lettres, les nouveaux centres universitaires. Ainsi furent créées trois facultés des lettres, à Clermont, à Douai et à Nancy, et cinq facultés des sciences, à Clermont, à Lille, à Marseille, à Nancy et à Poitiers[1]. Chaque faculté des lettres fut pourvue de cinq chaires : philosophie, histoire, littérature ancienne, littérature française, littérature étrangère. Chaque faculté des sciences en eut quatre : mathématiques pures et appliquées, physique, chimie, histoire naturelle. Ce cadre, un peu étroit, a été modifié depuis par la création de deux chaires de géologie et de minéralogie, fondées, l'une, en 1859, à Marseille, et l'autre, en 1864, à Lille[2].

Plusieurs villes qui n'étaient pas siéges de facultés possédaient des cours scientifiques et littéraires, à la charge du budget de la commune. Le gouvernement promit de conférer à ces institutions purement municipales le titre et le rang d'écoles préparatoires à l'enseignement supérieur des sciences et des lettres, sous la condition que les villes fourniraient un local convenable et une subvention annuelle, tant pour le traitement des professeurs que pour les dépenses de matériel. Enfin il autorisa dans ces écoles l'ouverture de cours d'applications, et la délivrance de certificats de capacité pour les sciences appliquées. Ces certificats étaient

[1] Décret du 22 août 1854. (*Bulletin admin.* t. V, p. 196 et 197.)

[2] Décret du 13 novembre 1859. (*Bull. admin.* t. X, p. 208.) — Décret du 14 décembre 1864. (*Bull. admin.* nouv. série, t. II, p. 677.)

accordés aux étudiants à la suite d'un examen sur les matières de l'enseignement[1].

M. Fortoul comptait sur l'effet de ces dernières mesures pour rattacher à nos facultés, comme il le disait dans un rapport à l'Empereur, cette portion si intéressante de la jeunesse française qui recherche les applications de la science afin de les transporter dans l'industrie et d'accroître ainsi la richesse nationale. Mais le succès n'a pas entièrement répondu aux espérances du ministre. On n'a jamais eu en France que cinq écoles préparatoires à l'enseignement des sciences et des lettres : ce sont les écoles d'Angers, de Mulhouse, de Nantes et de Rouen, et l'école de Chambéry, substituée en 1861 à l'école technique de cette ville, fondation du gouvernement sarde. Quant à l'enseignement des sciences appliquées, il n'a donné que les résultats les plus médiocres : 16 certificats délivrés par les facultés, 77 par les écoles préparatoires, voilà tout ce qu'il a produit en dix ans. Dans ce total, l'école de Mulhouse, la plus florissante de toutes et la mieux organisée, figure à elle seule pour 56 candidats qui ont subi avec succès les examens.

Paris avait moins à profiter que les départements de l'exécution de la loi du 14 juin 1854. Cette loi était, à certains égards, un essai courageux de décentralisation scientifique et littéraire. Elle tendait à créer, en dehors de la capitale, quelques centres féconds d'études, et, sous ce rapport, elle a en partie atteint son but.

Cependant, à Paris même quelques dispositions furent prises pour améliorer l'enseignement. A la faculté des sciences fut fondée une chaire de physiologie générale; à la faculté des lettres, une chaire de grammaire comparée. La première fut confiée à M. Claude Bernard, la seconde à M. Hase[2]. Celle-ci, lors du décès de son

[1] Décret du 22 août 1854, art. 4 et 5; arrêté du 26 décembre 1854, portant règlement pour l'enseignement des sciences appliquées dans les écoles préparatoires à l'enseignement supérieur. (*Bulletin administratif de l'instruction publique*, t. V, p. 582 et suiv.)

[2] Décrets des 24 novembre 1852 et 17 mars 1854. (*Bull. admin.* t. III, p. 378; t. V, p. 104.)

premier et illustre titulaire, a été transportée au collége de France. En applaudissant à ces fondations excellentes, beaucoup d'amis des sciences et des lettres s'affligèrent toutefois qu'elles eussent été achetées par des suppressions regrettables. En effet, pour faire place aux nouveaux cours, une chaire de philosophie avait disparu à la faculté des lettres, et une chaire de botanique à la faculté des sciences.

Sous le ministère de M. Rouland, une amélioration sérieuse fut apportée à la position des professeurs de Paris : leur traitement fixe fut élevé de 5,000 francs à 7,500 francs[1]; encore cette augmentation, quelque considérable qu'elle paraisse, ne répondit-elle pas aux intentions généreuses du ministre, qui avait inscrit au projet de budget le chiffre de 10,000 francs.

Nous passons sous silence quelques mesures de détail, arrêtés ou circulaires pour l'exécution des règlements, pour l'entretien du mobilier scientifique, pour la bonne tenue des cours, et nous arrivons à une dernière réforme, dont l'honneur appartient à Son Exc. M. Duruy, et qui n'est pas un des moindres services rendus depuis trois ans à la jeunesse française et aux lettres.

Malgré les soins apportés par M. Fortoul à la révision des règlements sur la collation des grades, les formes de l'examen pour le baccalauréat ès lettres avaient peu varié. Les programmes n'étaient simplifiés que pour quelques parties, et non pas pour toutes. Ils continuaient à embrasser l'explication des auteurs grecs, latins et français, l'histoire ancienne, l'histoire du moyen âge, l'histoire moderne, la géographie, la logique, les mathématiques, la physique, la chimie. Les questions s'y trouvaient classées avec soin par numéros; le sort désignait celles qui seraient posées à chaque candidat. Par leur étendue encyclopédique, les épreuves effrayaient les familles; aux yeux de beaucoup de juges, elles n'attestaient qu'un savoir superficiel, rapidement acquis, grâce à des efforts extraordi-

[1] Décret du 25 janvier 1862. (*Bull. admin.* t. XIII, p. 14.)

naires de mémoire, et non moins rapidement oublié. L'administration de l'instruction publique n'ignorait pas la gravité de la situation, et elle mettait tous ses soins à découvrir le remède. En 1857, le Conseil impérial adopta un nouveau règlement[1], qui réduisait d'une manière sensible le nombre des questions, et dans lequel on les avait groupées de manière à assurer l'avantage aux études patientes et régulières, et à décourager les préparations hâtives et artificielles. Mais ce règlement n'atteignit pas pleinement son but. En effet, en 1862, lors de la distribution des prix du concours général, le ministre qui l'avait proposé, M. Rouland, exprimait le vœu que «le baccalauréat devînt une épreuve plus intelligente et plus sûre, quand elle n'était encore trop souvent qu'une gymnastique de la mémoire.»

Tel était le triste état de choses qu'il s'agissait de réformer. Son Exc. M. Duruy aborda cette réforme avec sa décision ordinaire, et jugea qu'elle pourrait s'accomplir aux conditions suivantes : 1° augmenter le nombre et l'importance des compositions écrites; 2° réduire l'examen oral au programme de l'enseignement des classes de rhétorique et de philosophie; 3° supprimer la liste annuelle des auteurs, la division des matières en numéros distincts, et le tirage au sort de ces numéros. En multipliant les compositions écrites, on fortifiait l'épreuve qui est la meilleure garantie du véritable savoir. En bornant l'examen oral aux matières qui sont enseignées dans les classes de rhétorique et de philosophie, on le maintenait au niveau de la partie la plus élevée des études secondaires. En supprimant le questionnaire, on écartait du même coup en grande partie, on rendait presque inutiles les manuels, les abrégés, auxquels la majorité des candidats avaient emprunté jusque-là de superficielles réponses à des questions prévues. Son Exc. M. Duruy soumit ces différentes vues au Conseil impérial. Après une sérieuse discussion, elles furent adoptées, et, à la date

[1] Règlement du 3 août 1857. (*Bull. admin.* t. VIII, p. 117 et suiv.)

des 27 et 28 novembre 1864, il en résulta un statut nouveau, qui est le règlement actuel du baccalauréat ès lettres.

Ce règlement impose aux candidats trois épreuves écrites : 1° une composition latine ; 2° une version latine de la force de celles qu'on donne en rhétorique ; 3° une composition française sur un sujet de philosophie. L'épreuve orale commence par l'explication à livre ouvert de textes grecs, latins et français, choisis par le président du jury dans les ouvrages qui sont prescrits pour la classe de rhétorique des lycées. A l'explication des textes succèdent des interrogations sur la philosophie, sur l'histoire et la géographie, et sur les éléments des sciences. Les questions sont puisées librement par l'examinateur dans les programmes officiels de l'enseignement des classes de rhétorique et de philosophie ; et, comme en rhétorique on n'enseigne aujourd'hui ni la géographie, ni l'histoire ancienne, ni celle du moyen âge, mais seulement l'histoire de France et l'histoire moderne depuis Louis XIV, il est aisé de voir combien le terrain des épreuves se trouve circonscrit. Il a cessé de comprendre la plupart des matières historiques, si accablantes pour le candidat ; ces matières ne reparaissent dans l'examen qu'accidentellement et lorsqu'elles y sont ramenées par d'autres questions. Mais ce que les épreuves ont perdu en étendue, elles l'ont gagné en profondeur et en solidité. Elles ne sauraient être abordées avec confiance que par les candidats qui ont fait des études complètes et qui possèdent cette habitude du grec et du latin, à laquelle ne peuvent suppléer les préparations hâtives. Par une heureuse innovation, le candidat au baccalauréat ès lettres qui a obtenu un prix d'honneur de rhétorique ou de philosophie au concours général entre les lycées de Paris ou des départements est dispensé des épreuves littéraires, s'il subit d'une manière satisfaisante la partie scientifique de l'examen ; et, réciproquement, le candidat au baccalauréat ès sciences qui a obtenu un des prix d'honneur pour les sciences dans les mêmes concours est dispensé des épreuves scientifiques, et n'a plus à subir que l'épreuve littéraire.

Le règlement du 28 novembre 1864 est d'une date trop récente pour avoir pu produire dès aujourd'hui des effets très-sensibles. Ce qui est constant néanmoins, c'est que la désertion des classes de rhétorique et de philosophie a cessé, et que le nombre des élèves qui les fréquentent s'est accru notablement depuis deux ans : résultat considérable, qu'il faut attribuer en grande partie à la sagesse des parents, mais qui tient aussi, on ne saurait le nier, à la meilleure organisation de cet examen, redouté des jeunes gens, qui est la suprême sanction des études secondaires.

Telles ont été, en France, depuis quarante ans, les vicissitudes de l'enseignement supérieur. Les progrès réalisés sont incontestables; ils se sont étendus aux facultés de tout ordre, sauf peut-être les facultés de théologie, qui ont eu à souffrir de l'indifférence et de la sourde hostilité du clergé, produites elles-mêmes par la fausse situation de ces établissements, lesquels, comme nous l'avons dit, n'ont jamais reçu l'institution canonique. Mais il reste encore beaucoup à faire. Les facultés de droit et de médecine attendent depuis vingt ans la nouvelle organisation que les projets de M. de Salvandy avaient laissé entrevoir comme prochaine, et dont la nécessité devient d'année en année plus urgente. Les traitements des professeurs demandent à être élevés. Ils l'ont été à Paris dans les facultés des sciences et des lettres; mais la faculté de droit est encore sous le coup des mesures fiscales qui l'ont atteinte en 1848; en province, la rémunération du personnel attaché aux chaires d'instruction supérieure est si modeste que, dans quelques établissements, elle atteint à peine 5,000 francs, le fixe et l'éventuel compris. Presque partout, les bâtiments et le matériel scientifique exigent de sérieuses améliorations. Nous ne parlons pas de la Sorbonne, ce Louvre de l'enseignement, qui n'a pas encore reçu les constructions nouvelles dont M. Fortoul posait la première pierre il y a bientôt douze ans. Mais combien de laboratoires et d'amphithéâtres à ouvrir ou à réparer! Combien de collections à renouveler ou à compléter! Combien de bibliothèques à enrichir! Combien de cabinets de physique à pourvoir d'instruments qui leur manquent aujourd'hui!

Malgré les lacunes nombreuses de l'organisation actuelle, ce qui doit rassurer sur l'avenir des hautes études c'est, d'une part, l'intérêt croissant qu'elles inspirent à la jeunesse; d'autre part, c'est la progression remarquable des revenus scolaires.

Ces revenus, qui n'atteignaient pas 2,000,000 avant 1848, se sont élevés successivement :

En 1855, à	2,651,791f
1859	2,666,709
1862	2,989,815
1864	3,293,545
1865	3,597,529

Or cette même année 1865, la dépense a été de 3,772,373 fr.

Les rétributions acquittées par les étudiants égalent donc aujourd'hui, à 175,000 francs près, la somme que coûte à l'État l'enseignement supérieur. En d'autres termes, moyennant une somme de 175,000 francs, sortie de ses caisses sans être compensée par une recette, le trésor public entretient aujourd'hui 6 facultés de théologie, 11 facultés de droit, 3 facultés de médecine, 16 facultés des lettres, 16 facultés des sciences, et 3 écoles supérieures de pharmacie. Personne n'osera dire qu'un tel sacrifice est, au siècle où nous sommes, suffisant; qu'il répond à l'état financier et aux aspirations du pays; qu'enfin la France désabusée ne peut ni ne veut faire davantage pour les hautes études, naguère sa passion et sa gloire.

CHAPITRE VII.

ENSEIGNEMENT LIBRE.

I. Écoles primaires. — II. Écoles secondaires. — III. Cours publics.

I

L'article 1er du décret du 17 mars 1808 porte que « l'enseignement public, dans tout l'Empire, est confié exclusivement à l'Université; » et l'article 2, que « aucune école, aucun établissement d'instruction ne peut être formé hors de l'Université impériale et sans l'autorisation de son chef. »

Ces deux articles avaient constitué ce que les adversaires de l'Université de France ont appelé son *monopole*. Ils étaient la négation éclatante de la liberté d'enseignement. Cette liberté, il y a cinquante ans, n'existait nulle part dans notre pays, ni pour l'instruction supérieure, ni pour les études secondaires, ni même pour l'instruction primaire. Les frères eux-mêmes des Écoles chrétiennes n'avaient la faculté d'enseigner qu'à titre de membres de l'Université, à laquelle l'empereur Napoléon voulut qu'ils fussent rattachés.

Sous le gouvernement de la Restauration, un certain nombre de communautés religieuses vouées à l'éducation populaire furent autorisées à fonder des écoles, celles-ci dans toute la France, celles-là dans une circonscription déterminée. Quelques établissements particuliers d'instruction secondaire obtinrent, vers la même époque, d'autres avaient obtenu antérieurement la faveur de ne pas envoyer leurs élèves aux classes des colléges de l'État, et de pouvoir néanmoins délivrer des certificats d'étude de rhétorique et de philosophie valables pour l'admission aux épreuves du baccalauréat.

Mais ces établissements privilégiés étaient en petit nombre; et d'ailleurs le privilége n'est pas la liberté.

Le principe de la liberté d'enseignement fut posé, pour la première fois en France depuis la fondation de l'Université, dans la charte de 1830, et appliqué pour la première fois dans la loi du 28 juin 1833.

L'article 3 de cette loi déclare expressément que «l'instruction primaire est privée ou publique.» Il est complété par l'article 4, portant que «tout individu âgé de dix-huit ans accomplis pourra exercer la profession d'instituteur primaire, sans autre condition que de présenter au maire de la commune où il voudra tenir école un brevet de capacité et un certificat constatant qu'il est digne, par sa moralité, de se livrer à l'enseignement.»

Ces dispositions ne favorisèrent pas autant qu'on aurait pu le supposer la création des nouvelles écoles privées. On en comptait 18,023 en 1837, 18,557 en 1840; mais il n'en existait plus que 17,118 en 1843, 16,736 en 1850, et 16,349 en 1865. Ainsi le nombre de ces écoles a successivement diminué, tandis que le nombre des écoles communales, qui n'était que de 34,756 en 1837, se trouvait porté, dès 1843, à 42,720, et s'élevait, en 1865, à 53,350. C'est que, dans beaucoup de cas, l'intervention de la commune, le concours même du département et de l'État, sont nécessaires pour l'établissement d'une école. Lorsque cet appui vient à manquer, le dévouement lui-même, abandonné à ses ressources propres, hésite à entreprendre des fondations qui ne sauraient avoir qu'une existence précaire.

Mais il est à remarquer que la diminution qui s'est produite dans le nombre des écoles privées a exclusivement frappé les écoles laïques.

Sur 16,736 écoles privées qui existaient en 1850, il y en avait 12,888, savoir : 4,563 écoles de garçons, et 8,325 écoles de filles, qui étaient dirigées par des instituteurs et des institutrices laïques; on n'en comptait que 3,848, savoir : 399 écoles de garçons, et 3,449 écoles de filles, qui eussent été fondées par des associations religieuses.

En 1865, la proportion est absolument changée. Sur 16,349 écoles privées qui subsistent, nous ne trouvons plus que 9,847 écoles laïques; ce qui donne comparativement à 1850 une diminution de 3,041. Mais il existe 6,502 écoles desservies par des communautés religieuses, c'est-à-dire 2,654 de plus qu'il y a dix-sept ans.

Les écoles laïques de garçons, au nombre de 2,864, reçoivent 137,721 élèves; et les écoles laïques de filles, au nombre de 6,983, en reçoivent 285,909; total 423,630.

Les écoles dirigées par des communautés religieuses se partagent ainsi qu'il suit : écoles de garçons, 646; écoles de filles, 5,856. Les écoles de garçons réunissent 91,973 élèves, dont 56,488 ne payent aucune rétribution. Les écoles de filles en reçoivent 443,775, dont 156,738 à titre gratuit. Dans les premières, le personnel enseignant ne comprend pas moins de 2,314 maîtres et sous-maîtres, et, dans les secondes, 19,000 maîtresses et sous-maîtresses.

Malgré les progrès accomplis par les associations religieuses depuis dix-sept ans, on pourrait s'étonner qu'elles n'aient pas mis à profit les dispositions libérales de la loi de 1850 pour établir un plus grand nombre d'écoles privées. Mais il ne faut pas oublier qu'elles dirigent aujourd'hui 11,391 écoles communales, savoir : 1,970 écoles de garçons, 1,099 écoles communes aux deux sexes, et 8,322 écoles de filles. La délégation qu'elles reçoivent de l'autorité publique ne leur impose pas d'autres obligations que celles qui résultent des liens contractés par leurs membres au moment où ils sont entrés dans la communauté; et elle leur offre, au point de vue de l'habitation et du traitement, des garanties certaines, que l'enseignement libre ne saurait présenter que dans des cas assez rares.

II

Cependant la loi du 28 juin 1833 était à peine promulguée que l'application du principe de liberté à l'instruction secondaire, selon la promesse de la charte de 1830, était réclamée par le clergé et par un grand nombre de catholiques, avec une énergie de conviction et une insistance qui ne firent que s'accroître jusqu'à la chute de la monarchie de Juillet. Ce n'est point ici le lieu de retracer les longs et orageux débats que cette question souleva, soit à la tribune législative, soit dans la presse périodique, soit enfin dans une foule d'écrits que la passion inspirait, et qui s'écartèrent souvent des bornes de la justice et de la vérité. Disons seulement qu'à plusieurs reprises le gouvernement s'efforça, sans y réussir, de concilier les prétentions contraires des défenseurs du régime universitaire et des partisans de la liberté d'enseignement. Un premier projet de loi fut soumis aux Chambres, en 1836, par M. Guizot; un deuxième en 1841, et un troisième en 1844, par M. Villemain; un quatrième en 1847, par M. de Salvandy[1]. Ces différents projets ne servirent

[1] Voici la série des différents projets sur l'instruction secondaire, ou plutôt sur la liberté d'enseignement, qui ont été présentés aux Chambres de 1830 à 1848, avec l'indication des rapports auxquels ils ont donné lieu : 1° *Exposé des motifs et projet de loi sur l'instruction secondaire,* présenté par M. le ministre secrétaire d'État de l'instruction publique. (Séance de la Chambre des députés du 1er février 1836.) *Rapport au nom de la commission chargée d'examiner le projet de loi sur l'instruction secondaire,* par M. Saint-Marc-Girardin. (Séance de la Chambre des députés du 14 juin 1836.) — 2° *Projet de loi sur l'instruction secondaire,* précédé de l'exposé des motifs, présenté par M. le ministre de l'instruction publique. (Séance de la Chambre des députés du 10 mars 1841.) Ce projet n'a été l'objet d'aucun rapport. — 3° *Projet de loi sur l'instruction secondaire,* avec l'exposé des motifs, par le ministre de l'instruction publique. (Séance de la Chambre des pairs, du 2 février 1844.) *Rapport fait à la Chambre des pairs, par M. le duc de Broglie, au nom d'une commission spéciale chargée de l'examen du projet de loi relatif à l'instruction secondaire.* (Séance du 12 avril 1844.) Après avoir été adopté par la Chambre des pairs, ce dernier projet fut porté à la Chambre des députés dans la séance du 10 juin 1844. Il a donné lieu au célèbre rapport de M. Thiers, déposé le 13 juillet suivant. — 4° *Projet de loi sur la liberté d'enseignement en matière d'instruction secondaire,* précédé de l'exposé des motifs, etc. (Séance de la Chambre des députés du 12 avril 1847.) *Rapport au nom de la commission chargée de l'examen du projet de loi en matière d'instruction secondaire,* par M. Liadières. (Séance du 24 juillet 1847.) Lors de son court passage au ministère, M. Cousin avait préparé un projet

qu'à mettre en lumière la difficulté du problème à résoudre, la complexité des intérêts qui s'y trouvaient engagés, la divergence des esprits, leur défiance et leurs préjugés mutuels, qui semblaient rendre tout rapprochement impossible. Sur ces entrefaites la révolution de Février éclata. Loin de répudier les promesses de la charte de 1830, la nouvelle république inscrivit dans sa constitution ces mots simples et décisifs : « L'enseignement est libre. » Devant une déclaration aussi claire, aussi précise, un grand nombre d'esprits impartiaux et sages, naguère peu favorables à la liberté, imposèrent silence à d'anciens scrupules, à d'injustes répugnances, qui se trouvaient en désaccord avec les institutions que le pays venait de se donner. Chacun sentait d'ailleurs que, dans la situation critique de la France, c'était le devoir de tous les bons citoyens, à quelque bannière qu'ils eussent appartenu autrefois, de mettre en oubli ce qui les séparait, d'effacer jusqu'à la dernière trace de leurs dissentiments passés, et d'unir loyalement leurs efforts pour la défense de l'ordre social. Ce fut sous l'empire de ces sentiments que la loi du 15 mars 1850 fut préparée, discutée et votée. Les réformes qui datent de cette loi sont graves et nombreuses. Dans toutes les parties de l'instruction publique elle a introduit des changements notables; mais l'innovation la plus importante qu'elle renferme, c'est le développement du principe de liberté, c'est l'application de ce principe à l'enseignement secondaire, avec un système de garanties qui ne protége pas moins les droits nouveaux des maîtres particuliers que l'intérêt social.

Aux termes de la loi de 1850, tout Français âgé de vingt et un ans accomplis peut exercer dans toute la France la profession d'instituteur primaire, s'il est muni d'un brevet de capacité. Tout Français âgé de vingt-cinq ans peut fonder un établissement d'instruction secondaire, s'il est pourvu : 1° du diplôme de bachelier;

de loi sur les établissements particuliers d'instruction secondaire. Ce projet a été inséré dans le *Recueil des principaux actes du ministère de l'instruction publique du 1er mars au 28 octobre 1840*. Paris, 1841, in-8°.

2° d'un certificat de stage, constatant qu'il a rempli durant cinq ans au moins des fonctions de surveillance ou d'enseignement dans une école secondaire. Pour l'instruction primaire, le brevet de capacité peut être suppléé, soit par un stage de trois ans dans une école primaire, soit par le caractère de ministre du culte, soit par le diplôme de bachelier, soit enfin par la simple admission du candidat dans une des écoles spéciales du gouvernement, comme l'École de Saint-Cyr, l'École polytechnique ou l'École forestière. Les lettres d'obédience tiennent lieu de brevet de capacité aux institutrices appartenant à des congrégations religieuses vouées à l'enseignement et reconnues par l'État. Pour l'instruction secondaire, le postulant peut présenter, à défaut du diplôme de bachelier, un brevet obtenu à la suite d'un examen qui rappelle fidèlement les épreuves du baccalauréat, mais qui est subi devant un jury spécial, et non pas devant une faculté. Celui-là seul, au reste, peut user des droits accordés par la loi qui ne s'est pas montré indigne de les exercer. Le législateur déclare incapables de tenir une école les individus qui ont été condamnés pour un crime ou pour un délit contraire à la probité ou aux mœurs. Mais la loi de 1850 ne maintient pas les incapacités que les règlements antérieurs, et notamment l'article 2 de l'ordonnance du 16 juin 1828, prononçaient contre les ecclésiastiques engagés dans les liens d'une communauté religieuse[1]. Les membres de ces communautés restent soumis sans doute aux lois de police qui frappent les associations non reconnues; mais la nouvelle législation ne renferme aucun article qui les déclare incapables de se livrer à l'éducation de la jeunesse. Quand un prêtre a été appelé par son évêque à enseigner les humanités ou la théologie aux séminaristes du diocèse, elle n'exige pas de lui le serment qu'il ne porte pas l'habit monastique.

Voilà les immunités, nouvelles en France, que la loi du

[1] On n'a point oublié qu'aux termes de l'article 2 de l'ordonnance du 16 juin 1828, «nul ne pouvait être ou demeurer chargé soit de la direction, soit de l'enseignement, dans une des maisons d'éducation dépendantes de l'Université, ou

15 mars 1850 a consacrées. Pour en prévenir les abus, le législateur a voulu que l'autorité publique, par l'organe du recteur, du préfet ou du procureur impérial, pût former opposition, dans l'intérêt de la santé des élèves et dans celui des mœurs, à l'ouverture de toute école nouvelle. Cette opposition est jugée à bref délai par le conseil départemental, avec faculté d'appel devant le Conseil supérieur de l'instruction publique. Devant les mêmes juges comparaissent les maîtres particuliers qui font preuve de négligence dans l'exercice de leurs fonctions, d'inconduite ou d'immoralité : ils sont, suivant les cas, censurés, suspendus, ou même frappés d'une interdiction absolue, qui les rend incapables de remplir aucune fonction dans l'enseignement.

Les dispositions que nous venons d'analyser n'ont pas été abrogées par le décret du 9 mars 1852, ni par la loi du 13 juin 1854. Elles subsistent donc tout entières, et sont aujourd'hui, comme il y a dix-sept ans, la loi des établissements particuliers d'instruction et la garantie de leur liberté.

Il est vrai qu'au lieu de quatre-vingt-six recteurs nous en avons présentement seize, et que les membres des conseils départementaux et du Conseil supérieur de l'instruction publique, qui devaient tirer leurs pouvoirs, suivant la loi de 1850, du libre suffrage de leurs pairs, sont aujourd'hui désignés par le gouvernement. Mais il est à remarquer que la composition de ces conseils n'a pas été modifiée, en ce sens qu'ils renferment les mêmes éléments qu'à l'origine. L'Église, la magistrature, la famille, l'autorité publique, continuent à y être représentées dans les mêmes proportions. Ils n'ont pas cessé de former une sorte de jury, plus accessible peut-être que l'ancien aux suggestions administratives, mais ayant une position assez haute pour conserver avec le sentiment de ses devoirs l'indépendance nécessaire à leur accomplissement.

Au moment où la loi du 15 mars 1850 allait être mise à exé-

dans une des écoles secondaires ecclésiastiques, s'il n'avait affirmé par écrit qu'il n'appartenait à aucune congrégation religieuse non légalement établie en France. »

cution, le ministre de l'instruction publique, M. de Parieu, traçait en ces termes aux nouveaux recteurs les règles qu'ils auraient à suivre dans leurs rapports avec les établissements particuliers :

« Je mettrai au premier rang de vos obligations, leur disait-il, le sincère respect de cette liberté qui est pour ainsi dire le principe de la loi nouvelle. Conçue et adoptée dans l'intention avouée d'affranchir l'enseignement privé de la tutelle de l'État, cette loi ne conserve aucune des barrières que l'ancienne législation avait établies. Elle consacre tout à la fois la liberté du père de famille et celle du citoyen, qui peut désormais, sans autorisation préalable, se livrer à l'éducation de la jeunesse. Elle n'admet aucune opposition de votre part à l'ouverture des établissements privés, sinon dans l'intérêt des mœurs publiques, de la santé des élèves, ou pour défaut des conditions de capacité déterminées par la loi. En appliquant une législation aussi libérale d'une manière conforme à l'esprit qui l'a dictée, votre administration ne sera pas seulement tolérante, elle saura se montrer au besoin bienveillante et protectrice. Partout où vous verrez la jeunesse élevée selon les principes de l'ordre, de la morale et de la vertu, vous saurez que là existe une institution utile au pays et dont la prospérité doit vous être chère[1]. »

L'esprit d'équité qui inspirait à M. de Parieu ces généreuses recommandations n'a pas cessé d'animer l'administration de l'instruction publique. Nous n'en voulons d'autre preuve que la vive et énergique protestation que Son Exc. M. Duruy faisait entendre, il y a quelques semaines, aux applaudissements du Corps législatif, en faveur de la liberté du père de famille.

« Si l'on me forçait, disait M. Duruy, d'envoyer mes enfants à une école qui ne me conviendrait pas, sous un maître qui me serait suspect, je dirais que c'est la tyrannie la plus abominable. Or, ce que je ne voudrais pas pour moi, n'ayez garde de croire que jamais je l'impose à d'autres[2]. »

[1] Circulaire du 27 août 1850. (*Bulletin ad. de l'instruction publique*, t. I, p. 260.)

[2] Séance du Corps législatif du 2 mars 1867.

Mais pour apprécier la valeur d'une législation, il ne suffit pas de connaître les intentions de ceux qui l'ont rédigée ou qui sont chargés de l'exécuter; il faut en examiner les résultats pratiques. Voici donc quels ont été ceux de la loi du 15 mars 1850, et quel profit le pays a retiré de cette loi.

Aux approches de 1850, on avait vu s'augmenter le nombre des institutions que le gouvernement, comme nous l'avons dit, avait dispensées d'envoyer leurs élèves dans les colléges de l'État, et qui cependant pouvaient délivrer des certificats d'études valables pour le baccalauréat ès lettres. En 1842, on en comptait vingt-trois; dans la seule année 1849, vingt nouvelles autorisations furent accordées. Il existait alors 914 établissements particuliers d'instruction secondaire, comptant 52,906 élèves, dont 4,252 suivaient les classes des lycées et colléges.

Afin d'apprécier les effets de la législation nouvelle, transportons-nous au 1er mars 1854. A cette époque, une statistique des établissements libres d'instruction secondaire fut dressée par les soins de M. Fortoul[1]; elle fixe le nombre de ces établissements à 1,081 : ce qui donne, comparativement à 1850, un accroissement de 167. Le chiffre des élèves s'est élevé de 52,906 à 63,657, tant externes qu'internes ou demi-pensionnaires. Enfin le clergé, recueillant le prix de ses efforts en faveur de la liberté d'enseignement, possède alors, indépendamment des écoles secondaires ecclésiastiques, jusqu'à 243 [2] institutions, qui sont fréquentées par plus de 20,000 élèves, tandis que les maisons laïques au nombre de 825 en reçoivent 42,462. Parmi les écoles du clergé, les unes sont fondées par les évêques, le plus souvent avec leurs ressources propres, et quelquefois avec le concours des communes; les autres sont dirigées par de simples prêtres, agissant en leur nom privé;

[1] *Bulletin administratif*, t. V, p. 116 et suiv.

[2] Le rapport de M. Fortoul mentionne 256 établissements ecclésiastiques; mais, d'après une statistique nouvelle, qui va paraître, il faut déduire de ce nombre 13 institutions appartenant aux cultes non catholiques.

celles-là sont entretenues par des congrégations religieuses. Dans cette dernière catégorie, 13 établissements appartiennent aux Maristes, 11 aux Jésuites, 2 aux Basiliens, 2 aux Picpuciens, 1 aux Lazaristes, 1 aux Doctrinaires, 1 aux prêtres de l'Adoration perpétuelle, 1 aux prêtres des Sacrés Cœurs de Jésus et de Marie, 1 aux prêtres de Saint-Joseph.

Telle est la transformation accomplie dans l'enseignement secondaire libre, aussitôt après la mise à exécution de la loi de 1850. Ce mouvement si remarquable s'est peut-être un peu ralenti, mais il ne s'est pas interrompu dans les années suivantes.

Au 1er janvier 1865 on ne comptait plus que 934 établissements particuliers d'instruction secondaire; il en existait par conséquent 147 de moins qu'en 1854. Mais les Jésuites possédaient 2 maisons de plus qu'à cette époque, les Maristes 2, les Lazaristes et les autres communautés 5, le clergé séculier 12: ce qui porte à 264 le nombre des écoles où prédominent les influences religieuses. Ces écoles sont fréquentées aujourd'hui par 34,000 élèves, auxquels il faut joindre les 20,000 enfants reçus dans les petits séminaires, si l'on veut se faire une idée exacte de la part qui revient au clergé catholique dans l'éducation de la jeunesse française.

Quoique moins nombreux qu'ils n'étaient, les pensionnats laïques ont encore 43,000 élèves, c'est-à-dire un peu plus qu'ils n'en recevaient il y a dix ans.

A considérer l'ensemble des établissements libres, leur population, qui n'allait guère au delà de 52,000 écoliers en 1850, de 63,000 en 1854, dépasse maintenant 77,000. C'est un gain de 25,000 élèves dans l'espace de seize années; c'est aussi l'indice manifeste qu'il existe en France un grand nombre de familles que, pour des motifs très-divers, les écoles libres attirent, et qui les préfèrent aux lycées de l'État. D'autre part, la population de ces derniers, loin d'avoir diminué, a presque doublé depuis quinze ans. Elle était de 19,265 élèves au 1er octobre 1850; elle est aujourd'hui de 34,442 élèves. Les collèges communaux, moins florissants que les lycées, conservent encore 32,000 écoliers. La liberté n'a donc porté aucun préjudice à l'enseignement public. Les écoles de l'État ont prospéré, tandis que les écoles libres voyaient affluer dans leurs classes une jeunesse de plus en plus nombreuse. C'est là une situation dont le pays peut se féliciter à bon droit; elle ne met en péril aucun intérêt et elle les sert tous également. Elle contribue à la paix des consciences, et elle n'est pas moins favorable aux bonnes études, à la diffusion des lumières, à l'élévation des intelligences dans la société française.

III

A la différence de l'enseignement primaire et de l'enseignement secondaire, l'enseignement supérieur est demeuré jusqu'à ce jour complétement subordonné, dans son exercice, au pouvoir discrétionnaire de l'administration. Aujourd'hui, non plus qu'en 1808, nul ne peut enseigner le droit, la médecine, l'archéologie, les belles-lettres, s'il n'a obtenu, à cet effet, du gouvernement, représenté par le ministre de l'instruction publique, une autorisation expresse, qui est toujours révocable. Il est aisé de comprendre les motifs d'ordre public qui ont prolongé cette situation. Jusqu'à quand doit-elle durer? A quel moment et sous quelles conditions sera-t-il possible d'appliquer aux études supérieures le principe de liberté qui régit les autres parties de l'instruction publique? Nous l'ignorons; mais si le gouvernement n'a pas cru pouvoir se dessaisir de sa prérogative, il en a usé d'une manière si généreuse et si large, il a montré un empressement si louable à permettre des expériences qui ne pouvaient être tentées sans son aveu, que le régime du pouvoir discrétionnaire a pris toutes les apparences d'un régime de liberté.

Il a existé de tout temps en France, en dehors de l'enseignement officiel, un certain nombre de cours publics sur diverses branches des sciences et des lettres. Les plus anciens, les plus nombreux, et sans contredit les mieux organisés, ce furent les cours qui se faisaient à Paris pour les étudiants en médecine et qui complétaient de la manière la plus heureuse l'enseignement de la faculté. Dirigés en général par des maîtres jeunes encore, mais habiles et pleins d'ardeur, ces derniers cours ne furent pas étrangers, on peut l'affirmer hautement, à l'éclatante renommée que l'école médicale de Paris s'est acquise dans le monde entier.

A partir de 1863, une nouvelle et vive impulsion fut donnée par le gouvernement lui-même aux efforts du zèle privé. Il ne se contenta pas de les autoriser, il les encouragea; il fit plus encore, il les sollicita.

Sous les auspices du ministre de l'instruction publique et par les soins d'une société de professeurs, de savants et d'hommes de lettres, des soirées scientifiques et littéraires furent organisées à la Sorbonne dès la fin de l'année 1863. Deux fois par semaine, durant plusieurs mois, on vit un auditoire compacte de vieillards et de jeunes gens, de pères et de mères de famille, de simples ouvriers et de personnages du plus haut rang, se presser dans l'enceinte vénérable, de tout temps consacrée aux études austères, pour y entendre une parole spirituelle ou érudite, et toujours instructive.

Bientôt, encouragé par le succès, Son Exc. M. Duruy voulut étendre à tous les départements l'institution qui avait si bien réussi dans la capitale. Par une circulaire du 1er octobre 1864[1], il invita les membres de l'Université à ménager aux habitants de nos principales villes la distraction la plus utile et la plus noble, en donnant, à l'imitation des soirées de la Sorbonne, quelques leçons publiques sur des sujets de science ou de littérature, susceptibles d'être épuisés dans une seule séance. La même invitation était adressée aux sociétés savantes, à la magistrature, aux corps administratifs, à tous ceux enfin qui, dans des positions diverses, pouvaient s'associer utilement à cette croisade du dévouement et du savoir contre l'ignorance et les loisirs dangereux.

[1] *Bulletin administratif de l'instruction publique*, nouvelle série, t. II, p. 401.

L'appel du ministre fut entendu. De tous côtés s'élevèrent comme par enchantement des chaires improvisées, au pied desquelles vint s'asseoir une foule recueillie, attirée par le désir de s'instruire non moins que par la nouveauté du spectacle.

Ces cours si fréquentés exigeaient sans doute, de la part du gouvernement, la surveillance la plus exacte; car ils ne pouvaient avoir une influence vraiment utile que s'ils étaient consacrés au culte exclusif de la science et des lettres; et ils pouvaient devenir un danger public, si jamais la pensée première en était faussée par l'esprit de parti.

En prenant contre ce péril les précautions que la prudence commandait, le ministre de l'instruction publique mit ses soins à ne pas les exagérer. Les seules restrictions que la liberté de l'enseignement supérieur eut à subir lui furent imposées, non dans un misérable intérêt d'école, mais dans l'intérêt sacré des mœurs et dans celui de l'ordre public. Tous les cours qui tendaient à répandre des notions utiles, sans autre préoccupation de la part du maître que l'instruction ou l'agrément de son auditoire, furent autorisés de la manière la plus large, soit à Paris, soit dans les départements. Ceux-là seulement furent interdits ou suspendus qui outrageaient la morale, ou dans lesquels la chaire du professeur, contre sa volonté même et par le seul éclat de son nom, risquait de se changer en une tribune politique, en un foyer d'agitations stériles et inquiétantes.

Au début de la session législative de 1865, le gouvernement annonçait dans l'*Exposé de la situation de l'Empire*, que 300 cours libres étaient en activité. Ce nombre ne fit que s'accroître dans les mois suivants. Durant l'année scolaire 1865-1866, on ne compta pas moins de 1,003 cours, dont 304 à Paris et 699 dans les départements. Parmi ces cours, 124 ont été patronés par des sociétés savantes, 25 par des sociétés industrielles, 152 par des municipalités, un seul par une chambre de commerce. Toutes les classes éclairées ont fourni leur contingent au personnel d'élite qui a supporté le poids de cet enseignement si nouveau en France, mais devenu si promptement populaire. Il a compté dans ses rangs 355 professeurs, membres de l'Université, 144 hommes de lettres, 2 conseillers d'État, 12 membres de l'Institut, des magistrats, des ingénieurs, des avocats, des médecins, des pharmaciens, des architectes, des membres du clergé. Les matières traitées dans les cours ont offert une heureuse variété. La littérature a fourni 394 sujets de leçons; les sciences et leurs applications, 223; l'histoire, 103; l'économie politique et la jurisprudence, 87; les beaux-arts, 48; l'hygiène, 40; la géographie, 36; la philosophie, 33; l'agriculture, 24; l'archéologie, 15[1].

Qui aurait pu croire que, dès la troisième année de son existence, l'institution des cours libres prendrait un si vaste développement? On peut dire qu'elle est entrée dans les mœurs du pays, et qu'elle y occupe désormais une position d'où il sera difficile de l'arracher. Les services qu'elle est appelée à rendre frappent tous les yeux; elle multiplie à l'infini les sources du savoir et fait circuler dans la nation par mille canaux une séve qui profite au développement des esprits incultes. Grâce au concours de tous les efforts, les sciences et les lettres, qui n'étaient enseignées jusqu'ici que dans quelques centres principaux, se sont trouvées mises à la portée du plus grand nombre, sans que la diffusion de leurs rayons ait nui à l'éclat des foyers où elles étaient anciennement cultivées. C'est ainsi que, dans l'agriculture et dans l'industrie, suivant une comparaison de Son Exc. M. Duruy, la puissance de la vapeur est appliquée de nos jours à d'innombrables objets, sans que la multiplicité croissante de ses usages ait causé de préjudice aux grandes exploitations.

[1] La statistique des cours publics pour l'année scolaire 1865-1866 a été donnée dans le *Bulletin administratif de l'instruction publique*, t. VI, p. 619 et suiv.

CONCLUSION.

Après avoir suivi dans tous ses détails le développement de l'instruction publique en France depuis un demi-siècle, il nous reste à résumer en peu de mots l'ensemble des faits que nous venons d'exposer, et à montrer, par le rapprochement de quelques chiffres, l'étendue et l'importance du progrès accompli.

En 1829, il existait 30,796 écoles primaires. En 1848, il en existait 63,028. Il en existe aujourd'hui 69,699, indépendamment de 32,000 cours d'adultes.

En 1829, il y avait dans les écoles 1,372,206 enfants des deux sexes. En 1848, il y en avait 3,530,135. Il y en a aujourd'hui 4,436,470.

En 1829, les salles d'asile commençaient à être connues; mais elles étaient en si petit nombre, qu'elles ne figuraient pas dans les statistiques. En 1848, on en comptait 1,861, qui recevaient 124,287 enfants. Aujourd'hui on en compte 3,572, qui reçoivent 418,768 enfants.

En 1829, la France possédait 38 colléges royaux, peuplés de 15,087 élèves. En 1848, elle en avait 56, que fréquentaient 22,624 élèves. Aujourd'hui elle possède 77 lycées, avec une population de 34,442 élèves.

Les colléges communaux étaient, en 1829, au nombre de 320, et en 1848 au nombre de 314. Il n'en subsiste plus actuellement que 251; mais ils reçoivent 33,000 élèves, tandis qu'ils n'en avaient que 28,000, il y a quarante ans, et 27,000, il y a vingt ans.

En 1829, l'Université se trouvait réduite à 6 facultés des lettres, 7 facultés des sciences, 3 facultés de médecine, 9 facultés de droit,

6 facultés de théologie catholique, 2 facultés de théologie protestante. Aujourd'hui elle possède les mêmes facultés de théologie et les mêmes facultés de médecine qu'il y a quarante ans; mais, de 1829 à 1848, le nombre des facultés des sciences a été porté à 11, et celui des facultés des lettres à 12. De 1848 à 1866, ces deux ordres de facultés ont encore vu leur liste s'étendre, et aujourd'hui elle comprend 16 établissements. Deux nouvelles facultés de droit ont été créées à Nancy et à Douai.

Ainsi, de 1829 à 1866, la France a gagné 38,903 écoles primaires, 32,000 cours d'adultes, 3,700 salles d'asile, 39 lycées, 21 établissements d'enseignement supérieur. La population scolaire s'est accrue, dans les écoles primaires, de plus de 3 millions d'enfants; dans les salles d'asile, de 400,000; dans les lycées et colléges, de 24,000.

En 1829, la liberté d'enseignement était inconnue en France. En 1848, elle régnait dans l'instruction primaire; mais elle ne s'étendait pas à l'instruction secondaire. Aujourd'hui la liberté existe aussi bien pour l'instruction secondaire que pour l'instruction primaire. Sans autorisation préalable, et aux seules conditions, faciles à remplir, que la loi a définies, tout Français a le droit d'ouvrir une école, où la jeunesse peut se préparer aux grades académiques. On ne compte pas moins de 934 institutions privées, recevant 77,547 élèves, et parmi lesquelles 42 sont dirigées par des communautés religieuses.

Quant à l'enseignement supérieur, il est vrai que la loi ne l'a pas encore affranchi de la tutelle de l'État; mais on voit de tous côtés s'ouvrir, à la voix du gouvernement lui-même, des conférences et des cours sur les diverses branches des connaissances humaines.

Le fond de l'enseignement est-il resté le même, tandis que, ses conditions matérielles étant améliorées, le cercle de son influence devenait de plus en plus large? Nous avons signalé, à son rang, l'ouverture de plusieurs chaires nouvelles, soit dans les établissements d'instruction supérieure, soit dans les lycées. Sans essayer de refaire ici le compte de ces innovations partielles, nous nous bornerons à mentionner la plus récente, celle qui répond aux besoins les plus répandus, savoir l'organisation de l'enseignement secondaire spécial.

Dira-t-on que l'instruction publique n'a été favorisée qu'aux dépens des intérêts d'un ordre plus élevé encore, que la religion représente? Mais en 1829 on ne comptait que 3,186 cures, 24,771 succursales et 5,012 vicariats qui fussent réellement occupés. Aujourd'hui dans 3,524 cures, dans 30,600 succursales et dans 8,000 vicariats, le ministère ecclésiastique est régulièrement rempli. La portion de la dépense des cultes qui est à la charge de l'État s'est élevée de 35 millions à 53 millions.

La religion a donc obtenu en France depuis quarante ans la même protection et le même appui que l'instruction publique. Tous les gouvernements ont travaillé presque sans relâche à développer simultanément ces deux forces, dont l'union n'est pas moins nécessaire à l'État qu'aux familles et aux individus.

Nous ne prétendons pas tirer de ce qui précède la conclusion que la situation actuelle de l'instruction publique dans notre pays n'offre pas des côtés tristement défectueux, et qu'il ne reste pas beaucoup à faire pour l'améliorer, soit dans les écoles primaires, soit dans les lycées et collèges, soit dans les établissements d'instruction supérieure. Mais ce qui ressort, selon nous, avec évidence de l'étude impartiale des faits, c'est l'inappréciable valeur des résultats acquis par quarante années de soins et de sacrifices généreux, que ni la pénurie des finances, ni les discordes civiles, ni la guerre étrangère n'ont interrompus. Ces résultats considérables honorent la nation et son gouvernement. Ils sont la garantie infaillible de nouveaux progrès dont ils ont préparé la voie.

FIN.

TABLE DES MATIÈRES.

CHAPITRE IV.

AGRÉGATION DES LYCÉES.

CHAPITRE V.

ENSEIGNEMENT SECONDAIRE.

CHAPITRE VI.

ENSEIGNEMENT SUPÉRIEUR.

CHAPITRE VII.

ENSEIGNEMENT LIBRE.